What is Management?

유쾌한 이야기

김광희 저

How to Implement Policies and Strategies?

ha 내하출판사

유감이지만 경영학이 태어난 곳은 이 땅이 아니다.

수입학문이라면 선진국의 노하우나 기법을 그대로 답습하는 것도 하나의 최선책이 될 수 있다. 허나 태생과 성장 과정이 서로 다르다면, 결실 또한 얼마든 다른 모습을 할 수 있지 않을까?

어느 해인가 술자리에서 지인이 내뱉은 얘기를 떠올린다. "지금까지 경영학을 헛배운 것인지, 아니라면 내 머리가 아둔해서인지 도무지 내용이 잘 이해가 되지 않아!" 이유인즉, 매스컴이나 유명 평론가들이 격찬한 책들을 곧잘 사보곤 하는데, 자신으로서는 아무리 꼼꼼히 내용을 체크해도 가슴에 와 닿거나 납득이 가는 내용이 별로 없다는 것이다.

분명 평론가의 논평에 따르면, 어제와 오늘 그리고 내일, 이론과 실전, 거시와 미시의 세계를 넘나드는 저자의 해박한 논리로 한국 경제나 우리 기업이 당면한 문제점들을 날카롭게 파헤치고 있는 근래 보기 드문 명저라는 격찬뿐이었는데도 말이다.

그렇다면 대체 뭐가 문제인가? 근래 경영이나 경제 관련 분야에는 유독 외국의 번역서가 많다. 난무하다는 표현이 어쩌면 적절하다. 이런 책들을 실제로 읽어보면 국내외 매스컴이나 유명 평론가의 격찬과는 달리 실망하는 경우가 적지 않다. 우리의 시장 환경이나 정서와는 너무도 거리가 있어서다. 일부 번역서 가운데는 그 내용이 정확히 무엇을 가리키고 있는지 이해하기 어려운 경우마저 있다.

아마존에서 베스트셀러가 되면 국내 대형서점에서도 예외 없이 베스트셀러가 된다. 이러한 인기 배경에는 저자의 유명세 그리고 매스컴과 결탁한 출판사의 마케팅 활동이 큰 몫을 하고 있다고 생각된다. '세계적인 석학'이니, '21세기를 이끄는 거두(巨頭)'니 하는 미사여구가 그것들이다.

책 내용 가운데 가끔 아주 가끔 한국에 관한 내용이라도 있으면, 호들갑스럽게 돌려가며 인용해 마치 그 한 권에 엄청난 해법이라도 존재하는 것처럼 떠들어 된다. 평론가들 스스로 그렇게 하지 않으면 자신의 무지가 드러나는 마냥 말이다.

요란한 매스컴에 휘둘려 이번엔 뭔가를 찾을 수 있겠지 하는 기대감으로 독자들은 책을 집어 든다. 허나 그런 기대는 계산을 마치고 책을 펴는 순간부터 산산이 부서지고 만다. 한 마디로 보기 좋게 걸려든 것이다.

기업 경영이 글로벌화 되고 있는 것은 사실이지만, 미국이나 일본 기업이 우리 기업의 미래가 아니듯, 그들의 경영학이 우리의 경영학을 대신할 수는 없다. 분명 우리에게는 대한민국 시장에 적합한 논리나 실제로 응용 가능한 한국적 경영학이 존재할 것이다. 그리고 이러한 현실적 인식이야말로 우리 기업의 경쟁력을 한 단계 끌어올리는 계기가 될 수 있을 것이다.

이 책은 그 제목에서 알 수 있듯 딱딱한 대학 교재나 수험서, 그리고 경영학이라는 이름으로 치장한 고리타분한 책들과는 달리 경영에 조금이라도 관심을 가진 직장인이나 학생, 주부라면 경영학의 필수 지식을 단시간에 소화할 수 있도록 했다.

책은 크게 6장으로 나뉘어 있다. 먼저, 제1장 경영학의 기본사상을 시작으로 제2장 경영전략, 제3장 마케팅, 제4장 인사조직, 제5장 생산관리, 마지막 제6장은 회계재무로 구성하였다. 경영학의 기본 의미를 우리 일상사들과 함께 조합해 그 의미를 한껏 맛볼 수 있게 하였다. 아울러 과거 필자가 출간한 수권의 책에서도 많은 내용을 가져와 새롭게 수정 가필하였음도 밝혀둔다.

원고가 무르 익어가면서 가족들에 대한 애틋함은 더해만 간다. 2007년은 필자의 연구년이다. 그런 핑계로 가족들 다 내팽개치고 세부(Cebu) 골짜기에서 60년대의 삶을, 마닐라(Manila) 조금 떨어진 곳에서 80년대의 삶을, 그리고 종착지 밴쿠버(Vancouver)에서는 2000년대의 삶을 살고 있다. 3개월마다 타임머신을 타고 20년씩 물타기 하는 기분이다. 아내(연미)와 아이들(대한, 한준, 윤서)에겐 큰 죄를 짓게 되었지만, 필자에겐 무엇보다 큰 경험이 아닐 수 없다. 모두들 너무 사랑한다.

끝으로 인연의 끈을 지켜온 내하출판사의 모홍숙 사장님을 비롯해 모든 임직원 여러분께 진심으로 감사하다는 말을 전하며, 더 질긴 인연으로 거듭나길 간절히 기원한다.

밴쿠버 브로드웨이역 가까운 곳에서

김 광 희

Contents •••

02. 경영전략 (Strategic Management)

생각해보기

04. 인사조직

생 각 해 보 기

Business
Administration

생 각 해 보 기

Business
Administration

01

B A

business administration

경영학의 기본사상

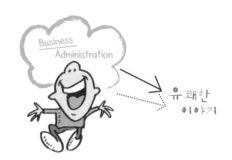

"
경영학의 존재 이유?

경영학의 필요성
"

"살아 있는 존재들과 끝없이 변하는 환경을 다루는 경영의 세계는 더 이상 통제되지 않는다. 이곳은 불확실성과 놀라움과 경이가 살아 숨쉬는 복잡하고 유기적인 세계다."

— 로조 르윈 · 버루트 레진의 "인컴플렉소노믹스"에서

사장은 경영학 전문가?

우리네 세상은 두 종류의 인간으로 채워져 있다.

"경영학을 습득한 사람과 그렇지 못한 사람!"

일찍이 경영학을 습득한 전자(前者)는 자본주의 고유 목적인 부(富)를 한껏 취해 풍요롭고 안락한 삶을 누리는 반면, 후자(後者)는 오늘 하루도 더 없이 힘겹고 빈(貧)한 삶을 이어가고 있다.

경영학! 그 인기의 끝은 과연 어디일까? '경영'이라는 이름의 가치만큼이나 그 지명도와 위상은 실로 대단하다. 일전 직장인들을 대상으로 이뤄진 여론조사 결과도 이를 잘 뒷받침하고 있다.

"만약 교육의 기회가 주어진다면, 어떤 분야의 공부를 하고 싶은가?"

여기에 많은 직장인들이 이렇게 답한 걸로 기억된다.

"경영 관련 분야!"

또 대학 진학을 눈앞에 둔 고교생(남자)들에게 질문을 던졌다.

"어떤 학과를 선호하는가?"

많은 학생들이 '경영학과'를 꼽았다. 더불어 대학 진학 후 학생들의 복수전공 No.1은 단연코 '경영학'이다. 매번 수강자들로 강의실은 꽉꽉 넘쳐난다.

현재 수도권이든 지방이든 4년제 대학에 경영학을 가르치지 않는 학교가 없을 만큼 그 입지는 확고하다. 더불어 대학원에 개설된 경영대학원(MBA) 과정도 예외는 아니다. 이처럼 대한민국 사회 곳곳에서 경영학의 인기와 위상은 날이 갈수록 높아만 가고 있다.

이런 경영학이지만, 과연 일반인들(비전공자)이 경영학 원론이나 개론서를 읽고는 그 뜻을 어느 정도 소화할 수 있을까? 사실 '경영'이란 단어 때문에 제법 폼은 나는데 이름만으론 그 내용을 짐작하기 어렵다.

대학 강의실이나 도서관 등지에서 머리를 싸매고 두터운 경영학 교재를 한 줄 한 줄 샛노란 형광펜으로 덧칠해가며 읽거나, 주절주절 교수(강사)의 얘기를 오후 내내 들어도 별반 도움이 될 것 같지 않다. 괜히 졸음과 짜증만 몰려오는 것은 아닐까!

굳이 기업을 경영하는 방법이나 노하우를 알고 싶다면, 같은 아파트나 마을에 사는 사장님께 직접 물어보면 되질 않을까? 이를테면 어떤 식으로 기업을 일구어 오늘에 이르게 되었고, 자금은 어떻게 마련해 운용했으며, 종업원들의 관리방식은 무엇이었는지 등등.

아니 어쩌면 삼성전자나 현대자동차 아니면 포스코와 같은 초일류기업 사장에게 묻는 편이 훨씬 더 빨리 해답을 찾을지도 모르겠다. 게다가 오랜 기간 쌓아온 풍부한 경험이나 현실감 때문에 그 설득력은 한층 높을 것임에 분명하다.

사실 경영학을 공부한다고 해서 반드시 기업(조직) 경영에 도움이 되는 것은 아니다. 경우에 따라서는 불필요할 지도 모른다. 어쩜 의사결정에 방해가 될 수도 있다. 실제로 그런 직설적 표현을 서슴지 않는 기업체 사장들도 주변엔 많이 있다.

작고한 현대그룹의 창업주 정주영 회장이 현대중공업 창업에 필요한 차관을 얻고자 영국의 한 은행을 찾았다. 그 때 담당자가 정 회장이 가져온 사업계획서를 펼쳐보곤 대뜸 따져 물었다.

"회장님의 전공은 경영학입니까. 아니면 공학입니까?"

이에 정 회장은 가슴이 뜨끔했다. 학력이라고는 초등학교가 전부였기 때문이다. 잠시 마음을 가다듬은 정 회장은 이렇게 응수했다.

"어제 내가 그 사업계획서를 들고 옥스퍼드대학에 갔더니, 그 자리에서 바로 경영학 박사학위를 주더군요."

정 회장의 기치와 순발력에 미소를 머금은 담당자는 말했다.

"당신의 사업계획서 작성 능력과 경영 실력은 옥스퍼드대학 경영학박사 학위를 가진 사람보다 훌륭합니다."

그 다음 얘기는 하지 않아도 될 듯하다. 담당자는 두 말 않고 차관을 승인했기 때문이다.

출처) http://www.asanmuseum.com/
(정주영 사이버 박물관)

이처럼 대학 문턱은커녕 초등학교 밖에 나오지 않았음에도 작금의 대기업을 일궈낸 사람들은 많이 있다. 이들이 학교에서 경영학을 배웠을 리 만무하다. 게다가 경영학이 국내에 도입 된지도 그리 오래되지 않았다.

한편 정 회장은 기업 경영과 관련된 의사결정을 내릴 때 까지는 많은 시간을 자료수집에 투자했다고 한다. 또 일단 결정이 내려지면 초지일관 불도저처럼 밀고나갔다고 한다. 먹고 살기 힘든 시절, 불굴의 의지와 정열 하나로 무(無)에서 유(有)를 창조해 낸 데는 나름의 이유가 있었다.

정 회장처럼 경영학을 몰라도 타고난 투지와 배짱, 감(勘), 성실, 두뇌 등의 요소가 고루 갖추어진다면 기업 경영을 성공으로 이끌 수 있을 것이다. 더불어 경영에는 정해진 정규 코스도, 이를 따라가면 목적지에 이른다는 그 어떤 보증도 없다. 따라서 언제 어디서 어떤 형태로 닥쳐올지 모르는 사안에 대해 얼마나 임기응변식으로 대응을 잘 하느냐가 승패의 관건이 될 수 있다.

하지만 오늘날 경영학 지식이 전무(全無)한 상태에서 기업 경영을 성공적으로 이끌기란 점점 어려워지고 있다. 과거와는 달리 시장이 넓고 다양하며 무엇보다 그 환경이 급변하고 있기 때문이다. 작금의 경쟁 환경에는 과거처럼 '오너의 동물적 감각'을 내세운 경영이 쉽게 먹혀들 리도 없다. 더욱이 기업을 경영하는데 있어 특정 영역에는 사전 원칙이나 경로가 설정된 경우도 있다.

설사 경영학 이론을 전혀 모르는 사람이 기업 경영에 성공했다고 해도 어떤 이유로 해서 그런 결과를 가져왔는지를 모른다면, 그 경험을 살려나갈 수 없다. 그렇지 않은가?

자칫 '하면 된다는 생각 하나로 살아왔다.'거나 '신용 제일주의로 기업을 이끌어 왔다.', '남들이 놀 때 열심히 일만 했다.', '십 원 한 푼이라도 절약하며 기업을 꾸려왔다.'와 같은 피상적이며 일반론적인 경험만 남을 수 있다. 이렇게 해서는 후대(後代)에 자신의 경영 노하우를 제대로 전달할 길이 사라진다.

생전 "이익을 내지 못하는 경영자는 범죄자!"라며 내실 경영을 최우선시 했던 최종현 SK 회장의 말은 이론의 의미를 정확히 꿰고 있다.

"내가 자식들에게 물려주고 싶은 것은 물적 재산이 아니라 재산이 만들어지는 방법이며, 지식이 있으면 재물은 절로 따라온다."

최 회장이 지적한 '재산이 만들어지는 방법'과 '지식'이란 평소 자신이 직접 경험하거나 공부해온 기업 경영에 관한 이론을 의미한다.

경영학 이론은 자본주의를 살아가기 위한 생존 지침서요, 부의 축적을 앞당기는 지름길이며, 늘 살아 움직이며 현실을 반영하는 역동적인 학문이다. 더불어 음악이나 미술, 체육, 종교, 문화 등 지금까지 거의 무관하다고 여겼던 영역에서도 경영학 지식의 필요성이 급격히 대두되고 있다. 경영학은 어느새 21세기 현대인의 교양필수로 자리를 틀고 있다.

경영의 4가지 요소

'○○경영'이나 '경영학적 ○○', '경영○○' 등 '경영'이라는 말이 우리들 입에 오르내린지 오래다. 그만큼 경영(학)은 이미 우리네 삶 깊숙이 자리 잡고 있다.

그럼에도 '경영' 혹은 '경영학'이란 얘길 끄집어들면 모두들 자신과는 일정한 거리가 있는 다소 까다롭고 고차원의 전문지식이나 이론이 요구되는 영역으로 받아들여진다.

여기에는 '경영학'이라고 하면 적어도 대기업의 최고경영자(CEO)나 행정자치단체의 수장, 관련 전문가 정도는 되어야 접할 수 있고 탐독할 것 같은 이미지나 편견이 존재하기도 한다.

사실 일상생활 가운데 맞닥뜨리는 무수한 과정 과정은 모두 경영 혹은 경영학적 발상을 통해 선택되고 이루어진다. 나와 무관한 것도 반드시 고차원의 전문지식이나 난해한 이론이 필요한 것도 아니다. 우리 주변 및 개개인의 아주 사소한 판단과 선택에서부터 국가경영에 이르기까지 경영학 지식은 얼마든 활용될 수 있다.

경영학의 정의는 이렇다.

> "인재, 공장(점포), 돈, 기술 및 정보와 같은 경영자원을 활용, 고객을 만족시키는 제품과 서비스를 제공해 기업의 목적을 실현하려는 활동에 관한 학문이다."

쉽게 말해, 의사결정(意思決定)을 보다 합리적으로 할 수 있도록 오랜 기간 축적된 노하우와 과학적인 방법, 그리고 현실성을 기초로 리더 및 구성원들에게 그 해법을 제시하는 이론적 도구(tools)라 할 수 있다.

그럼, 경영학에서 수없이 언급되는 기본 골격 '경영'이란 무엇일까?

이에 대한 대답은 아마 현직의 기업 경영자나 학자(전문가), 관련 연구자 등 그 수만큼이나 다양하게 존재한다.

시중에 나와 있는 각종 경영학 원론(개론)서에 실린 '경영'에 대한 정의를 요약하면 다음과 같다.

> "가용(可用) 자원의 효율적인 활용과 치밀한 '의사결정'을 통해 조직 목표를 달성해 가는 일련의 모든 활동이다."

참고로, 조직이론의 대부라 일컬어지는 '바나드(Chester Irving Barnard)'는 경영이란 조직을 구성하고 운영하는 것이며 동시에 '의사결정'이라 규정짓고 있다.

한 마디로 '경영'이란 조직을 효율적으로 이끌어 가는데 필요한 의사결정을 내리는 행위라고 해도 과언은 아닐 듯하다.

앞서 '경영학의 정의'에서 지적한 인재란, '경영자, 종업원', 공장은 '토지, 기계·설비, 비품, 원재료, 부품 등', 돈이란 바로 '자본', 정보란 '업무와 관련된 데이터와 노하우'를 가리킨다.

기업은 이러한 자원을 기반으로 제품과 서비스를 만들어내고, 이를 통해 고객을 만족시킬 때 비로소 매출과 이익으로 이어져 기업은 존속할 수 있다.

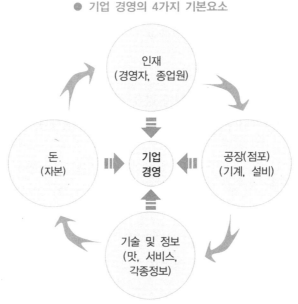

● 기업 경영의 4가지 기본요소

가령, '칼국수 집을 창업할 예정'이라고 하자. 우선, 어디서 칼국수 집을 열 것인지 하는 위치 선정, 이른바 괜찮은 장사목을 찾아야 한다. 그런 다음 점포를 임차하거나 직접 구입한 후 조리에 필요한 각종 설비와 도구들을 갖추어야 한다. 이것이 바로 '점포(공장)'이다.

그리고 경영자는 유능한 종업원을 고용해 조리와 접객 일을 맡기게 된다. 이것이 바로 '인재'에 해당한다.

여기에다 토지나 건물을 구입(임차)하고 종업원(아르바이트)을 고용하며, 칼국수를 만들어 판매하기 위한 원재료비 등의 자금, 즉 '돈'이 필요하게 된다. 명심해야 할 것은 돈은 칼국수 집과 같이 규모의 대소(大小)와 무관하게 원활한 경영을 위한 몸의 혈액과도 같은 것이다.

마지막으로 칼국수 집 자신만의 조리 비법과 접객 노하우, 판촉 활동, 상권 및 고객 정보 등과 같은 각종 '기술 및 정보'가 필요하다.

이처럼 인재, 공장(점포), 돈, 기술 및 정보라고 하는 경영자원을 잘 조합해 '고즈넉한 분위기에서 훌륭한 서비스를 받아가며 독특한 맛의 칼국수를 적절한 가격에 즐길 수 있다면' 이 칼국수 집엔 고객들의 발길이 끊이지 않을 것이다.

물론 위의 4가지 기본요소 가운데 한 가지라도 누락되어 있다면, 칼국수 집 경영은 원점으로 돌아가 다시 점검해야 한다.

일전 외부 강의에서 한 공무원으로부터 받은 질문을 기억한다.

"김 교수님, 기업 경영에 과연 민주주의가 필요할까요?"

분명 기업 경영의 전반적인 측면에는 민주주의가 깊숙이 배어 있다. 경우에 따라선 조직 밑바탕에 깔린 민주적 요소가 기업 성장의 원동력이 되기도 한다. 하지만, 앞서 언급했듯 일련의 경영 행위는 순간 순간의 '의사결정' 과정이다. 따라서 의사결정 과정에 다소간의 독재적 요소가 개입되더라도, 최소한 투명성과 책임경영만 확보된다면 민주주의를 왜 하지 않느냐고 따지지는 말아야 한다.

점심과 자기 경영

짜장면 아님 햄버거 하나로 간단히 넘어갈 수도, 조금 여유를 부리며 스테이크를 자를 수도 있는 것이 우리네 점심이다. 그런 점심이지만 오늘 뭘 먹을 건지를 한번쯤 고민한 적이 있다면, 이미 우리들은 '경영(자기 경영)'을 몸소 체험한 것이나 다름없다. 이런 연유에서다.

▶ 먼저, 뭘 먹을 건지?
▶ 오늘 날씨와 음식 궁합은 맞는지?
▶ 그 다음 주머니 사정은 어떤지?

▶ 주어진 식사 시간은 어떤지?

▶ 점심을 같이할 동료(상사)의 취향은?

▶ 이동 시간에 문제는 없는지?

▶ 현재의 컨디션(소화, 알러지 등)은?

이 같은 내용들을 순식간에 떠올리곤 곧장 결정을 내려야한다. 식사 후 곧바로 회의가 잡혀있다면, 스피드가 생명인 중국집에 전화를 걸어 짜장면으로 점심 한 끼를 해결하려 들 것이고, 오늘은 왠지 면(麵)이 거북하다면 간단히 햄버거와 커피 한 잔으로도 때울 수 있다.

오전 근무라 시간도 넉넉하고 월말 탓에 주머니 사정도 괜찮다면 오랜만에 회(膾) 대자에 매실주 한 잔 곁들이며 동료들과 여유로운 식사도 생각할 수 있겠다.

아침부터 비가 주룩주룩 내리고 몸도 여기저기 쑤시고 어쩐지 조금 어시시한 느낌이 든다면 얼큰한 해물탕이나 해장국집으로 발길을 옮길 수도 있다.

다만, '아무거나'라는 다소 방관적이며 타율적인 메뉴를 떠올렸다면 다시 검토해 볼 필요가 있다. 경영에는 그 주체의 분명한 의사결정과 책임이 반드시 따르기 때문이다. '아무거나'라는 요리가 음식점 메뉴판에 들어있다면 별개지만 말이다.

또한 경영의 또 다른 특징은 현재의 어떤 행위가 반드시 미래의 부가가치 창출로 연결되어야 한다. 뒷장에서 보다 상세히 언급할 예정이지만, 이는 기업의 '영속성'과 밀접한 관련이 있어서다.

" 경영학을 떠받치는 5개의 큰 기둥!

경영학의 기본 과목

"

"이론은 날고 기는데 실전(실기)이 약하단 말이야!"

"실전은 누구보다 강한데 이론이 모자란단 말이야!"

사람에 따라 정도의 차이는 있을지언정 이런 경우는 극히 드물다. 이론과 실전이 훌륭한 조화를 이룰 때 비로소 최고의 실력 발휘가 가능해서다.

경영학의 주재료 5가지!

집을 짓기 위해선 맨 먼저 무엇을 해야 할까? 두말할 필요 없이 우선 집을 떠받칠 튼튼한 기둥을 세워야 한다.

경영학 역시 마찬가지다. 외부의 그 어떤 비바람에도 결코 무너지지 않는 강건한 기둥이 필요하다. 그 기둥의 수는 다섯 개다.

경영학의 영역(領域)이라고 하면 굉장히 넓고 깊은 것 같기도 하지만, 크게 본다면 아래 그림처럼 5가지 핵심 장르를 벗어나지 않는다.

보다 자세히 설명해보자.

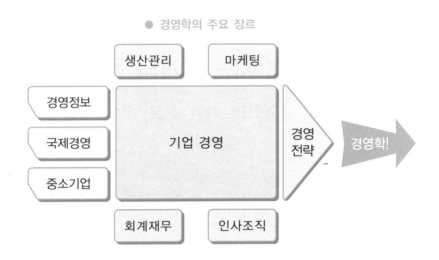

● 경영학의 주요 장르

경영전략(Strategy)

기업 맨 앞에 서서 성큼 성큼 앞으로 나아갈 방향타를 잡는 것이 다름 아닌 경영전략이다.

또한 기업이 목표로 하는 방향과 그것을 실현하는 수단을 가리킨다. 기업이 놓여있는 환경을 이해하고 경쟁 상대와는 다른 특징을 표출(차별화)하면서 자사의 강점을 발휘할 수 있는 사업에 경영자원을 투입한다.

앞서 예로 들은 칼국수 집을 상정해 보자. 먼저, 어떤 칼국수 집을 목표로 할 것인지 하는 이념과 장래 비전을 명확히 할 필요가 있다.

'격조 있는 고급 칼국수 집'으로 할 것인지, 아니면 서민들을 대상으로 하는 '비교적 저렴한 가격대의 칼국수 집'으로 할 것인지, 장래의 방향성을 명확히 하는 것이 중요하다. 이때 자사의 경쟁 상대가 어떤 전략을 취하고 있는지도 물론 파악해야 한다.

주변에 대형 칼국수 체인이 입점해 있어 체계적이고 신속한 서비스를 주요 무기로 삼고 있다면, 그와 동일한 컨셉의 전략을 내세워서는 칼국수 체인과의 싸움에서 승리할 수 없다. 아니 불문가지(不問可知)다. 우리 집만이 가진 강점을 최대한 살려 경쟁 상대와는 완전히 별개의 제품과 서비스를 제공할 수 있어야 한다.

'해물칼국수, 바지락칼국수, 버섯칼국수, 닭칼국수, 감자칼국수 등'

위 메뉴는 주위에서 쉽게 접할 수 있는 보편적인 칼국수들이다. 이런 메뉴로는 경쟁 상대와 차별화가 불가능하다. 물론 걸출한 맛이나 서비스를 내세울 수 있다면 경쟁 상황은 달라질 수는 있다. 하지만 그게 그리 쉬운 작업은 분명 아니다. 그렇다면 경쟁 상대들이 손을 뻗치고 있지 않은 조금 색다른 메뉴로 맞선다.

'콩가루칼국수, 모시조개칼국수, 들깨칼국수, 호박칼국수, 도토리칼국수 등'

이것도 부족하다 싶으면, 한발 더 나아가 이번엔 메뉴 개발에 특정 모티브(motive)를 가지고 응수를 한다. 건강이나 특정 지역, 세대 등 타깃을 명확히 한다.

예컨대 건강을 모티브로 한다면, 복해물칼국수, 홍굴부추칼국수(홍합＋굴＋부추), 녹차칼국수, 솔잎칼국수, 시금치칼국수, 검은콩칼국수 등과 같은 메뉴 개발로 경쟁 상대와 일전을 불사하는 것이다. 조금 더 구체적이고 깊숙이 들어간 제품 차별화라 하겠다.

마케팅(Marketing)

마케팅이란 특정 노하우를 활용해 고객이 가진 제품과 서비스에 대한 진실의 니즈(needs)를 읽고, 어떻게 고객에게 다가가 제품 판매로 연계시킬지를 고민하는 활동이다. 마케팅 활동에서는 어떤 고객을 타깃(표적)으로 어떤 제품을 어떤 가격으로 어떤 수단을 활용해 제공할지를 검토한다.

'고객'이라고 해도 성별, 연령, 수입, 세대, 지역 등의 차이 때문에 그 성향은 백인백색(百人百色)이다. 그래, 주변 직장인들이 주요 고객인지, 아이를 동반한 가족이 주요 고객인지, 젊은 연인들이 주요 고객인지 등에 관한 명확한 목표 설정이 필요하다.

가령 타깃이 젊은 층이라면, 이들이 어떤 니즈를 가지고 있는지를 우선적으로 이해할 필요가 있다. 중고령 층 고객과는 달리 칼국수의 양(量)을 조금 더 늘리고 실내 분위기도 화려하게 꾸며 이들이 좋아하는 음료와 아이스크림을 디저트(후식)로 내는 것 등도 타깃을 끌어당기는 중요한 포인트가 될 수 있다.

이처럼 주요 고객의 취향을 이해하고 구체적으로 어떤 제품과 서비스를 제공할지를 심도 있게 따져보는 것이 마케팅의 중요한 역할이다.

인사조직(HRM & Organization)

인사조직은 기업의 핵심 자원인 '종업원(인재)'의 의욕과 능력을 끌어내는 동기유발(動機誘發) 방법을 정립하는 것이다. 종업원 스스로 강한 의욕을 가지고 자신의 능력을 최대한 발휘할 수 있는 시스템을 구축하는 것이다.

예컨대, 주인(사장)이 어떤 태도를 취하느냐에 따라 가게 안의 분위기는 바뀌며, 주방의 주방장이나 그곳에서 일하는 아주머니 그리고 홀에서 서빙하는 아르바이트 학생들의 기분 또한 달라질 수 있다.

또 정말 부지런히 주방과 홀을 오가며 땀을 흘리는 종업원과 시키는 일만 수동적으로 하는 종업원 사이에 대우(급료)가 동일하다면 그건 열심히 일하는 사람의 의욕을 꺾을 수 있다. 그러한 상황이 연출되지 않도록 경영자는 종업원들의 행동을 정확히 파악해 공정한 보상 및 평가가 이루어질 수 있게 해야 한다.

앞뒤 가리지 않고 무조건 열심히 일한다고 좋은 성과를 내거나 훌륭한 인재는 아니다. 가령, 1분에 500타를 치는 타이피스트가 그 속도를 3배인 1,500타로 높인다고 해서 해당 부분의 능률이 3배로 오르는 것은 아니다. 자칫 타이피스트의 어깨나 손가락 근육을 망가트릴 수도 있다. 그러면 성과는 고사하고 부담만 늘어난다.

나아가 종업원의 의욕과 능력을 이끌어내기 위한 방편으로 교육훈련은 물론이고 일에 대한 보람과 자긍심을 가질 수 있도록 분위기를 만들어 가는 것 역시 경영자의 몫이다.

결국 인사조직이란 조직 속에서 일하는 사람들이 자신의 잠재 능력을 최대한 발휘해 양질의 제품과 서비스를 창출할 체계를 세우는 학문이다.

생산관리(Manufacturing and Production)

과거엔 제품이나 서비스를 생산만하면 곧장 팔려나가는 시장 환경이었다. 왜냐하면 수요가 공급을 앞섰기 때문이다. 그런 환경이라면 생산관리는 그다지 필요치 않는다. 하지만 현대사회에서는 필요한 것을 필요한 양만큼만 계획적으로 만들어야 하고, 그 생산에는 분명 노하우와 순서가 있다.

서울 강남에서 잘나간다는 모 감자탕 주방장에게 물었다.

"얼큰하고 독특한 맛의 국물 비법은 대체 뭡니까?"
"별게 있겠어. 갖은 정성과 손맛이지."
"에이~ 그러지 말고 좀 더 자세히…"

그러면 주방장은 이렇게 대답한다.

"온갖 양념과 훌륭한 원재료에 있다네."
"아~ 참 그걸 누가 모르나요?"

결국 주방장의 옷자락을 붙잡고서 비굴한 표정까지 지어가며 마지막으로 한 번 더 간청한다. 이에 주방장도 미련한 중생들 조금이라고 깨우치겠다는 큰스님 표정으로 이렇게 한 마디 불쑥 던진다.

"맛의 비밀은 조미료 넣는 순서에 있다네."

바로 이거다.

요리에도 훌륭한 재료의 발굴과 조미료 넣는 순서가 있듯 기업 역시 최고의 제품과 서비스를 제공하기 위해서는 원자재의 선정과 이를 활용한 조립과 방식에도 순서가 있다. 그 순서는 바로 생산관리라는 이름 아래 의사결정이 이루어지고 체계적으로 관리된다.

요리 전문가들의 말을 빌리자면, 같은 재료라 할지라도 조미료를 어떤 순서로 넣느냐에 따라서 음식 맛은 완전히 달라지는데, 순서는 이렇다.

'설탕 → 술 → 소금 → 식초 → 간장 → 된장 → 고추장 → 화학조미료'

덧붙여, 생산에는 '모기계(母機械)의 법칙'이 철저히 적용된다. 어떤 기계(모기계)를 통해 생산된 제품이나 기계는 그 모기계의 성능이나 정밀도에 미치지 못한다는 것이 법칙의 요지다.

이 법칙을 뛰어넘을 수 있는 유일한 도구는 인간의 감(勘)이다. 감이란 다소 생소한 표현인데, 사물의 의미와 좋고 나쁨을 직감적으로 읽어 내거나 판단하는 능력이라 보면 된다. 결국 세상에서 가장 정밀한 기계는 바로 사람이라는 것이다.

　그러자면 앞서 거론한 인사조직 영역은 더 없이 소중한 영역이다. '쪽에서 뽑아낸 푸른 물감이 쪽보다 더 푸르다'는 '청출어람(靑出於藍)'을 실천할 수 있어야 생산관리가 더욱 빛을 발한다.

회계재무(Finance & Accounting)

　돈(money)과 관련된 기업 활동의 두 가지 큰 주춧돌이라면 바로 회계와 재무라 하겠다.

　회계란 쉽게 얘기해, 경영의 '성적표'를 작성하는 것이다. 그날그날 이뤄지는 기업 활동을 숫자로 기록하고 보고하는 것이 회계의 목적이다. 즉, 기업 활동을 '화폐라는 잣대'를 사용해 측정하고 공시하는 활동이다.

　회계를 의미하는 영어 Accounting은 '설명한다.'는 의미의 Account로부터 파생된 말이다. 기업 활동과 관련해 다양한 이해관계자들에게 경영활동의 실태를 기록 보고하는 것이 회계 업무이며, 그 일련의 절차를 '결산(決算)'이라 부른다.

　한편, 재무는 기업 활동에 필요한 자금을 조달하고 관리하며 운용하는 활동이다. 영어로는 Finance라고 한다.

　회계가 기업 활동의 과거와 현재에 초점을 맞추고 있는데 반해 재무는 기업의 장래에 중점을 두고 있다. 물건을 구입할 시에는 비용이 발생되는 것과 마찬가지로 자금 조달에도 비용(이자)이 발생한다. 기업 목표를 달성하기 위해 필요한 자금을 가급적 낮은 비용(낮은 이자)으로 조달하고 축적된 자금을 리스크 없이 잘 운용하는 것이 기업 발전과 업적에 크게 영향을 미친다.

　기업의 경영 상태를 알리는 자료에는 '재무제표(財務諸表)'라는 것이 있는데, 이것을 보면 '기업의 자산이 얼마 정도며 빌린 돈은 얼마인지?' '얼마만큼 벌어들이고 있으며 또 얼마만큼 손해를 입고 있는지?' 등에 관한 자세한 정보를 확인할 수 있다.

　앞서 거론한 칼국수 집의 경우, 점포를 내기 위한 건물과 토지, 조리를 하기 위한 주방기기와 각종 설비 그리고 원재료, 게다가 방문한 고객들이 걸터앉아 칼국수를 먹을 수 있는 탁자와 의자, 가게 인테리어, 간판 등을 갖추기 위한 현금이 필요하다. 이런 것들이 바로 자산(資産)이다.

자산에는 자신이 평소 모아둔 현금으로 감당할 수 있는 부분과 다른 사람으로부터 빌린 돈으로 메우는 부분이 있으며, 빌린 돈의 비율이 높으면 기업이 도산할 위험성도 그만큼 높아진다. 또 재무제표를 통해 1년 동안의 매출액과 여기에 들인 경비, 획득한 이익을 확인할 수 있다.

나아가 경영이 적자로 전락했을 경우에는 회계 정보를 분석함으로써 적자의 원인을 파악하고 흑자로 전환시키기 위한 다양한 대책을 마련할 수 있다.

'경영전략'을 통해 조직의 방향성을 바꿀 수 있고 그러한 조직 내의 상황은 '마케팅' 활동에도 영향을 미친다. 또 '인사와 조직'은 마케팅의 방향성에 따라 대폭적인 개편이 이루어질 수 있고, 이는 곧바로 기업의 생산성 및 이를 위한 '생산관리'에도 직접적인 영향을 가져온다. 그리고 최종적으로는 경영활동의 좋고 나쁨이 '회계재무' 정보로 표출되는 것이다.

이상과 같은 5가지 핵심 장르의 기능이 유기적인 조화를 이룰 때 비로소 효율적 경영이 가능해진다. 어느 것 한 가지라도 제구실을 못하면 전체적 균형이 흔들리면서 한 쪽으로 기울어질 수 있다. 이렇게 되면 조직이 흔들리면서 경영은 실패로 끝난다.

그 외에도 정보통신기술을 기반으로 의사결정 및 업무수행을 지원하는 '경영정보(MIS)', 인터넷이라는 온라인 매체를 토대로 경영이 이뤄지는 'e-비즈니스', 기업 및 시장의 글로벌화에 따라 부각되고 있는 '국제경영', 경영의 발전 형태와 그 역사를 다루는 '경영사', 산업의 기반을 떠받치고 있는 '중소기업'에 관한 연구도 경영학의 중요한 장르 가운데 하나다.

물론 조직 내부의 문제만이 아니라, 기업 경영에 직 · 간접적으로 영향을 미치는 국내외 정치와 경제, 사회, 문화의 이해와 분석도 경영학의 중요한 연구 대상이 되고 있다. 경우에 따라서는 이런 변수들이 기업 경영에 더 많은 영향을 미치기도 한다.

" 기업은 누구인가?

기업의 본질 "

우리네 사회는 역동적인 기업 활동을 통해 성장 및 유지되고 있으며, 일상 삶 또한 기업과 떼려야 뗄 수 없는 관계에 있다.

그래 경영학을 이해하는 것은 바로 기업의 본질을 이해하는 것이고, 나아가 우리 사회와 일상 삶을 꿰뚫는 것이다.

기업의 존재 의의

"김 과장, 아침 먹었어?"

"예, 사장님!"

"뭘 먹었는데?"

"그게.........!"

어엿한 한 가정의 가장(家長)이라면, 아내가 차려낸 '밥과 된장국 그리고 김치, 계란 프라이, 샐러드' 등이나 새벽이 빠른 직장인이라면 간단히 '식빵과 우유, 샐러드'로 때울 수 있겠다. 수험생이라면 영양을 식단의 중심에 둔 '밥과 국, 막 구운 생선 한 토막, 바나나와 토마토가 들어간 야채샐러드, 마지막엔 우유 한잔' 등이 될 수도 있겠다.

집집마다 조금씩 차이는 있겠지만 밥과 국, 김치를 포함한 몇 가지 반찬은 우리네 가정의 기본 밥상이 아닐까 한다.

그런데 위의 아침 밥상에 차려진 것들은 거의 모두 집에서 직접 만든 것이 아니라 어디에선가 분명 가져온 것들이다. 즉, 기업들이 생산한 것을 각 집에서 구입해 일부 가공(조리)을 한 것들이다.

예컨대, 밥(쌀)은 '경기미', 김치는 '종가집', 된장은 '삼양식품', 생선은 '안동 간고등어', 계란은 '부광축산', 바나나와 토마토는 '이마트', 야채는 '동네 야채가게', 우유는 '서울우유' 등이라고 하자.

이렇게 놓고 보면 우리들의 일상생활은 이른 아침부터 저녁 늦게까지 '기업(企業)'과 어떤 유기적인 관계없이는 생활 자체가 성립되지 않음을 쉽게 알 수 있다. 이처럼 기업은 우리 생활 기반을 지탱하는 물품(물적 재화)을 제공해주는 금쪽같은 존재다.

나아가 이러한 생활을 경제적으로 가능하게끔 남편은 자동차 회사에서, 아내는 할인점 파트타임을 통한 맞벌이 수입으로 가정이 꾸려진다면, 이 경우 역시 '기업'은 일하는 근거지(노동력 제공 장소)인 동시에 그 대가로 생활에 필요한 물품을 구입할 수 있는 돈(월급)을 주는 존재이기도 하다.

나아가 남편이 개발한 자동차의 주요 기능이 소비자들로부터 큰 인기를 얻으면서 판매가 급속히 늘자, 남편은 연말 회사에서 승진과 더불어 상금까지 받는 영예를 누렸다. 이 경우 '기업'은 여기서 근무하는 종업원들에게 삶의 보람과 동기유발까지 제공하는 더 없이 소중한 존재가 될 수 있다.

대학 다니는 장남이 PMP(휴대용 멀티미디어 플레이어)로 영어 공부와 게임, 음악 등을 즐기며 통학을 한다면, 새로운 형태의 공부법과 문화, 오락 등을 가능하게 만들어 준 것 또한 '기업'이란 것을 부인할 수 없다.

이처럼 '기업'은 여러 분야에 걸쳐 다양한 얼굴을 하고서 우리들의 일상생활과 밀접한 관계를 맺고 있는 사회적 존재다. 이 때문에 기업의 조그마한 문제일지언정 우리들의 생활에 지대한 영향을 미칠 수 있다.

이를테면, 자동차회사 노조가 파업을 했다고 치자. 그럼 여기에 부품을 공급하는 1차 협력업체는 물론 2·3차 협력업체까지 전국적으로 수 천 개의 기업들이 직간접적으로 악영향을 받게 된다. 어음을 변통해 다달이 연명하는 협력업체들이 줄도산 할 가능성도 배제할 수 없다.

게다가 임금이 한 달이라도 제때 지급되지 못하면 각 가정의 소비 씀씀이는 급격히 줄게 될 것이고, 매월 정기적으로 지불해야 할 각종 공과금에도 곧바로 악영향을 미치게 된다.

이런 상황이 장기화된다면 급기야 지역 경제뿐만 아니라 나아가 국가 경제의 혈맥을 차단할 수도 있다.

일전 학교 급식 식중독 사태는 환자가 무려 수 십 개교에 걸쳐 천여 명이나 돼 전국 학부모들의 가슴을 철렁하게 만들었다. 결국 감염 경로를 밝혀내지는 못했으나 그렇다고 해서 위탁업자(기업) 측이 법적 책임을 면하게 되는 것은 아니다.

이외에도 주가조작이나 특혜시비, 결함 감추기, 분양사기 등 기업들의 도덕적 해이(moral hazard)로 인해 무고한 이들의 가슴에 못을 박는 사건들이 꼬리를 문다.

이처럼 우리들의 생활을 풍요롭게 만드는 것도 '기업'이고, 반대로 얼마든지 불행하게 만들 여력을 가진 것도 '기업'의 행태와 많은 관련이 있음을 부정할 수 없다.

그렇다면 우리들은 '기업'이라는 정체를 보다 정확히 꿰뚫고 있어야 한다. 그 출발점은 물론 '경영학'이다. 그 경영학 원론이나 관련 교과서에 가장 많이 등장하는 단어(單語)라면 역시 '기업'이다.

그렇다. 기업은 경영학의 주요 연구 대상이다. 그럼 기업이 뭔지에 대해서도 알아야 한다. '기업'에 대한 사전적 정의는 매우 다양하다. 이를 간단히 정리하면 이렇다.

"이윤추구를 목적으로 제품 및 서비스를 생산해 판매하는 개별 경제의 단위"

기업을 의미하는 영어 Company의 어원을 보자. Com은 '함께'라는 의미이며, Pan은 라틴어로 빵(밥)을 가리킨다. 함께 배불리 잘 먹고 잘 살자며 만든 조직이 기업임을 어원을 통해서도 다시금 확인할 수 있다.

조금 더 현실적으로 다가가 보자. 기업(회사)이라는 것은 무엇보다 '돈을 벌기 위해' 만들어진 조직이다. 여기에 토를 달자는 없다. 기업은 돈을 벌기 위해 무엇인가를 만들고, 그것을 누군가에게 팔아야 이익(돈)을 남길 수 있다. 그 이익을 통해 기업 구성원(경영자, 종업원)은 재생산을 위한 에너지를 확보하게 되고, 기업은 더 많은 부(富)를 내부에 축적해가며 지속적인 성장을 거듭하게 된다.

기업은 벌어들인 돈(이윤)의 일부를 '재투자(再投資)'라는 경영 행위를 통해 한층 더 늘리고 불린다. 그런 다음 또다시 기업의 최첨단 생산설비나 연구개발(R&D) 등에 투자하는 과정을 끊임없이 반복한다.

이러한 기업의 생산 활동을 가리켜 전문 용어로 '확대 재생산'이라 부른다. 그리하여 기업의 규모가 커질수록 확대 재생산의 규모 또한 커지게 마련이다. 그 결과 사회적으로는 더 많은 일자리가 만들어지고, 더 좋은 제품을 더 많이 생산해서 소비자들의 생활을 풍요롭게 만들어 준다.

기업이 뭔가를 만들어 시장에 내다 파는 제품에는 반드시 특정 모습을 갖춘 '유형(有形)'의 제품만이 아니다. 노래방에서 쌓인 스트레스를 풀고, 목욕탕에서 때를 밀고, 찜질방에서 마사지를 받고, 대학에서 경영학 관련 교육을 받는 것과 같이 그 형태가 없는 '무형(無形)'의 서비스 판매 역시 제품 가치로 인정받는다.

우리들의 생활 중심인 집이나 자동차, 음식 등 어떤 형태가 있는 제품들을 가리켜 '재화(財貨)'라고 하며, 노래방이나 목욕탕, 찜질방, 대학 등에서 제공하는 것 가운데 그 모습이 없는 제품을 가리켜 '용역(用役, 서비스)'이라 부른다.

시야를 잠시 세계로 돌려보자.

이른바 '선진국'의 잣대는 뭘까? 이에 여러 요소(factors)를 늘어놓을 수도 있지만, 결국은 하나다.

얼마나 많이 세계적 기업을 소유하고 있느냐다. 기업의 힘은 국력이고 그게 선진국 여부를 가늠하는 중요한 잣대다.

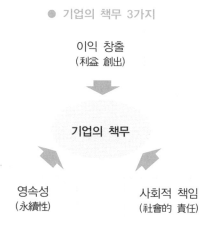

● 기업의 책무 3가지

이익 창출
(利益 創出)

기업의 책무

영속성
(永續性)

사회적 책임
(社會的 責任)

이익 창출

> 축구선수는 축구를 통해 구원을 받고, 교수는 강의를 통해 구원을 받는다.
> 그럼, 경영자는?
> 바로 '이익 창출'을 통해 구원을 받는다.

경영학에서 논의되는 기업의 목표란 알고 보면 지극히 단순하다.

"가급적 많은 이익을 획득할 것."

여기에 한 가지 단서를 덧붙이자면, 그러한 행위를 하는데 있어 보다 빠른 시간 안에 결과를 도출할 수 있다면 최고다. 정확성까지 추가된다면 뛰는 말에 날개를 다는 격이다.

미 하버드대 교수 '프리드먼(Benjamin M. Friedman)'은 그의 저서 "경제 성장의 도덕적 귀결(The Moral Consequences of Economic Growth)"에서 "한 국가의 경제 성장은 물질적 편의만이 아니라, 사회의 도덕성 향상을 위해서도 중요하다."는 주장을 하고 있다.

기업도 마찬가지다. 나날이 성장하지 않고 정체된 기업을 떠올려 보라. 이들 기업의 도덕적 해이로 인해 얼마나 끔찍한 일들이 우리 사회에 벌어질지 상상만 해도 소름이 끼쳐온다. 오늘만이 아니라 내일도 살아가야 한다는 절대적 소명이 기업에게는 부여된다.

그러자면 기업은 무엇보다 '이익 창출'을 해야 한다. 이익을 내지 못하는 기업은 무엇보다 성장 기반을 닦을 수 없다. 인간에겐 생을 연명할 밥(食)이 필요하듯 기업에겐 존속을 위한 이익이 절대적으로 필요하다.

금융감독원에 제출된 사업보고서에 따르면, 삼성전자의 지난 2005년 말 기준 직원 수는 80,594명에 달해 12월 결산법인 가운데 최다 직원 수를 기록하고 있다. 여기에 단순히 평균 부양가족 3명(아내, 두 자식)을 곱하면 24만 명이나 된다.

게다가 삼성전자 한 회사가 이익을 내지 못하고 비틀거리게 된다면, 24만 명에게만 피해가 돌아가는 것이 아니다. 삼성전자와 직간접적으로 관계를 맺고 있는 수많은 협력회사와 그 직원(가족)들이 고스란히 영향을 받게 되는 것이다.

이익이 발생하는 곳이라면 천길 불속이라도 헤집고 들어갈 태세를 갖춘 곳이 기업이다. 필요하다면, 지옥에라도 찾아가 거악(巨惡)과 담판을 벌여 이익을 창출해야 하는 것 또한 기업이다. 그래 기업 CEO는 이익 창출을 위해 생사(生死)의 담장 위에서 저울질 하다 자신의 몸을 던지기도 한다.

아담 스미스는 명저 "국부론(國富論)"에서 이런 얘기를 했다.

"사람들이 사리사욕을 근거로 자기 이익에 최선이라고 생각되는 것을 행할 때 사회가 가장 효율적으로 작동한다."

국가가 개인에게 일일이 간섭하지 않아도 그들의 이기심에 따라 이익추구 행위를 하게 되면 그 과정에서 '보이지 않는 손(invisible hand)'에 의해 시장에서는 자연스럽게 수요와 공급이 균형(안정)을 이룬다는 것이다. 그래서 핵심은 이타심(利他心)이 아니라 바로 인간의 이기심(利己心)이다.

기업이라고 예외는 아니다. 기업이 자신의 이익에 최선을 다할 때 비로소 사회적 책임을 다하는 것이다. 기업의 일차적 목표는 이윤 창출이며, 이를 통해 국부가 증대되고 국민경제가 발전한다.

이익 창출이라는 기업의 가장 큰 의무를 소홀히 한다면 더 이상 기업이라 할 수 없다. 이익이야말로 기업에서의 알파(A)요, 오메가(Ω)이기 때문이다.

당신이 매일 아침 자르르 윤기 흐르는 밥을, 디자인과 승차감이 뛰어난 자동차로 출근을, 휴식시간 휴대전화로 연인과 사랑을, 퇴근길에 동료들과 주변 음식점에서 소주와 삼겹살을, 집에 돌아와 푹신한 침대에서 몸을 누일 수 있는 것은, 농민과 자동차회사 사장, 휴대전화 사장, 음식점 주인, 침대회사 사장의 당신에 대한 무한한 호의나 자비심 때문이 아니다.

맛있는 밥을 배불리 먹을 수 있는 것은, 질 좋은 쌀을 생산하는 쪽이 더 많은 이익을 남길 수 있다는 농민의 치밀한 이익 추구 행위에 지나지 않는다. 즉, 개별 기업들의 이익 추구 행위는 우리 사회 나아가 국가 전체의 경제발전으로 이어진다는 점을 명심하자.

영속성

　　근대경제학의 창시자인 '앨프리드 마셜'은 한 기업 내에서 기업가 정신이 쇠퇴하게 되는 것은 피할 수 없는 운명이라고 했다.

　　"창업자의 수명은 짧다. 그가 재능을 최고로 발휘할 수 있는 기간은 더욱 짧다. 경영권은 활력이나 창조력에서 창업자만 못한 자의 손에 넘어가게 된다. 이는 사기업의 수명을 재촉하는 자연법칙이다."

　　여전히 우리 사회를 강타하고 있는 부자열풍 탓인지 부자에 관한 정의는 실로 다양하다. 그 가운데서도 유난히 가슴에 와 닿는 것이 하나있다.

　　"부자는 돈을 많이 번 사람이 아니고, 오랫동안 가지고 있는 사람"

　　이 말을 기업에도 고스란히 적용시킬 수 있을 것 같다.

　　"기업은 이익만 많이 내면 되는 것이 아니고, 오랜 동안 시장에서 살아남는 기업"

　　이런 기업이야말로 우리 사회의 가장 의미 있는 기업이라고 할 수 있겠다.

　　세상에 이익을 단기간에 많이 내는 기업은 많이 존재한다. 하지만 장기간 살아남아 꾸준히 이익을 내는 기업은 많지 않다. 그래서 오랫동안 진정한 기업으로 남기는 더욱 힘들다. 옛말에 이르기를 "부자 3대를 못 간다."는 얘기처럼 기업도 예외는 아니다.

　　투자자(주주)로부터 적게는 몇 만원, 많게는 몇 십억 아니 그 이상의 자금을 끌어 모아 세워진 주식회사(株式會社)가 홀연 무너진다면 어떻게 될까? 답은 간단하다. 주주들의 알토란같은 자금은 모두 허공으로 날아가 버린다.

　　이런 이유로 기업은 영원히 존속해야 할 숙명적인 과제를 안고 있다. 그것이 바로 '영속기업(going concern)'의 개념이다. 그래야 투자자들은 자신이 가진 자금을 흔쾌히 기업에 투자할 수 있다.

　　우리말의 '장사'에 해당하는 말이 이웃 일본말로는 '商賣(쇼우바이)'인데, 이를 '아키나이(물리지 않는다)'로도 읽는다. 즉, 장사는 아무리 오랫동안 하더라도 결코 물리거나 하지 않는다는 의미로 일본인들은 받아들이는 모양이다. 역설적으로 비즈니스(장사)는 어느 순간에 그만두는 것이 아니라 물릴 때까지 영원히 지속하라는 말로도 들린다.

"동해물과 백두산이 마르고 닳도록…"

우리의 '애국가' 첫머리 가사처럼 동해물과 백두산이 마르고 닳아 없어질 때까지 기업은 성장과 발전을 도모해야 할 존재다. 하지만 세상 어디에도 영원한 것은 없다. 있다면 '영원한 것은 없다'는 말만 영원할 따름이다.

근래 기업의 평균 수명은 약 30년 정도라고 한다. 인간의 평균 수명이 80세를 넘어 머지 않아 100세로 가고 있는 작금이지만 기업의 수명은 오히려 짧아지고 있다. IT붐을 타고 생긴 벤처기업처럼 출발 당시는 대단히 번창하고 엄청난 이익을 가져올 것처럼 보였으나, 불과 2~3년을 버티지 못하고 수많은 기업들이 흔적도 없이 사라졌다.

지난 30년 동안(1965~1995) 전 세계 100대 기업 생존율은 38%이고, 미국기업은 21%, 일본기업은 22%의 생존율을 보이고 있다. 이 기간 동안 한국의 100대 기업 생존율을 보면 16개 기업만이 계속 100대 기업 순위에 포함되고 있으며, 10대 기업 가운데 계속 10대 기업 순위에 포함된 기업은 하나도 없었다.(삼성경제연구소)

다음은 1960년부터 2004년까지의 국내 10대 그룹 변천사다.(조동성(1985년 이후는 공정위, 중앙일보(2005.8.11)에서 재인용) 거대그룹이지만 이들의 생로병사(生老病死)가 한눈에 읽혀진다.

- ▶ 1960 : 삼성, 삼호, 개풍, 대한, 럭키, 동양, 극동, 한국유리, 동립산업, 태창방직
- ▶ 1972 : 삼성, 럭키, 한진, 신진, 쌍용, 현대, 대한, 한화, 극동해운, 대농
- ▶ 1985 : 삼성, 현대, 럭키금성, 대우, 선경, 쌍용, 한국화약, 한진, 효성, 대림
- ▶ 1995 : 현대, 삼성, 대우, LG, 선경, 쌍용, 한진, 기아, 한화, 롯데
- ▶ 2004 : 삼성, 현대차, LG, SK, 롯데, KT, 포스코, 한진, GS, 한화

지식 정보화와 글로벌화로 대변되는 21세기의 기업 수명에 대해 혹자는 5년 아니 3년이라는 주장을 제기하기도 한다. 기업 수명이 평균 30년이란 표현은 이미 사어(死語)가 되어 버렸다. 이는 기업의 경영 환경이 얼마나 빠르게 변화하는지를 단적으로 표현해 주는 말이 아닌가 싶다.

그러나 기업이 영원한 존재이길 바란다면, 사회와 고객의 욕구에 맞추어 스스로를 바꾸어 가야 한다. 기업은 사회가 필요로 하는 욕구를 충족시키기 위해 존재하는 것이 목적이며, 이익은 그 존속을 보증 받기 위한 제약조건에 지나지 않는다는 주장에도 귀 기울 필요가 있다.

더불어 이익을 내야 하는 기업 입장에선 단시간에 최소의 노력으로 최대의 효과를 얻고자 한다. 그 때문에 자연히 탈법이나 편법과 같은 주위의 유혹으로부터 자유롭지 못하다. 하지만 바로 이러한 유혹은 기업의 영속성을 저해하는 치명적 요소다. 이젠 이름조차 희미한 수많은 기업들이 '한순간의 뜨거운 유혹'을 저버리지 못한 채 실패의 나락으로 빠져들어 패가망신했음을 잊지는 말자.

사회적 책임(CSR)

기업의 사회적 책임은 크게 세 가지 측면에서 바라볼 수 있다. 법적·윤리적 측면과 경제적 측면 그리고 마지막으로 지역사회 및 환경에 대한 사회적 측면이 그것이다.

앞서 언급하였듯 기업이 시장에서 영원한 존속을 보장받기 위해서는 무엇보다 이익 창출을 실현해야 한다. 그래 반(反) 사회적 행위를 통해 무작정 돈벌이에만 전념하면 만사형통이냐 하면 결코 그렇지 않다.

우선적으로 정정당당한 경쟁을 통해 벌어야 되고, 벌은 돈의 일부를 '사회적 책임(Corporate Social Responsibility)'이라는 사명 아래 사회에 환원할 수 있는 아름다운 배짱이 필요하다.

자본주의 체제가 성숙될수록 기업의 사회적 책임은 더욱 커진다. 이러한 책임이야 말로 반사회적 행위를 통해 돈을 벌어들이는 범죄조직과 기업의 결정적 차이점이라 보면 무난하다.

그 대가로 기업은 사회적인 권력(명예)을 가진다. 오늘날 잘나가는 기업 삼성전자나 포스코, 현대자동차 등을 보라. 사회적으로 엄청난 영향력을 지닌다. 증권시장에서 이들 기업이 기침을 하면 수많은 기업들은 감기에 걸리고 그러면 주주들은 폐렴에 걸려 줄줄이 병원으로 실려 나간다.

기업이 이익 창출을 통해 영속성을 보장받으며 사회적 책임을 다하기 위해서는 내외부에 존재하는 여러 관계자와의 상호 협력은 필수적이다.

기업과 이해관계를 가진 개인과 법인, 기관 등을 가리켜 '이해관계자(stakeholder)'라 부른다. 구체적으로는 소비자와 주주, 종업원과 그 가족, 거래처, 노동조합, 지역사회 등 다양하다. 기업은 항상 이러한 이해관계자들과의 관계를 정확히 인식하고서 우호적인 관계를 지속할 책임을 지닌다.

그 결과 오늘날의 기업에게 요구하는 사회적 책임은 종래의 법적 혹은 경제적인 기업의 책임을 크게 넘어선 개념으로까지 확대되고 있다. 더불어 이해관계자의 중요도와 우선순위는 기업에 따라 크게 달라질 수 있다.

기업은 우선적으로 이러한 이해관계자들의 요구를 만족시켜야 하며 이를 위해 어떤 행동을 실천에 옮겨야 할까? 우선 주주에게는 고액의 배당을, 고객에게는 높은 품질의 제품(서비스)을 저렴한 가격에 제공하게 되면 만족할 수 있을까? 이것만으로 충분하지는 않다. 왜냐하면, 이해관계자의 요구는 다양화 복잡화되고 있기 때문이다.

이를테면, 미국이나 유럽 등 선진국에서는 가격과 품질에 차이가 나지 않는다면 환경을 우선적으로 배려하는 기업에 투자하려고 하는 투자가들이 날로 증가하고 있다. 환경을 염두에 두지 않고 있는 기업을 사회의 지속적인 발전에 공헌하지 않는 기업으로 판단해 그러한 기업의 제품을 구매하지 않을뿐더러 투자도 하지 않겠다는 것이다. 즉, 환경문제는 더 이상 이념이 아닌 오늘 내일의 긴박한 현실임을 소비자들은 깨닫기 시작했다.

한편으로 기업의 사회적 책임론에 대해 비판적 의견도 만만치 않다. 기업은 법률이 규정하는 범위 내에서 조직의 한정된 자원을 활용해 주주에 대한 이익을 최대화하는 사업에 종사하고 있다. 다시 말해, 기업은 주주에 대한 경제적 책임만을 가지며, 그 이외에 관해서는 법률에 위임해야 한다는 것이다.

기업의 사회적 책임론에 대한 공방에 대해 시카고학파의 거장인 경제학자 '프리드먼(Milton Friedman)'은 일침을 가했다.

"법이 어떤 형태로 존재해야 할지의 판단은 정부에 맡기면 된다. 수익이 높은 비즈니스는 새로운 고용을 발생시킴과 동시에 오너와 사원의 생활수준을 향상시킴으로써 사회에 도움을 준다. 기업은 정부의 사회적 행위를 지탱하는 세금을 내고 있지 않은가!"

그러면서 "기업의 책임은 단 하나, 즉 경제적 성과를 달성하는 것이라는 데는 논란의 여지가 없다."고 못 박았다.

프리드먼이 일갈한 기업의 경제적 성과란 바로 이윤 창출이다. 좋은 제품과 서비스를 만들어 이윤을 내고 이를 통해 기업을 성장시켜 더 많은 사람들을 고용하고 더 많은 세금을 내는 것이 기업의 존재 의의라는 주장이다.

지극히 옳은 말이다. 연말 정산 결과 이익 창출에 실패한 기업은 자선단체에 대한 기부금도 경제적 사회공헌도 삭감할 수밖에 없다. 그렇다고 하여 이 기업에 대해 삿대질을 해서는 곤란하다.

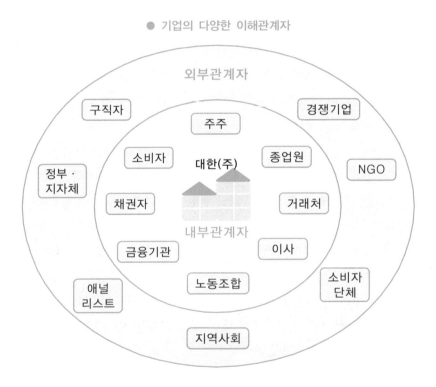

● 기업의 다양한 이해관계자

그 기업에 근무하는 종업원들과 그 가족은 기업으로부터 받은 월급으로 생활을 해왔고, 원자재를 납품한 협력업체에게는 대금을 지불해 부가가치 창출에 공헌했으며, 기업이 납부

한 세금은 정부의 재원 마련에 도움이 되었고 일부는 공무원들의 월급으로 돌려졌다.

한때 경영의 귀재로 불렸던 잭 웰치 전 GE 회장도 프리드먼의 주장에 동조하는 듯한 논리를 전개한 적이 있다.

"기업의 첫 번째 덕목은 전쟁에서 승리하는 것이며, 사회적 책임은 그 다음에 고려할 문제이다."

뒤집어 얘기해, 경쟁의 승자만이 사회적 책임을 다할 수 있다는 얘기다. 부의 사회 환원은 치열한 전쟁에서 승리한 기업만이 누릴 수 있는 이른바 '획득물의 배분'일 수도 있다. 경쟁에서 패배해 도태되고 나면 사회적 책임을 요구할 기업조차 없어지게 된다. 그런 측면에서 보자면 기업은 부가가치(附加價値) 창출 그 자체만으로도 이미 사회에 지대한 기여를 하고 있는 셈이다. 그렇지 않은가?

" 고정관념과 수평적 사고

경영학과 창의력 "

창의력이란, 한마디로 기존 생각의 틀을 깨부수는 것이다. 기존 방식과 조금이라도 다르게 생각하고 늘 행동으로 옮길 수 있어야 한다.

경영(학)의 출발점은 바로 창의력이다.

고정관념 탈피

우리네 창의력을 짓밟는 거악(巨惡)이라면 그건 바로 '고정관념(stereotype)'이다.

고정관념이란 어느 특정 장소에 놓여있는 것이 아니라, 우리들 스스로 경험하고 익힌 지식으로부터 표출되는 결과다. 너무 고정화되고 관습화 되다보니 거의 반사적 행동에 가깝기도 하다. 그런 탓에 고정관념은 내외적 제약의 근원이다. 기업 밖으로부터 다가오는 외적(外的) 제약(아이디어 킬러)에 대해 살펴보자.

"그걸 누가 사겠어?"

"다 아는 내용이잖아!"

"전에 해봤는데 실패했어!"

"윗선에서 반대할게 분명하다."

"생각은 좋은데 실현이 문제다."

"리스크가 너무 크다."

"그건 시대착오적 발상이야."

"다른 회사도 바보는 아니잖아."

"지금 방식에 뭐 문제라도 있어?"

그 다음으로는 기업이라고 하는 조직 머릿속에서 스스로 만들어내는 엄청난 내적(內的) 제약(선입관)이다.

"정답은 하나다."

"틀려서는 안 된다."

"원칙은 존중되어야 한다구."

"그건 내 전문(일)이 아니잖아!"

"빨리 결론을 내야해."

"조금 더 현실적으로 생각하자."

"너무 시기상조가 아닐까?"

"실패하면 끝장이다."

"나는 별로 창의적이지 못하다."

이런 고리타분한 내외적 제약을 언제까지 싸가지고 다닐 건가?

우선적으로 많은 고민 끝에 나온 소중한 아이디어를 단숨에 말살시켜 버리는 외적 제약부터 훌훌 털어버리자.

그런 다음 어떤 사물이나 생각에 대한 자신의 뿌리 깊은 선입관 즉, 내적 제약도 깨끗이 털어버리자. 이를 거스르며 기업 경영이나 경영학의 본질을 이해하고 실천에 옮기려는 노력은 무모하고 허망한 도전일 수 있다.

덧붙이면, 가끔은 자신이 알고 있는 지식을 망각(forgetting)함으로써 영감(번득임)을 얻는데 보탬이 되는 경우가 있다. 그런 경험을 한 적이 없는가?

아래 내용은 세계 유수의 기업에 대한 창의력과 기업 혁신에 관한 컨설턴트이자 Creative Thinking사의 대표이기도 한 '외흐(Roger Von Oech)'의 "Expect the Unexpected"에 등장하는 한 대목이다.

창조적 사고를 방해하는 태도를 '에드워드 드 보노'는 '정신적 감옥'이라고 지칭했는데 아래와 같은 것들이다.

- ▸ 정확한 답
- ▸ 규칙을 준수하라.
- ▸ 실용적이어야 한다.
- ▸ 놀이는 하찮은 것이다.
- ▸ 그건 내 분야가 아니다.
- ▸ 중의성을 피하라.
- ▸ 실수는 나쁜 것이다.
- ▸ 그건 논리적이지 않다.
- ▸ 나는 창조적이지 않다.
- ▸ 바보 같은 짓거리 하지 마라.

정신적 감옥에서 탈출하는 방법은 크게 두 가지가 있다. 우선 감옥을 인식하고, 당신이 새로운 것을 생각해내야 할 때 일시적으로 그것들을 잊어버리는 것이다.

수평적 사고

이전 미국 소설가 밀러(Henry Miller)는 성공에 있어 사물에 대한 망각은 기억력만큼이나 중요하다고 언급했다. 망각을 위한 훈련으로는 '수평적 사고' 퀴즈를 많이 풀어보아야 한다고 한다.

영국 심리학자 보노(Edward De Bono)에 따르면, 인간이 하는 사고에는 수직적 사고 (vertical thinking)와 수평적 사고(horizontal thinking)가 있다고 한다. 조직이론에서도 수직적 조직보다는 수평적 조직이 훨씬 경쟁력이 있다고 하는데 그런 측면에서 보자면 수평적 사고가 좋다는 것일 게다.

수직적 사고를 하는 사람은 매우 논리적이며 합리적이다. 그 때문에 논리학이나 수학이나 물리학과 같은 영역에서 상당한 소질을 보인다고 한다. 반면에 수평적 사고를 하는 사람은 공상적이며 추상적인 면이 있다. 그래서 글을 쓰는 작가나 예술가와 같이 직관이나 상상력을 필요로 하는 분야에서 능력을 발휘한다고 한다.

수직적 사고란 흔히 논리적이고 관습적이며 전통적 사고라 지칭하는 것이며 우리에게 매우 익숙한 사고방식이다. 사고의 흐름이 하나의 정보로부터 직접 다른 정보로 옮겨 가기 때문에 수직적 사고라 부른다.

반면에 수평적 사고는 불연속의 사고 혹은 변화를 지칭하며 일반적으로 창의력 (creativity)이라 부르는 것과 밀접한 관련이 있다. 창의력 계발이나 함양은 수평적 사고를 우선적으로 하자는 의미다.

"나는 언어로 생각하지 않는다. 생기 있게 움직이는 형태와 영상으로 생각한다. 이런 것들을 종합해서 언어로 옮기려고 노력한다."

20세기 최고의 석학 아인슈타인(Albert Einstein)이 내뱉은 이 말은 그가 수평적 사고의 소유자임을 은연중에 암시하고 있다.

수평적 사고는 창의적 사고로 바꿔서 얘기할 수 있으며, 수평적 사고는 비판적 사고로 바꿔 표현할 수 있다.

퀴즈를 풀기 위해서는 기존 사고로부터의 얽매임을 벗어던져야 한다고 한다. 그러면서 고전적인 퀴즈 하나를 제시하고 있다. 영어식 호칭을 필자가 한국식으로 고쳤다.

한 번 풀어보도록 하자.

"철수와 영희는 바닥 위에 숨져있다. 주변에는 유리 파편이 여기저기 산재해 있다. 게다가 바닥에 물도 고여 있다. 이들의 사인(死因)은 무엇이었을까? 아니 어떤 일이 벌어진 걸까?"

위 물음에 당신은 분명 이렇게 생각하거나 답했다.

"뭐, 살인 현장 같은데요."

백이면 백, 유리 파편과 어질러진 물 때문에 심한 난투극을 벌이다 범인의 칼에 쓰러진 남녀 혹은 갑자기 집안으로 들어 닥친 범인들에게 무참히 살해된 부부를 떠올리게 된다.

위에 주어진 정보만을 가지고 해석한다면 결코 빗나간 추측은 아닐 것이다. 하지만 예상대로 추측은 빗나갔다.

실은 철수와 영희는 사람이 아니다.

주인이 붙여준 금붕어의 이름이다. 어느 날 주인이 이들이 든 수조를 청소하다 그만 실수로 수조가 바닥에 떨어지면서 일어난 생생한 현장일 뿐이다.

이 퀴즈를 푸는 핵심 열쇠는 역시 철수와 영희를 당연히 인간일 것이라는 사고를 망각하는 것에서부터 출발해야 한다. 즉, 철수와 영희가 인간이라 생각하지 않았다면 퀴즈는 간단히 해결할 수 있었을 것이다.

이 책에 등장하는 또 하나의 퀴즈를 소개해보자.

"이른 새벽, 한 여성이 시내 중심가에 위치한 고급 화랑(畵廊)에 들어와 왔다. 그러곤 이 화랑에서 값이 가장 많이 나가는 그림 몇 점에 회복 불능의 손상을 입혔다. 화랑 측의 신고로 곧바로 여성은 체포되었다고 생각했을지 모르겠으나, 그날 오후 화랑 주인으로부터 감사의 표시로 사례금을 받았다."

세상에 남에게 심각한 피해를 입히고서 배상은커녕 어떻게 사례금까지 받을 수 있단 말인가!

"말도 안돼!"

"흥, 웃기지마!"

라고 할지 모르겠으나 정답을 본다면 고개를 끄덕이게 될 것이다. 그전에 먼저 수평적 사고를 해보자.

이 퀴즈의 풀기 전에 우리들은 어떤 고정관념에 사로잡혀 있다. 즉, 얘기에 등장하는 이 여성은 화랑에 어떤 피해를 주기 위해 이른 새벽 가만히 잠입했을 걸로 생각한다. 그런 사고라면 이 퀴즈를 풀 수가 없다.

의문은 이 여성의 직업을 알게 된다면 금방 풀리게 된다. 이 여성의 직업은 바로 '소방관'이었다. 이른 새벽 도심 화랑에 화재가 발생했다는 신고를 받고 급히 출동해 불을 끄는 중이었다. 고가의 그림 몇 점은 소방관이 뿌린 물 때문에 형편없이 망가졌지만 화랑 건물 전체로 퍼져나가는 불길은 잡을 수 있었다. 즉, 더 큰 피해를 이 여성 소방관이 막은 것이다. 이제 통(通)하였는가?

경영학과 창의력

창의력은 길을 가다 우연히 떨어진 것을 줍거나 편의점에서 돈만주면 손쉽게 넣을 수
있는 물건이 아니다. 주위의 끊임없는 자극과 지식 습득 등을 통해서만 얻을 수 있다.

앞서 제시한 몇 가지 문제들은 우리 주변에서 얼마든지 발견할 수 있다. 풍부한 사회 경험(사전 지식) 및 고정관념으로 인해 창의력이 구속되거나 하지 않는 다면 문제 해결의 열쇠는 얼마든 존재한다.

$E = MC^2$라는 상대성이론으로 대표되는 아인슈타인에게 어느 날 기자들이 이런 질문을 던졌다.

"박사님, 소리의 속도는 어느 정도입니까?"

"나는 그런 것 잘 모릅니다. 책을 통해 곧바로 찾을 수 있는 정보를 애써 머리에 넣고 다니지는 않기 때문입니다."

'매뉴얼 화 된 지식보다 더욱 중요한 것은 창의력'이라는 것을 아인슈타인은 기자와의 짧은 대화를 통해 명확히 표현하고 있다.

경영학 역시 마찬가지다. 경영에 관한 다양한 지식을 담은 것이 경영학이어서는 안 된다. 경영학이라고 하는 학문을 통해 이를 접하는 사람들이 창의적인 사고를 심고 길러 줄 수 있는 실용학문으로 거듭나야 한다. 그게 바로 경영학이 추구하는 진실의 방향이기 때문이다.

"그건 해보나마나 안 된다구!"
"맨날 바보 같은 것만 소리만 하니!"
"그건 불멸의 진리야. 그래서 절대 바뀔 수 없어!"

경영학은 이런 부정적 의견을 단 한 방에 날려버릴 내부 역량도 가지고 있다. 또한 경영학은 인간의 잠재된 창의력을 일깨우는 자명종이자 노하우의 창고다. 다만 이를 접하고 활용하는 사람들의 능력에 따라 하늘과 땅만큼 격차가 존재한다.

특히, 경영과 경영학은 실천적이며 실용성이 강조되는 성격 탓에 번득이는 창의성이 발휘되지 않고는 성립되기 어려운 영역이자 이론이다.

간단한 질문이다.

"고등동물의 성장과 생명 유지에 필수적이며, 체내의 여러 기능을 조절하는 유기물질이다. 이 물질은 뭘까?"

정답은 다름 아닌 '비타민(vitamin)'이다.

이 비타민은 소량으로 신체기능을 조절한다는 점에서 호르몬과 유사하나, 호르몬이 신체 내분비기관에서 합성된다면, 비타민은 식사, 투여 등과 같은 외부로부터 섭취되어야 한다. 그런 점에서 경영학은 비타민과 대단히 유사한 특성을 지닌다.

" 유능한 경영자가 되려면?

경영자의 능력과 기능 "

"이놈도 하고 저년도 하는데, 나라고 어찌 못 할 소냐?"

의욕은 과히 하늘을 찌를 기세다. 세상만사 다 그렇듯 의욕만으로 모든 게 이루어진다면 얼마나 좋으랴! 하지만 어떤 난관에 봉착하고 난 다음에야 비로소 자신의 지식과 역량 부족을 한탄하는 게 어린 인간의 본성이다.

경영자의 능력

'경영자'라고 하면, 일반적으로 대기업의 으리으리한 사무실에서 높은 등받이 의자에 육중한 몸을 의지한 채 아랫사람들에게 지시를 내리는 모습을 떠올리기 쉽다.

실제로 1960, 70년대까지만 해도 아랫배가 불쑥 나온 사람(배불뚝이)을 가리켜 '사장'이라거나 그 배를 '인격'이라고 하며 부러워했다. "이 설움 저 설움 해도 배고픈 설움이 제일!"이란 말도 있듯 배라도 나와야 사람 체면이 서던 궁핍한 시기였다.

덕분에 각종 드라마나 만화, 잡지 등에 등장하는 사장의 캐릭터는 이랬다.

우선 헤어스타일은 기름진 올백에다 윤기가 자르르 흐르는 얼굴하며, 쭈뼛 튀어나온 입 사이엔 예외 없이 이쑤시개가 물려져 아래위로 널뛰기를 하고 있었고, 오른손은 연신 튀어나온 아랫배를 '통통' 두드리며 자신의 부를 강조하는 것이었다.

당시 우리의 어려운 경제상황에서 배나올 만큼 잘 챙겨먹을 수 있는 사람은 분명 돈 많은 사장이라야 가능한 일이었다.

이제 세상이 바뀌었다. 요즘 속칭 똥배 나온 사람이라면 승진은커녕 퇴출 1호로 지목되는 것이 현실이다. 배가 나올 만큼 게으르고 한가하다면 조직이나 기업의 현재 상황은 묻지 않아도 될 듯싶다.

흔히 '경영자'혹은 '사장'이라 부르는 사람 가운데는 몇 십 만 명 단위의 종업원을 거느리고 있는 세계적 대기업에서부터 몇 십 명 혹은 몇 명 단위의 중소 영세기업에 이르기까지 실로 다양하다.

그 연령대 또한 70살의 고희(古稀) 사장에서 불과 20살의 약관(弱冠) 사장까지 그 폭도 넓다. 최근엔 10대 사장도 가끔 얼굴을 내민다. 하지만 모든 조직에 반드시 필요한 존재가 경영자다.

또 경영자라고 하는 의미만큼이나 그 능력의 차이도 천차만별이다. 국제적으로 그 능력을 인정받아 주목을 받는 '글로벌 경영자'로 자리 매김 한 사장이 있는 반면, 평생 종업원 몇 명에다 여러 번 부도 위기까지 몰려가며 허름한 공단의 한 모퉁이에서 근근이 수지를 맞춰 가는 영세기업의 무명(無名) 사장도 있다.

보편적으로 유능한 경영자란 어떤 사람을 가리키는 걸까? 그 능력에는 크게 세 가지 정도를 꼽을 수 있을 것 같다.

❶ 고독을 이겨내는 능력
❷ 명료한 의사결정 능력
❸ 타인을 신용하는 능력

● 고독을 이겨내는 능력

경영자는 의사결정 가운데 경험하는 '고독(孤獨)'을 받아들이고 이겨낼 수 있는 도량이 필요하다. 중대한 의사결정을 전문가로부터 자문 받는 경우는 있지만, 최종 결론은 언제나 경영자 혼자서 내려야 한다.

굳이 고독을 추구하거나 고독을 좋아할 필요는 없지만, 의사결정 과정에서 일어나는 고독으로 인해 결코 동요되서는 안 된다.

반민주적이라 비난 받을지 모르겠으나 경영 행위를 다수결 원칙과 합의를 통해 결정짓는 것은 분명 문제가 있다. 그러한 행위는 경영자로서 행하는 경영과는 거리가 있다. 합의와 다수결로 이루어진 의사결정엔 책임 소재가 불분명하기 때문이다.

기업이 행하는 행위는 고객과 거래처, 종업원 나아가 지역사회에 대한 책임이 반드시 따르게 된다. 그리고 경영자는 스스로가 행하는 사업에 대해 모든 책임을 지지 않으면 안 된다. 그러므로 모든 경영 행위가 합의와 다수결로 의사결정이 이루어져서는 안 된다.

● 명료한 의사결정 능력

경영자가 내리는 의사결정은 '분명'하고 '간단'해야 한다. '분명'하다고 하는 것은 이를테면 '할지(Yes)' 혹은 '안할지(No)'와 같은 것이고, '간단'하다는 것은 그 의사결정에 따르는 구성원들이 그 결정을 쉽게 이해할 수 있어야 한다는 뜻이다. 그러자면 변화하는 환경 속에서 객관적 자료를 추출해내고 논리적으로 분석한 뒤 선택과 집중을 명확히 해 기업의 방향성을 제시해야 한다.

또한 경영자의 태도가 명료하면 주변 사람들도 신뢰를 하게 된다. 신뢰를 밑바탕으로 조직 구성원들이 움직인다면 성과는 반드시 따르게 마련이다.

경영자의 의사결정이 명료하다는 것은 한번 내린 결정과 추진에 대해 일관성이 있다는 것으로도 해석할 수 있다. 사람에 대한 신뢰는 그 사람의 사고와 행동의 일관성을 통해 생겨나는 것이다. 행동의 일관성은 장래 행동을 예측할 수 있어 "저 사람은 신뢰할 수 있다."라고 하는 근거가 된다. 따라서 경영자의 의사결정은 분명하고 간단하며 일관성이 있어야 한다.

● 타인을 신용하는 능력

'명심보감'에 이런 말이 있다. 많이 접해 본 것이다.

"疑人莫用 用人勿疑" (사람이 의심나거든 쓰지 말고, 일단 썼으면 의심하지 말라)

진정한 경영자란, 해당 분야의 전문가에게 과감히 일을 맡길 수 있는 사람이다.

큰 틀에서의 의사결정은 경영자 혼자서 내린다 할지라도 세부적인 것까지 전부 그렇게 할 수는 없다. 특히, 사업 규모가 커지게 되면 세부적인 의사결정은 담당자와 현장에서 이루어지게 마련이다. 그렇게 되면 이번에는 중요한 의사결정을 얼마만큼 타인에게 맡길 수 있을지 여부가 경영자의 역량으로 다가온다.

즉, 제품 컨셉이라면 디자인 담당자에게, 설계라면 연구개발자에게, 생산이라면 생산 담당자에게, 홍보라면 마케팅 담당자에게, 판매라면 영업 담당자에게와 같이 각 분야의 담당자가 스스로 책임을 지고 과감히 추진할 수 있도록 보조하는 사람이 유능한 경영자라는 것이다.

경영자의 역량은 그 사람이 얼마만큼 능력이 있는가 하는 것보다는 다른 사람에게 얼마만큼의 일을 맡길 수 있는지, 그리고 그를 통해 다른 사람의 잠재력을 얼마만큼 이끌어 낼 수 있는지 등을 통해 평가받는다. 이것은 얼마만큼 '사람을 신용할 수 있는가?'하는 것과 밀접한 관련성이 있다.

철강왕 카네기

> 토끼 한 마리가 이끄는 사자 무리보다는, 사자 한 마리가 이끄는 토끼 무리가 훨씬
> 더 강력한 군대가 될 수 있다.

세상에 독불장군이 없듯 기업의 경영자라면 무엇보다 타인의 머리를 빌릴 수 있어야 한다. 다른 사람의 의견을 적극 청취해야 한다. 또 그런 분위기를 만들고 유도해야 한다. 경영자의 기침 한 번에 종업원들이 감기 걸릴 분위기라면 그 조직의 미래상은 불을 보듯 뻔하다.

스코틀랜드에서 태어나 가난에서 벗어나고자 미국으로 옮겨 온 집안의 아들 '카네기(Andrew Carnegie)'는 아메리칸 드림을 실현시킨 대표적 인물이다.

방적공에서 시작해 세계 최대의 갑부가 된 카네기는 훗날 '철강왕'이란 별칭까지 얻었다. 이 아름다운 별칭은 카네기가 27살이던 1862년, 피츠버그시에 철도 레일 공장을 세운 뒤 1875년 철강회사를 차려 떼돈을 번 그에게 붙여진 것이다.

카네기의 사회 공헌 정신은 지금도 경영자의 철학으로 면면히 이어지고 있으며, 건강한

기업가 정신(entrepreneurship)의 본보기가 되고 있다. 그의 묘비명(epitaph)을 통해서도 경영자의 이상적인 모습을 발견할 수 있다.

"자기 자신보다도 더 현명한 사람들을 주변에 모여들게 하는 능력을 가진 한 남자가 여기에 잠들다."
(Here lies a man who was able to surround himself with men far cleverer than himself.)

위 묘비명은 카네기 자신이 생전에 직접 준비해둔 문구라고 하는데, 치열하고 복잡한 현대를 헤쳐 나가는 경영자의 참모습을 간결하면서도 명확히 규정한 것으로 평가받고 있다.

또한 경영진의 사고나 판단에 문제가 있다고 생각될 경우, 이를 과감히 지적할 수 있는 자율적인 조직 내 분위기도 중요하다. 첨예한 현안을 결정할 때 CEO를 사이에 두고 관련 담당자들은 서로간의 문제점을 꼬집으며 치고받을 수 있어야 한다. 필요하면 멱살잡이도 해야 한다.

그로브 인텔의 전 회장은 이런 형식을 '창조적 대립'이라 부르며 적극 장려하기도 했다. 정(正)과 반(反)이 존재할 때 비로소 훌륭한 합(合)이 도출될 수 있지 않을까. 이게 어쩌면 경영의 정도(正道)가 아닐까 한다.

이처럼 자기 자신보다 뛰어난 사람들을 끌어들여 그들이 가진 재능을 최대한 발휘할 수 있는 적절한 여건과 환경을 마련해주는 것이 진정한 경영자다.

경영자의 기능

다소 원론적인 얘기로 돌아가 보자. 인사관리 교과서에 종종 등장하는 경영자에게 필요한 기능(skill)은 다음 세 가지다.

> ▶ **기술적 기능**(technical skill)
> ▶ **인간관계적 기능**(human skill)
> ▶ **개념적 기능**(conceptual skill)

기업의 규모가 작은 경우는 전문지식과 기술 등 이른바 '기술적 기능'만으로도 사업이 번창할 수 있다. 어느 정도 종업원과 거래처가 늘게 되면 '인간관계적 기능'이 요구되는데 동기부여, 갈등관리 등의 능력이다. 또 조직과 역할분담이 가능하게 되면 이번엔 '개념적 기능'이 필요한데 경영관리활동을 조정, 통합하는 등의 기술이다.

급격한 변화와 더불어 날로 복잡해지고 있는 오늘날에는 다양한 인맥형성과 거래처 관리, 노동조합과의 조화와 같은 '정치적 기능(political skill)'이 새롭게 요구되고 있다.

결국 경영자란 누구인가?

본시 특별한 사람이 경영자가 아니라, 항시 특별하게 되려고 부단히 노력하는 사람이 경영자인 것이다.

" 경영학과 돈 그리고 부

돈과 부의 의미 "

"부를 경멸하는 사람을 너무 믿지 마라. 부를 얻는데 절망한 사람이 부를 경멸한다.
이런 사람이 부를 얻었을 때 결말이 좋지 않다."

– 경험론자 베이컨

부와 돈에 관한 격언

▶ 부자의 헛소리는 격언으로 통한다." 〉〉 세르반테스

▶ 가장 큰 죄악과 가장 나쁜 범죄는 가난이다." 〉〉 버나드 쇼

▶ 금전은 누구일지라도 그 소유자에게 권력을 부여한다." 〉〉 라스킹

▶ 돈은 모든 사람이 그 앞에서 엎드리는 유일한 권력이다." 〉〉 버틀러

▶ 인생은 바다, 돈은 뱃머리이다. 뱃머리가 없으면 항해할 수 없다."
   〉〉 베크헤를린

▶'빈곤은 부끄러움이 아니다'라고 하는 것은 모든 사람이 입에 담지만, 누구 하나
   마음속으로 납득하지 않는 격언이다." 〉〉 코체부

▶ 돈은 여섯 번째 감각과 같은 것이다. 그것이 없으면 사람은 나머지 오감(五感)을
   완전히 상실한다." 〉〉 서머셋 모음

▶ 재산은 분뇨와 같다. 그것이 축적되어 있을 때는 악취를 풍기지만, 뿌려졌을 때
   는 흙을 기름지게 한다." 〉〉 톨스토이

▶ 돈은 무엇보다 천한 것이지만 그래도 그것이 그리운 것은 그것이 사람에게 재능

　까지 부여하기 때문이다." 〉〉 토스토에프스키

　하늘이 두 쪽 나는 일이 있어도 언젠간 돈과 부(富)를 쟁취하고야 말겠다는 확신이 계기가 되었으면, 더 없이 유쾌하겠다.

　일전에 투자의 귀재로 불리는 '워런 버핏'은 자신이 가진 재산 85%에 해당하는 370억 달러 상당의 주식을 친구인 빌 게이츠 부부가 운영하는 자선단체에 기부하기로 해 세상을 깜짝 놀라게 했다. 너무도 아름답고 훈훈한 기부가 아닐 수 없다. 덕분에 새로운 기부 문화의 장(場)을 열었다는 평가도 잇따랐다.

　이런 버핏 역시 수중에 돈(주식)이 있었기에 감동적 기부도 가능했다는 점을 잊어서는 안 된다. 가진 게 없으면 기부도 공헌도 어렵다. 아니 못한다.

　참고로, 우리 몸의 혈액이 제대로 돌지 않으면 가장 먼저 저려오는 곳은 어디일까?

　바로 심장(心臟)으로부터 가장 멀리 떨어진 '손과 발'이다. 마찬가지로 우리 사회의 특성상 가진 자들의 돈(혈액)이 돌지 않고 금고나 장롱 속에 파묻혀 있으면 고통을 감내해야 하는 쪽은 몸의 손과 발에 해당하는 선량한 서민과 빈자의 몫이다.

빈자와 자본주의 사회

　오늘날 삶에서 돈만큼 우리를 곤혹스럽게 만들거나 원망의 대상이 되는 '매체'도 드물다. 분명 돈은 인간이 개발한 유용한 도구임에도 인간 스스로 마치 노예마냥 그 권력에 무너지기 다반사다.

　흥청망청 유흥비로 날려버린 카드빚을 갚기 위해 도둑이나 유괴 심지어 살인까지 서슴지 않는 세태를 접하거나, 정치권 실세들이 차떼기나 사과상자에 든 썩은 돈 먹고 배탈 나 검찰에서 줄줄이 불려가는 모습이 매스컴에 비춰질 때면 깊은 한숨이 절로 나온다.

　또 돈 몇 푼 더 있었으면 얼마든지 치료할 수 있는 병임에도 그 돈이 없어 생을 마감했다는 안타까운 소식들을 접할 때면 깊은 회한(悔恨) 마저 서린다.

　한 마디로, '가진 자'이건, '못 가진 자'이건 돈 때문에 불거지는 현실이 너무도 서글프고

답답하다. 그럼에도 우리는 돈을 마냥 외면할 수 없다. 결국엔 모든 것이 돈의 문제로 귀착되기 때문이다.

대한민국은 돈(資)이 근본(本)이라는 '자본주의(資本主義)' 이념을 추종하는 국가다. 사유재산제를 철폐하고 사회 구성원 모두가 재산을 공동으로 소유하는 사회제도, 즉 함께 일하고 돈 벌어 같이 잘 살자는 '공산주의(共産主義)' 이념을 추종하고 있지는 않다. 그래서 가난은 미덕이 되질 못한다.

그런 '자본주의'란 대체 뭘까? 그 개념부터 정리해 보자. 사실 자본주의에 대한 명확한 정의가 존재하는 것은 아니나, 사전적 개념을 잠시보자.

"이윤추구를 목적으로 하는 자본이 지배하는 경제 체제와 경제 시스템!"

전쟁이나 천재지변 등으로 매일 수백, 수천 명의 사람들이 처참하게 죽고 다치는데도 바로 그 이웃나라에서는 당일 주가(株價)에 희비가 교차되며 소란을 떤다.

재물이 자꾸 생겨서 암만 써도 줄지 아니하는 '화수분'을 탐하는 것이 자본주의의 본성이다. 99개 가진 사람이 100개 가지려다 1개 잃었다고 웬 떼쓰고 호들갑이냐고 따지거나 비난하진 말자. 이게 바로 자본주의의 비정함이요 동시에 그 자본주의를 지탱하는 견고한 안정감이다.

프랑스의 작가이자 사상가 '사르트르(Jean-Paul Sartre)'는 "부자가 전쟁을 일으키면, 죽는 것은 가난한 사람들이다."라고 했으며, 일본 실업가 '오오타니(大谷米太郎)'는 "100만원이 있으면 100만원의 지혜가 생긴다. 돈이 모든 것의 밑천이다."라고까지 했다. 모두 자본주의 체제의 본질을 명쾌히 간파한 지적이다.

이러한 특성이나 주장들은 자칫 자본주의의 냉정함과 거만함으로 비춰지기도 하지만, 일찍이 자본주의 체제만큼 불평등이 완화된 시절도 없었다. 이는 필자가 지어낸 얘기가 아니다. 이미 우리들이 그간의 역사를 통해 배워왔지 않은가!

공산주의의 첫 번째 신념이라면, 공동 생산하고 그 재화(財貨)를 공동 분배한다는 것이다. 이론적으로만 보자면 그 지향점은 대단히 아름답고 유토피아적 사회임에 분명하다. 그런 공산주의 체제가 왜 몰락의 길을 가야만 했을까? 이유는 지극히 간단하다. 인간의 욕망(본능)을 억눌러 천편일률적인 시스템을 만들었기 때문이다.

게으르든 열심히 일하든 생산된 재화에 대한 분배가 동일하다면 굳이 어렵사리 힘들게 일하려 들지 않을 것이다. 그런 이기심이 자연스레 인간에겐 생겨나게 마련이다. 이런 본성에 대고 그렇게 밖에 안 되냐고 욕하는 어린 생각은 버려라. 인간은 지구상에서 가장 이기주의적인 동물이다.

반면에 자본주의는 누구든 가진 능력만 있으면 얼마든 개성적일 수가 있고 남보다 더 많은 재화를 축적할 수 있다. 좌든 우든 개인이 튀어보려는 본능을 결코 막거나 하지는 않았다. 뭐니 뭐니 해도 이게 바로 자본주의 체제 최대의 경쟁력이었다.

그럼에도 자본주의 체제가 가져온 부의 불평등이나 모순과 같은 갖가지 폐해만 떠오르거든, 다음 글을 천천히 읽어가며 자신을 곱씹어보라.

"다소 사악한 표현일수도 있으나, 자본주의는 이윤을 창출하는 기업 없이는 존재할 수 없다. (중략)
국가나 지선 단체를 위해 일하는 사람은 자신이 자본주의적 활동과 직접적 연관이 없다고 생각할 테지만 그에게 급료를 지불할 돈을 창출하는 것은 자본주의적 활동이다."

– 힐튼 & 기번스의 "멋진 비즈니스"에서

자본주의 체제에 가장 충실한 방법은 단 한 가지다. 거대한 부를 축적하는 것이다. 여전히 우리 사회의 통념상 '돈이 최고!'라거나 '부가 근본!'이라고 대놓고 외칠 수는 없더라도 그것을 일부러 회피하거나 부정해서는 안 된다. 그래야 자본주의 사회가 제대로 뿌리내리고 성숙돼 그 결실이 우리 사회에 돌아온다.

한 국가의 중심 도시(수도)를 가리켜 영어로 'capital'이라고 한다. 머리라는 뜻에서 온 capital은 한편으로 자본주의에서 가장 중요한 '자본'을 뜻하기도 한다. 즉, 자본주의에선 돈이 사람의 머리만큼이나 대단히 중요하다는 것을 의미한다.

이런 자본주의 체제가 가지는 가장 큰 병폐로는 부의 불평등이 곧잘 지적된다. 부자로 사는 것에는 나름의 이유가 있겠지만, 빈자(貧者)로 살 수 밖에 없는 것에도 부자 이상의 또 다른 이유가 있을 법하다. 아울러 세상의 모든 부자가 당당한 것만은 아니듯 모든 빈자도 당당한 것만은 아니다.

그래선지 이런 우스갯소리가 일견 타당성을 지닌다.

"컴맹보다 돈맹이 훨씬 무섭다."

컴맹은 자신만 불편하거나 희생하면 되지만, 돈맹은 본인은 차지하고라도 가족과 사회 나아가 국가마저 불안에 떨게 만들 수 있다. 그래 더 두려운 존재다.

부는 제로섬 게임?

> "착하게? 얌마, 착하게 사는 거 내가 가르쳐줄까? 착한 건 돈 많은 거야. 봐 돈이 있
> 으면 좋은 집에 살면서 사람들을 폼 나게 도와줄 수도 있잖아. 안 그래? 난 어른이 되면
> 돈 많이 벌거야. 돈 많이 벌어서 착하게 살 거야."
>
> – 이옥수의 "푸른 사다리"에서

부자들은 그들이 부자가 되었다고 하는 이유 하나만으로도 서민이나 빈자나 서민들보다 사회에 훨씬 더 많은 공헌을 해왔고, 물론 앞으로도 하게 될 것이다.

구체적으로는 그들이 돈을 벌어들이는 과정에 이루어졌던 일자리와 부가가치가 그것이다. 게다가 부자들이 쌓아둔 장롱 속 돈 보따리를 풀게 되면 사회는 훨씬 더 윤택해진다.

다음 만화는 한 때 우리 사회의 '~ 생각' 붐을 불러일으킨 장본인 '광수생각' 가운데 한 컷이다.

마지막 부분에 주목해 읽어보라.

"… 여하간 욕만 해대며 고아원이나 양로원을 한 번도 찾지 않는 우리보다는 훌륭합니다. 당신은 졸부입니다. 우리는 바보입니다."

어디 잘못된 곳이라도 있는가? 이 말을 부정할 심산으로 주먹돌을 던지려면 마음껏 던져라. 그 돌은 당신의 가슴팍으로 사정없이 되돌아 날아 들 것이다.

　　대한민국 사회에 팽배한 가진 자들에 대한 편견은 어디에서 기인하는 걸까?

　　성리학에서 '이재(理財)를 다투는 것은 소인배들이나 할 짓거리' 정도로 바라보던 사고가 몸에 배어서 인가? 아니면 반만년 역사 이래 가진 자들은 자신의 땀과 노력의 대가와 거리가 멀었다는 생각 때문일까?

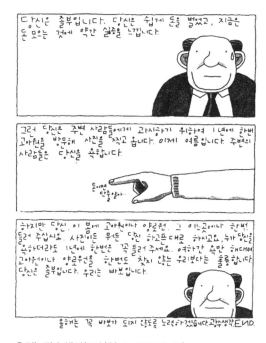

출처) 광수생각(조선일보, 1997.5.22)

　　"내 가난함으로

　　세상의 어딘가에서

　　누군가가 배부릅니다.

　　내 야윔으로

　　세상의 어딘가에서

　　누군가가 살이 찝니다."

　　김용택 시인이 읊은 "세상의 길가"의 한 대목이다. 작가는 이 시(詩)를 통해 우리가 사는 이 세상은 '내가 부자이기에 당신이 가난하고, 당신이 부자이기에 내가 가난한 것이다.'라는 것을 꼬집어 설명하고 있다.

정말 그럴까? 여전히 많은 사람들이 이런 얘기를 주절주절 늘어놓는다.

"부와 행복은 상관관계에 있지 않다."

즉, 정신적인 행복이야말로 삶을 진정 풍요롭게 한다고 목소리를 높인다. 하지만 그렇게 읊는 대부분의 사람은 패자라는 것이다. 이길 자신이 없으니 승패는 그리 중요하지 않다는 변명을 미리 늘어놓는 게다.

예로부터 "돈 자랑하는 놈은 천하의 바보!"라거나 종종 "돈이 인생의 전부는 아니다."고들 한다. 이솝우화의 '여우와 신포도' 얘기다. 길 가던 여우가 탐스럽고 향기로운 포도를 발견했다. 하지만 포도가 어찌나 높이 매달려있던지 따먹을 수 없게 되자 한 마디 던졌다.

"저 포도는 시어서 도저히 못 먹을 거야." (That grape is sour.)

돈이나 부를 부정하거나 경멸하는 사람과 이솝우화에 등장하는 여우와는 하나도 다를 바가 없다. 오히려 돈(부) 콤플렉스가 있음을 내놓고 얘기하는 것일 뿐.

우리 사회가 앓는 난치병 가운데 가장 심각한 것은 바로 부의 재분배(再分配)나 평등에 대한 환상(幻想)이다. 개개인의 경쟁력과 무관하게 대한민국의 모든 부는 공평히 분배되어야 한다고 생각한다. 그래서인지 가진 자들에 대한 거부감은 이상하리만큼 높고 치졸하다.

설령 이런 주장이나 논리가 충실히 받아들여진다면 부자의 부를 깨부술 수 있을지는 몰라도 빈자를 결코 부자로 만들지는 못한다. 그래서 부에 관한 한 제로섬(zero-sum) 경쟁은 적절치 않다.

부는 가질수록 그 파이(pie)가 커지는 유익한 속성을 지니고 있다. 부를 두고서 벌이는 경쟁엔 '넌 제로섬(non zero-sum)' 게임의 원리가 철저히 적용된다.

자본주의 체제를 살아가는 인간에게 돈과 부가 왜 필요한지를 절실히 깨닫게 해주며, 그러한 욕망에 보다 솔직하게 다가가도록 인도하는 학문이 바로 경영학이다. 자본주의 체제를 살아가는 한 우리 모두에겐 부자 될 권리가 있으며 한 번쯤 "돈벼락을 맞아봤으면…" 하는 절실한 바람을 숨길 하등의 이유도 없다. 부를 향한 강렬한 추구는 자본주의 체제를 살아가는 구성원들의 책무이기 때문이다.

"엄마, 언제쯤 우린 잘 살아요?"
"아빠, 우리 집은 왜 돈이 없어요?"

이런 아들내미의 푸념과 물음에 경영학은 일정 부분 답을 줄 수도 있고, 그런 푸념(물음)이 두 번 다시 나오지 않게도 할 수 있다. 그런 측면에서 경영학은 우리들에게 현실적이고 실천적이며 머리와 몸에 매우 이로운 학문이다. 즉, 당신의 미래가 걸린 학문이다.

THINKING
THINKING
THINKING

생각해보기

창조적 파괴!

창조와 파괴는 나그네의 등짐

"성실을 초월해서 마치 정신병자 같은 아이디어를 생각해내고 정신병자처럼 일할 수 있는 사람이 필요합니다. 그런 사람은 예상 밖의 큰일을 해내지요. 우리 회사는 평범한 사람은 원하지 않습니다."

– 소프트뱅크 CEO 손정의

5%는 불가능해도 30%는 가능?

"모든 창조활동은 먼저 파괴활동에서 비롯된다."
"창조적 파괴야말로 경제발전의 원동력이다."

전자(前者)는 20세기 최고의 예술가 피카소(Pablo Ruiz Picasso), 후자는 20세기 자본주의 경제학을 대표하는 슘페터(Joseph Alois Schumpeter)의 주장이다. 피카소(1881년생)와 슘페터(1883년생)는, 인생을 연기한 무대는 서로 달랐지만 동시대를 살며 창조와 파괴의 중요성을 설파한 거장들이다.

이 가운데 슘페터는 경제발전의 법칙을 논하면서, 혁신(innovation)을 불러오는 혁신자(innovator)의 등장을 대단히 중요시했다.

먼저, 경기순환 과정에서 혁신자가 출현하고 혁신을 가져온다. 여기에 혁신자를 추종하는 세력들이 잇따라 등장하면서 투자는 크게 늘고 경제가 발전한다. 하지만 다음 단계에서 기업들이 생산과잉과 차입금(투자) 변제에 시달리며 투자 축소와 불황이 시작된다. 이런 가운데 낡은 산업(기업)들이 시장에서 자연스레 퇴출돼 새로운 혁신자가 출현한다는 것이다.

주장의 핵심은 "불황은 노후화되고 비효율적인 기업을 시장에서 퇴출시키기 위해 유용하며, 낡은 것들이 철저히 청산된 이후에야 비로소 새로운 것이 창조된다."는 것이다. 이 것이 그 유명한 '창조적 파괴(creative destruction)'의 요지다.

덧붙여 재정 정책(지출) 등을 통해 경기 부양을 꿈꾸는 행위는, 낡은 산업을 온존시켜 시장 혁신과 신진대사를 억제할 위험이 있어 추진해서는 안 될 정책이라 슘페터는 꼬집 었다.

'창조'와 '파괴'는 그 의미가 내포하듯 거듭되는 모순(矛盾) 가운데 발생하고 사라진 다. 때문에 그 과정을 변증법(辨證法)적으로 받아들여도 전혀 이상할 게 없다. 즉, 창조와 파괴를 둘러싼 일련의 과정은 정(正)과 반(反) 그리고 합(合)을 거듭하면서 경제 발전의 원동력으로 작용한다.

창조에는 파괴가, 파괴에는 창조가, 먼 길 떠나는 나그네의 등짐마냥 항시 따라붙는다. 애시 당초 창조가 없었다면 파괴가 있을 리 없고, 파괴가 없었다면 창조의 동인(動因)이 존재할 리 만무하다. 그래 창조는 파괴의, 파괴는 창조의 또 다른 이름인 것이다.

발전의 본질은 '창조적 파괴'!

"원가절감 5%는 불가능해도 30%는 가능하다."

국내 어느 대기업의 구호다. 여기엔 자그마한 개선이나 변화가 아닌 근본적 차원에서의 혁신과 변화를 이끌자는 보다 큰 의미가 담겨있다.

이를 실천하자면 몽땅 뒤집어보고 부셔보고 까발려보고 그러면서 문제 해결에 대한 접 근을 시도해야 한다. 5%의 원가절감이라면 구성원 가운데 특정 개인 혹은 몇몇 사람들만 의 힘으로도 가능할 수 있으나, 30%의 절감이라면 모든 구성원들의 지식과 노하우, 경영 마인드를 총집결해야 가능하다.

결국, 5%와 30%의 원가절감은 단순히 25%라는 수치상의 차이가 아니라, 문제 해결을 둘러싼 접근 방식이 완전히 달라야 함을 가리킨다.

조금 다른 개선이나 개량(improvement)을 추구하는 'make better'가 아니라, 근본부터 뒤집어 혁신(innovation)하는 'make new'여야 한다는 것이다. 그래 5%는 불가능할지 몰라도 원가절감 30%는 현실화 될 수 있는 법이다. 한 마디로 '창조적 파괴'를 일컫는 말일 것이다.

파괴한다는 것은 창조하는 만큼의 산고(産苦)가 따른다. 이유는 창조적 기술을 도입하려는 사람은 기존의 낡은 기술을 지키려는 반대세력 혹은 기득권자의 저항과 맞닥뜨리기 때문이다. 더욱이 대부분의 경우 후자는 전자보다 연령이나 직급 등에서 더 많은 영향력을 가진다는 사실이다. 이는 조직 혁신의 큰 장애물로 남게 된다.

그런 이유로 근래 기업들이 도입하기 시작한 연령과 직급을 파괴한 능력 위주의 인사는, 기업들이 추진 중인 창조적 파괴에 한층 힘을 실어줄 전망이다.

우리 기업의 선결과제!

경제발전의 본질은 '창조적 파괴'에 있다는 슘페터의 100년 전 갈파(喝破)는, 우리 기업 경영자(CEO)들 사이에 여전히 인기가 높다.

파괴 다음엔 필연적으로 창조가 수반된다는 지고지순한 의미 때문인지 일단 한번 무리수를 둬서라도 깨끗이 청산되길 갈망한다.

허나 이름만 빌린 '단순한 파괴'는 새로운 성장 동력과 창조의 여력마저 빼앗아 최악의 선택이 될 수 있음도 잊지는 말자.

　　작금 우리에게서 창조적 파괴가 절실한 분야 하나를 꼽으라면, 주저 없이 '노조(勞組)' 문제를 들고 싶다.

　　경영권 행사만 보더라도 노조 동의가 필요할 만큼 이제 노조는 거대한 힘을 가진 권력 집단으로 변질되었다. 한바탕 파업 축제(?) 후 기본급 인상에다 각종 격려금까지 챙긴다. 노조 출범 당시의 '순수성'도 '도덕성'도 이젠 찾을 길이 없다.

　　사용자측은 반복되는 악순환의 고리를 끊기는커녕 매번 두 손 두 발 다 들다 모자라 이젠 몸까지 내맡긴다. '무노동 무임금' 원칙 운운은 한 마디로 소가 웃다 콧방귀 뀔 일이 되어버렸다.

　　노조의 주장을 들어보면, 언뜻 '나도 살고, 너도 사는' 모델을 목 놓아 외치는 것 같지만, 자세히 들여다보면 그 본질은 전형적인 '나는 살고 너는 죽는' 모델이다. 그러다 '나도 죽고, 너도 죽는' 이른바 노사를 포함해 국민경제 전체를 공멸(共滅)의 길로 몰아갈 수 있다. 문제가 곪아 불치병으로 옮기 전 창조적 파괴라는 큰 홍역을 치루는 것도 괜찮겠다.

　　대한민국에서 창조적 파괴라는 잣대를 가장 먼저 들이대야 할 조직은 노조다.

02

경영전략

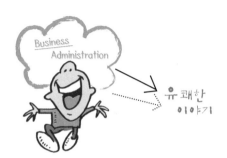

" 경영전략의 본질에 다가서기!

경영전략의 의미

"

"삼국지"에는 수많은 영웅들이 등장한다. 그렇지만 국운과 생사를 넘나드는 치열한 싸움을 벌이는 동안 세 사람만 남고 모두 역사의 뒤안길로 사라졌다.

세 사람은 다름 아닌 조조와 손권 그리고 유비다. 어떤 인물이 뒤안길로 사라지고 어떤 인물이 살아남아 천하(天下)를 호령할 수 있었을까? 여기에는 몇 가지 공통점이 발견된다.

그 가운데 하나가 천하를 내다본 '전략(戰略)'을 가지고 있었다는 점이다.

선택과 집중

"혹시 커피색이 어떤 색인지 아는 사람?"

"당연히 갈색이지!"

"맞아! '가을이 오면'이란 시 구절 속에서도 '마주 바라보며 갈색 커피를 마시고 싶은 사람이 있다'고 되어 있잖아!"

"아니야, 연한 갈색이라구. 카페오레를 한번 봐!"

"쳇, 바보같이. 커피가 커피색이지 무슨 색이야!"

"뭐라고? 나는 블랙만 마시는데!"

"……"

그렇다. 납득이 가는가?

경영전략 역시 커피 색깔과 대단히 흡사하다. 그냥 원색의 블랙일 수도 있고 여기에 크림을 추가해 갈색이 되고, 나아가 연한 갈색의 카페오레로 거듭날 수 있다. 이처럼 경영전략은 모든 개인이나 조직에 들어맞는 체계적이고 정밀하게 설계된 청사진이 아니다.

그래서 누가 어떤 경영전략을 취하느냐에 따라 그 형태도, 과정도, 그로인한 결과도 당연히 달라지게 마련이다. 모든 것은 전략 추진자 본인이나 그 조직에 달려있다.

큰 기업이든 작은 기업이든 모든 기업에는 그에 걸 맞는 경영전략이 필연적으로 따른다. 경영전략이라고 해도 사실 명확히 규정된 정의는 없다. 다만 이렇게는 얘기할 수 있을 것 같다.

"개인이든 조직이든 성장을 거듭하며 원대한 비전의 방향성을 제시하는 것."

즉, 장기적으로 뭘 먹고 어떻게 살 건지에 대한 각 부문의 독자적인 시나리오이자 지침이라고 할 수 있겠다. 이 전략을 기업(조직) 입장에서 적용, 운용하게 된다면 그게 바로 경영전략이 된다.

때문에 추운데 자다 감기 걸려 온 몸이 펄펄 끓는 아이를 차가운 물에 풍덩 빠뜨려 열내리려는 것과 같은 근시안적 시도는 전략이 될 수 없다. 마찬가지로 급변하는 시장 환경에 대응하기 위해 대량해고나 생산중단과 같은 극단적인 처방도 임시방편일 뿐 결코 경영전략은 아니다. 단지 충격요법 일 뿐이다.

경영을 마라톤에 비유해 전략을 좀 더 쉽게 설명해 보자.

마라톤 풀코스의 길이는 42.195km이다. 이 거리를 혼신의 힘을 쏟아가며 처음부터 끝까지 달리려는 선수가 있는가 하면, 각 구간을 나누어 자신의 능력에 맞게 속도 조절을 하면서 달리겠다는 선수가 있고, 상대 선수를 적절히 견제해가며 달리려는 선수도 있다. 게다가 달리는 도중 시시각각으로 변하는 날씨나 온도, 바람 등에 대해서도 적절히 고려해가며 경주를 펼쳐야 한다. 물론 다음 기회를 노리면 중도에 경기를 포기하는 선수도 있다.

이처럼 마라톤 하나만 보더라도 그 달리는 방법과 도중 변화하는 환경에 맞추어 다양한 작전을 세울 수 있다. 그래서 경영전략의 핵심은 '선택과 집중(selection and concentration)'인 것이다. 기업 경영자의 가장 큰 직무라면 역시 경영자원의 차별적 배분이다. 이를 위해서는 시장 환경과 경쟁요인을 충분히 고려 한 후 사업영역과 제품(서비스), 지역 등을 집약하고서 경영자원을 선택한 영역에 집중시켜야 한다.

경영자원은 유한(有限)하다. 아무리 성장이 높은 매력적인 시장이 다수 있더라도 여기도 찔러보고 저기도 찔러보는 식으로는 우위성을 구축하고 경쟁에 승리할 가능성은 없다. 그래 경영전략이란 기업이 '취해야 할 것'과 '버려야 할 것'을 분명히 규정하는 것이다.

아울러 선택과 집중은 과감하게 할 때 비로소 그 의미가 더욱 빛을 발한다. '여기도 찔끔, 저기도 찔끔'이 아니라, '여기에 모든 것을 건다!'는 강력한 의지를 천명할 때 경영전략이 가진 본연의 의미에 보다 가까이 다가설 수 있다.

전략의 전제조건

경영전략은 물론 세상의 모든 전략은 그 '전(戰)'이라는 단어가 의미하듯 '전쟁'이나 '싸움' 상황을 전제로 한다. 비즈니스에서의 전쟁이라면 바로 '경쟁'이다. 그래서 전략적 발상의 기본은 '경쟁'과 '싸움'에 있다고 할 수 있다.

전쟁이라는 게 '나 살자고 남 죽이는 것'이 본질이라면, 기업들의 경영전략은 '우리 기업 잘 살자고 다른 기업 뭉개는 것'이 그 본질이다.

"정정당당하게 싸워라!"
"참가하는데 의의가 있다."
"패배를 인정하고 승자에게 박수를 보내는 정신이 필요하다."

유감이지만 경영전략 어디에도 스포츠맨십(sportsmanship) 운운(云云)할 자리는 없다. 그 이유는 간단하다. 모든 사람은 스포츠에 참여할 권리(sports for all)가 있지만, 경영전략을 추진하는(할 수 있는) 개인이나 조직은 한정되어 있어서다.

싸움에서는 이긴 자가 선인(善人)이다. 승자의 경쟁전략은 후일 반드시 미화(美化)된다. 역사(歷史)가 찬란한 승자의 기록이듯 사사(社史) 또한 승리한 기업의 미사여구(美辭麗句)다.

'비겁하게 뒤통수치기는…', '사내답게~', '정정당당히 앞에 나와~'라는 논리를 전면에 내세우지 마라. 어차피 싸움은 싸움 이상도 그 이하도 아니다. 그렇다면 싸움은 치밀한 전략을 통해 반드시 승리해야 한다. 세상은 패자에게 베풀 한 푼의 아량도 가지고 있지 않다.

또 전략적 발상을 하는 사람은 항상 '경쟁'과 '싸움'을 의식하고 있는 사람이다. 따라서 경쟁이나 전쟁이 없는 혹은 그것에 말려들지 않는 한 전략적 발상은 이루어질 수 없다.

천하태평시대나 안정된 사회에다 대고서 아무리 전략의 중요성을 목 놓아 강조해봐야 전략은 제대로 먹혀들지 못한다. 하지만 싸움으로 인한 손실(부상)과 여기에 대한 복수심이 들끓게 되면 경쟁 상대와의 생사를 건 한 판은 피할 수 없게 된다. 그 때쯤이면 모두들 자연스럽게 전략을 떠올리게 된다.

순탄한 시장 환경 아래 별다른 경쟁 상대도 없이 오랫동안 독점상태를 유지해 왔다면, 그 경영자나 기업은 전략적 발상을 잊어버리게 된다. 이렇게 되면 중요한 경영전략보다는 즉시성을 띤 전술적 경영에만 전념할 가능성이 높다.

전략적 발상은 첫째도 '경쟁'을 둘째 '경쟁'을 물론 그 다음 역시 '경쟁'을 의식하는 데서 비롯된다는 사실을 잊어서는 안 된다. 생존을 위해 경쟁은 필요하고 매우 중요하다.

● 싸움엔 전략이 필수

통찰력과 냉정함

> "약자가 강자를 물리칠 수 있는 유일한 무기(武器)!"
> 이게 바로 모든 전략의 출발점이다.

세계적인 협상 전문가 '허브 코헨(Hurb Cohen)'의 "이것이 협상이다"에는 이런 내용이 등장한다.

위스콘신 주 상원의원이었던 윌리엄 프록스마이어가 워싱턴의 국회 주변에서 조깅을 하는데 한 무장괴한이 나타나 꼼짝 못하게 하고는 돈을 내놓으라고 했다. 의원은 순간적인 재치를 발휘해 이렇게 말했다.

"그래, 날 죽이시오! 어서! 난 그렇지 않아도 죽으려던 참이었소. 나는 말기 암 때문에 자살하려고 했는데, 그러지 못하고 있소. 자살하면 우리 집 사람이 생명보험을 탈 수가 없거든. 당신이 나를 죽이면 우리 가족을 돕는 거요."

그 이야기를 들은 괴한은 살인자가 되고 싶지 않아 곧장 사라졌다.

> "살려주세요. 저는 견습생입니다. 정식 직원이 아니라고요."
> "옆쪽 창구로 가세요. 이쪽은 잠겨 있습니다."
> "어떻게 할 수가 없군요. 지금은 점심시간이라서."
> "지금 자루가 없는데, 조금만 기다리세요. 제가 가져다드릴게요."
> "지금 장난하는 거죠?"

위의 대답은 은행 강도가 들이닥쳤을 때 해당 은행의 직원들이 재치 있게 응수를 함으로써 그 강도를 제압한 미국 FBI의 사례들 가운데 하나란다. 절로 웃음이 나온다. 하지만 코앞에 총을 들이대는 긴박한 상황에서 성인군자가 아닌 이상 냉정함을 유지하기란 분명 쉽지 않아 보인다.

야밤에 일어나 화장실 가던 주인이 거실에서 몰래 들어온 도둑과 맞닥뜨렸다. 순간 도둑은 칼을 주인 목에다 들이대며 살 떨리게 얘기한다. 이렇게 말이다.

도둑 왈, "꼼짝마, 돈 내놔!"

주인 왈, "뭐라고 하셨소!"

도둑 왈, "돈 내놔라고."

주인 왈, "(귀를 가리키며) 귀가 잘 안 들려!"

도둑 왈, "(칼을 코앞에 갖다 들이대며) 이게 칼로 안 보여?"

주인 왈, "돋보기가 있어야 되는 디…, 눈이 영 시원찮아서!"

도둑 왈, "이런… 씨~"

강도는 할 수 없이 주인을 거실 소파에 앉히곤 "나는 도둑이고 이건 사람을 언제고 해칠 수 있는 칼이며, 어쨌든 돈만 준다면 목숨만은 살려주겠다!"는 거래를 하는 순간 옆방에서 자고 있던 아들이 강도를 덮쳐잡았다. 지어낸 것이긴 하지만 이런 게 냉정함이 아닐까!

그렇다. 경쟁전략의 본질은 우선 상대(기업)를 꿰뚫어 볼 수 있는 '통찰력'과 현 상황에 대한 판단의 '냉정함'이다.

" 5명의 경쟁자는 누구인가?

포터의 경쟁이론 "

기업 경영자들은 자신과 동일한 제품을 생산하고 판매하는 기업들만 경쟁자로 생각한다. 사실 경쟁이라는 것은 동종 기업들 사이의 경쟁만을 의미하는 것이 아니다. 기존 경쟁자 외에 신규 진입자와 판매자, 구매자, 대체품 업자들도 모두 그 산업에서 활동하는 기업들에게는 간과할 수 없는 엄연한 '경쟁자'들이다.

5가지 경쟁요인

평소 우리들이 거론하는 경쟁자란 대체 누굴 가리키는 걸까?

으레 경쟁자하면 우선적으로 경쟁 상대(기업) 하나만 머리에 떠오르지만, 사실 그렇게 단순하지는 않다. 영웅호걸이 명멸(明滅)하는 경쟁 시장엔 소홀히 다룰 수 없는 5명의 막강한 경쟁자가 버티고 있다. 솔직히 두렵고 성가신 존재들이다.

종종 경영전략론의 대가라 불리는 '포터(Michael Porter)'는 해당 업계의 경쟁 상황을 좌우하는 '5가지 경쟁요인(five competitives force)'이란 이름으로 그것을 제시했다.

1. 신규 진입자
2. 판매자
3. 구매자
4. 대체품(서비스) 업자
5. 기존 경쟁자

시장에 존재하는 5가지 경쟁요인은 해당 업계의 경쟁을 촉진하거나 혹은 억제하거나 하면서 많은 영향을 미치게 된다. 그러한 요인 하나하나를 평가하거나 요인 상호간의 관계를 판단함으로써 업계 전체의 경쟁 상태를 가늠할 수 있다.

기업의 입장에서 보자면, 해당 업계가 얼마만큼 매력적인지를 판단하는 잣대가 되기도 한다. 또 각각의 경쟁요인이 미치는 영향을 평가함으로써 장래 그 요인은 어떤 식으로 변화하고 그로 인해 업계가 어떻게 변화하게 되는지도 예측해볼 수 있다.

즉, 신규 진입에 따른 장벽이 높은지 낮은지, 원재료 등을 둘러쌓고 판매업자의 힘이 강한지 약한지, 구매자(소비자)의 힘이 강한지 약한지, 대체품이 존재하는지 그렇지 않은지, 업계 내 경쟁이 치열한지 어떤지 등의 분석을 통해 해당 업계(시장) 내에서의 '경쟁 환경'을 정확히 파악할 수 있다.

포터는 이런 주장도 했다.

> "모든 산업은 국내시장이든 해외시장이든, 제품을 생산하든 서비스를 생산하든,
> 5가지 경쟁요인에 의해 시장을 지배하는 경쟁법칙이 존재한다!"

실제로 그런지 어떤지 5가지 경쟁요인을 하나씩 거론해 그 특징과 경쟁전략을 짚어보기로 하자. 평소 우리들이 즐겨먹는 라면을 가지고 접근해 보자.

여전히 국내 라면 업계의 강자라면, '농심(農心)'을 빼고는 얘기가 안 된다. 그래 농심을 사례로 들어 보았다.

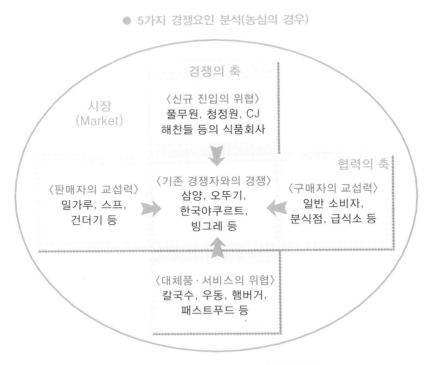

● 5가지 경쟁요인 분석(농심의 경우)

경쟁의 축

시장
(Market)

〈신규 진입의 위협〉
풀무원, 청정원, CJ
해찬들 등의 식품회사

협력의 축

〈판매자의 교섭력〉
밀가루, 스프,
건더기 등

〈기존 경쟁자와의 경쟁〉
삼양, 오뚜기,
한국야쿠르트,
빙그레 등

〈구매자의 교섭력〉
일반 소비자,
분식점, 급식소 등

〈대체품·서비스의 위협〉
칼국수, 우동, 햄버거,
패스트푸드 등

출처) 김광희(2007) "부자들의 경영학 카페".

신규 진입자

5명의 경쟁자 가운데 가장 우선적으로 떠오르는 것은 역시 신규(잠재) 진입의 위협이다. 새로운 경쟁자의 시장 진입은 필연적으로 경쟁 격화를 몰고 오기 마련이다. 가령, 택배 업계라면 각종 대리점이나 운수회사, 대기업 물류팀 등으로부터의 진입이 여기에 해당한다. 또 한 끼를 간단히 때울 수 있는 라면을 예로 든다면, CJ나 풀무원, 청정원 등과 같은 식품 회사들로부터의 진입이 여기에 해당된다.

어떤 업계에 신규로 진입하려는 기업이 여럿 존재할 경우, 기존 기업에게는 심각한 위협 요인이 될 수 있다. 시장은 단기적으로는 제로섬(zero-sum) 게임이 지배하기 때문에 한정된 구매자원과 기존의 이익이 분할됨으로써 기업의 이윤은 자연스레 떨어지기 때문이다.

또한 이러한 신규 진입의 위협은, 진입 장벽(barriers to entry)이 어느 정도 높은지, 그리고 진입자에 대해 기존 기업이 어느 정도 반격할 것인지 등에 따라 결정된다. 진입장벽이 높고 견고하며 기존 기업으로부터 철저한 보복이 예상되는 경우라면 신규 진입의 위협은 그 만큼 낮아지게 마련이다.

동네 골목 어디에서나 쉽게 접할 수 있는 맛과 저렴한 가격의 해물칼국수 집만 존재한다면, 얼마든지 신규 진입과 철수가 가능하다. 하지만, 어느 누구도 쉽사리 흉내 낼 수 없는 맛의 해물칼국수집이 버티고 있다면 신규 진입은 난항을 겪게 된다.

판매자

기업이 생존경쟁을 위해 심각히 고려해야 할 경쟁자엔 '판매자'도 끼여 있다. 부품이나 원자재를 공급하는 판매자들이 협상력을 가지게 된다면, 그들은 가격을 인상하라는 압력을 꾸준히 가해 올 것이다. 그로 인해 원가가 인상되면 기업이 누리던 이윤은 점차 줄어들 수밖에 없다.

가령 비빔밥집을 예로 들어보면, 야채 가격이 폭등하게 되었을 때 비빔밥집은 가격을 그대로 유지해 이익률 하락을 받아들이거나, 가격을 올려 고객 수가 줄어드는 선택을 본의 아니게 강요받게 된다.

이처럼 판매자는 가격 인상과 품질 조정 등을 통해 구매자에게 교섭력을 행사할 수 있다. 구매자가 비용 증가를 자사 제품과 서비스의 가격인상으로 보충할 수 없다면, 판매자의 교섭력은 큰 위협이 될 수 있다.

완성차 업체에 타이어를 납품하는 중소업체 T사가 있다. 수년에 이른 연구개발이 결실을 맺어 T사는, 자동차의 수명이 다할 때까지 절대로 터지거나 하지 않는 고성능 타이어를 개발했다.

이 소식이 언론에 대대적으로 보도되면서 국내는 물론 전 세계 유명 완성차 업체로부터 러브 콜을 받는다. 이러한 상황이라면 비록 무명의 중소업체라 할지라도 타이어 판매자 T사는 막강한 교섭력을 완성차 업체(구매자)에게 발휘할 수 있다.

이를 테면, T사는 특정 완성차 업체에게는 자사의 타이어를 납품하지 않겠다거나 가격을 올리겠다는 등의 위협을 공공연히 표명함으로써 높은 교섭력을 가질 수 있게 된다.

구매자

그냥 흘려버리기 쉬운 경쟁자 가운데 하나를 꼽으라면 그건 단연 '구매자'다. 만일 고객(구매자)이 시장에서 협상력을 지닌다면 고객은 이러한 능력을 최대한 활용해 해당 기업에게 가격 인하를 요구할 것이다. 그로 인해 기업의 이익을 압박할 수 있다. 실제로 경기 불황으로 동네 슈퍼마켓이나 패스트푸드점의 고객이 보다 저렴한 제품과 메뉴를 찾아 대형할인점 등으로 발길을 옮김으로써 이들의 경영을 악화시키고 있다.

또한 구매자는 납품가격 인하를 공공연히 요구한다거나 좋은 품질 및 서비스를 요구함으로써 업계 내의 경쟁관계에 많은 영향을 미친다.

구매자가 어느 정도 힘을 가지느냐의 교섭력은 시장 상황에 따라 결정된다. 예를 하나 들어 보기로 하자.

국내 굴지의 완성차 업체 H사에 에어컨을 납품하는 협력업체 M사가 있다고 하자. 그런데 어느 날 H사는 기존의 M사를 포함해 또 다른 회사로부터도 에어컨을 납품받기로 했다. 이러한 전략의 이면엔 협력업체 간에 경쟁을 유도해 품질은 높이고 납품 단가는 인하 시키는 이른바, 두 마리 토끼를 한꺼번에 잡는 것이다.

또한 유가급등과 같은 외부 요인으로 완성차 판매가 여의치 않아 에어컨 납품 물량이 대폭 줄었다고 하자. 그러면 울며 겨자 먹기로 협력업체 M사는 품질은 그대로 유지하면서도 납품 단가는 내리는 등의 조치를 취할 수밖에 도리가 없다. 이 모두 H사가 교섭력을 가지기에 가능한 것이다.

대체품(서비스)

기존 제품의 대체품(代替品)이나 서비스를 제공하고 있는 기업도 5명의 강력한 경쟁자 가운데 한 명이다. 만일 어떤 제품이나 서비스의 효용을 대체해 줄 수 있는 것들이 새로이 출현한다면 시장에서 기존 업자의 경쟁우위는 필연적으로 약화될 수 있다.

근래의 국내 시장 동향을 보자면, 패스트푸드와 같은 외식업체의 강력한 경쟁자로 등장하고 있는 것이 바로 도시락을 판매하는 편의점이다. 굳이 햄버거가 아니라도 편의점에서

24시간 도시락이나 삼각 김밥을 사먹을 수 있어서다.

어떤 제품과 직접적으로 경쟁을 하지는 않지만 기업의 판매와 수익에 영향을 준다는 점이 대체품의 특징이다. 때문에 기존의 제품이나 서비스보다 뛰어난 대체품의 등장은 장기적으로는 가장 큰 위협요인이 될 수 있다.

이를테면, 국내 항공업계라면 고속철도(KTX)가 대체품이 될 수 있으며, 잦은 지방출장을 생각한다면 고속철도의 대체품은 인터넷 화상(畵像)회의 시스템이 될 수도 있다. 또 유흥주점의 대체품으로 노래방을, USB저장장치 대체품으로 MP3를, 알루미늄이나 철강 제품의 대체품으로 플라스틱을, 경비회사의 대체품으로 전자경보시스템을, 라면의 대체품으로 우동이나 칼국수·햄버거(패스트푸드) 등을 들 수 있겠다.

그러한 대체품은 시장에서 기존 업자의 매출을 빼앗아 제품가격을 인하 하도록 하거나 광고 예산을 높이게 하는 등 경영을 압박하는 요인으로 작용할 수 있다.

대체품에 관한 대응전략은 일반적으로 기존 업자들과 손을 잡고 대체품 판매업자와 대항하는 것이다. 이를테면 품질개선과 광고·마케팅 활동, 제품용도 확대 등과 같은 공동활동을 통해 대체품 판매업자와 맞서는 것이다.

기존 경쟁자

마지막으로 동종 업계 안에서의 경쟁도 무시해서는 안 된다. 기존 경쟁자들 사이의 경쟁은 상호 경쟁 비용을 끌어올린다. 예컨대 경쟁자를 제압하기 위해 광고나 마케팅 또는 연구개발에 대한 과잉투자가 이루어지게 되고, 가격경쟁으로 가격은 자연히 떨어진다. 결국 지나친 경쟁은 자승자박하는 꼴이 돼 경쟁자들의 이윤만 떨어뜨리게 된다.

특정 업계 내부에서 기존 경쟁자 사이에 일어나는 대립관계의 정도는 그 업계의 경쟁상태를 가늠하는 중요한 지표가 된다.

기존 경쟁자란, 유사한 제품이나 서비스를 제공하는 기업을 가리키는 것으로, 국내 삼성전자와 LG전자, E-마트와 홈플러스, 현대자동차와 GM대우, 맥도날드와 롯데리아, 대한항공과 아시아나항공 등을 들 수 있다.

향후의 영향력 평가!

포터가 제시한 '5가지 경쟁요인'은 지금껏 기업의 경쟁전략 수립에 유익한 비교·분석의 기준을 제시했다고 볼 수 있다.

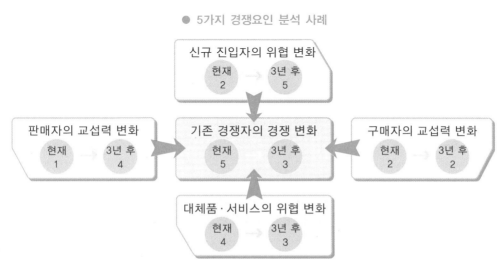

● 5가지 경쟁요인 분석 사례

출처) 김광희(2006) "유쾌한 팝콘 경쟁학".

업계에 관계없이 새로운 분야로의 진출 시는 위와 같은 경쟁요인에 대해 충분히 그리고 구체적으로 따져보아야 한다. 그래야 다가올 위험을 사전에 감지할 수 있다. 신규 진입을 생각하지 않을 경우에도 포터의 모델은 해당 업계 안에서 체계적인 경쟁을 벌이는 데 중요한 힌트를 제공해 주고 있다.

업계의 매력과 업계 내부의 경쟁적 지위는 끊임없이 변화한다고 하는 인식도 중요하다. 이러한 이유로 5가지의 역학관계에 대한 분석이 결코 단발성으로 끝나서는 안 될 것이다.

현 상황에 대한 인식을 기준으로 전략을 세웠다면 5가지의 역학관계가 향후 어떻게 변화하게 될지 등에 관한 충분한 검토도 이루어져야 한다.

이를테면 5가지 요인이 각각 가지는 영향력을 '1·2·3·4·5'와 같이 몇 개의 단계로 나누어 변화의 정도를 표시하는 것도 하나의 방법이 될 수 있겠다.

여기에다 시간적 개념(1년 후 혹은 3년 후 등)도 같이 도입할 수 있다면 보다 정확히 시장의 변화와 그로인한 경쟁의 흐름을 읽을 수 있겠다.

　다만, 어느 경우이든 평가자의 주관이 개입되거나 오류가 생기지 않도록 세심한 주의를 기울여야 한다.

새로운 경쟁자 등장

　포터의 기존 이론은 '선형 시장(linear market)'을 근거로 이루어지는 경쟁전략이다. 또한 그의 경쟁전략 이론은 대단히 간단 명쾌해 소규모 사업단위에서의 경쟁전략을 분석하고 입안하는 경우는 여전히 위력을 발휘하고 있는 것이 사실이다. 허나 오늘날과 같이 급변하는 경쟁 환경과 산업 간의 경계가 무너지는 상황에서는 다소 부적합하다는 비판이 끊이지 않는 것도 사실이다.

　그에 따라 이제는 어떤 현상의 시작이 그 끝과 동일한 선상에 있지 않다는 '비선형 시장(non-linear market)'의 세계에서는, 새로운 경쟁요인의 등장이 불가피하다.

　다음과 같은 이유에서다.

　당신은 복싱 선수다. 그런 당신의 경쟁자는 맞은 편 코너에서 당신과 이른바 맞짱 뜰 채비를 서두르는 선수만이 아니다. 링 주변 한 모퉁이에서 유심히 당신의 몸짓이나 상태를 지켜보는 이들 가운데도 존재한다. 게다가 저 멀찌감치 떨어진 객석에 앉아 날카로운 시선으로 링 위를 지켜보고 있는 이들 가운데도 경쟁자는 있다.

　물론 이것만 존재하는 건 아니다. 또 있다. 경기장의 규모나 치장 그리고 조명도, 시합을 지켜보는 청중들의 호응도, 응원 현수막과 그 문구도, 링 아래서 경기 간간이 당신에게 갖은 서비스나 충고를 아끼지 않는 이의 표정이나 자세도, 심판의 경기 운영이나 판정 기준도, 당신이 착용한 신발과 글러브의 조임 상태도, 라운드 걸의 수려한 외모나 몸매 등도 경쟁에 작든 크든 영향을 미칠 수 있다.

　그래서 더욱 경쟁자의 실체나 경쟁요인 그리고 경쟁 환경을 규명하거나 점치기란 어려운 법이다.

　사실 경쟁이라는 것은 기존 업계 경쟁자들 사이의 경쟁만을 의미하는 것이 아니다. 그럼에도 여태껏 기업 경영자들은 자신과 동일한 제품을 생산하고 판매하는 기업들만 경쟁자로 인식하거나 인정하려는 경향이 강했다.

　동일 장르의 제품을 두고서 벌이는 경쟁 상황을 한번 생각해 보자. 동일 장르의 제품이라면 일치감치 나의 경쟁자가 누구인지 명확히 꼽고 있어 언제 어디서 공격해오더라도 이에 맞설 만반의 태세를 갖추고 있다. 때문에 이러한 경쟁자와의 싸움에서는 그리 쉽게 패하거나 무너지지 않는다.

　그러나 동일한 고객(顧客)을 두고 벌이는 경쟁의 경우라면, 사전에 충분한 예측을 하고 준비하기란 사실상 어렵다. 그런 상대가 어느 날 불쑥 경쟁자로 다가온다면 지금껏 축적해온 싸움의 노하우나 기법은 그다지 도움이 되질 않는다. 기존 경쟁전략의 태반이 동일 제품을 두고 벌이는 경쟁구도로 대응전략이 짜여 있기 때문이다.

　제품에는 필연적으로 제품수명주기가 있고 인간에게는 반드시 생로병사가 따르듯 제 아무리 체계적이고 훌륭한 이론도 성(盛)했으면 언젠간 쇠(衰)하는 것이 논리요 이치다. 포터의 경쟁전략론이라고 해서 예외일 수는 없다.

　분명 그의 이론은 세계적인 명성만큼이나 여전히 건재하나, 경쟁요인을 둘러싼 요즘의 시장 환경 또한 변화무쌍 그 자체란 점을 잊거나 간과해서는 안 된다.

　이에 필자는 '문화적 배경, 제도적 규제, 고객 만족, 기술 혁신, 트렌드 변화'라는 새로운 5가지 요인도 경쟁전략을 수립하고 추진하는데 반드시 짚고 넘어가야 할 중요한 경쟁요인으로 다뤄야 한다고 주장하는 바이다.('유쾌한 팝콘 경쟁학' 참조)

❶ **문화적 배경**(culture)
❷ **제도적 규제**(regulation)
❸ **고객 만족**(customer satisfaction)
❹ **기술 혁신**(technology innovation)
❺ **트렌드 변화**(trend)

　여기에 새롭게 제시한 5가지 경쟁요인은, 포터의 이론이나 기존의 여타 이론들에서 지적하는 것처럼 일부 위협요인이 아닌, 이제 기업의 경쟁을 좌우할 수 있는 '핵심요인'으로 부각되고 있다.

　실제로 최근 급속한 시장 환경 변화로 인해 기존의 경쟁요인만으로는 설명이 불가능한

영역들이 날로 증가하고 있는 추세이다. 이러한 흐름을 감안, '새로운 5가지 경쟁요인'이
개인 및 조직의 경쟁전략 평가와 경쟁우위 확립에 유용하게 활용되길 기대한다.

● 새로운 5가지 경쟁요인(New Five Competitives Force)

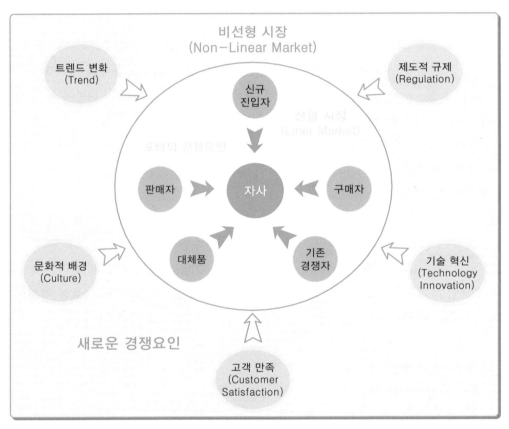

출처) 김광희(2006) "유쾌한 팝콘 경쟁학".

" 자원을 어떻게 배분할 건가?

BCG 모델 "

기업은 여러 가지 자원을 공급받아 생산하고 보유한다.
기업은 어떤 기준에 맞추어 자신이 보유한 자원을 배분할까?
가장 보편적이면서도 체계적이고 합리적인 배분 방법은 없을까?

효율적 자원 배분

"나는 라면과 김밥만 만들어 팔아야 돼!"
"너는 피자와 스파게티만 팔아야 해!"

기업이 반드시 한 가지 사업만을 하거나 해야 한다는 법은 어디에도 없다. 창업 역사가 짧거나 혹은 사업 특성상 중소 규모라면 특정 영역에 한정된 사업만을 추진하는 경우가 일반적이다. 하지만 점차 중소기업의 틀을 벗어나 대기업으로 성장해 가면서 다양한 영역에 걸쳐 사업을 전개하게 된다. 결국엔 재벌(財閥)처럼 이른바 문어발식의 사업 확장으로 이어진다.

이런 상황에서 주목해야 할 점이 있다. 여러 분야의 사업이 고루 높은 성장과 이익을 이어가고 있다면 별 문제가 없으나, 시장은 생물(生物)이다. 그래서 늘 천지개벽을 꿈꾼다. 어제 달랐고 오늘 다르고 내일 분명 다른 시장 환경이 전개될 게 뻔하다.

가령 기업이 추진하고 있는 사업A와 사업B, 사업C가 골고루 상황이 좋을 순 없다. 적자를 면치 못하는 사업이 있는가 하면 흑자를 내는 사업도 있고 또 그저 그런 사업도 있을 것이다. 이러한 상황을 반영해 복수 사업 간의 균형을 고려해 가며 기업 전체로서의 성장 가능성을 타진할 필요성이 강하게 대두된다.

또한 기업의 자원 배분은 누가 어떻게 하는 것일까? 경영 행위 가운데 하나인 자원 배분은, 경영자 고유의 의사결정 영역이라는 인식 아래 CEO가 독단적으로 내릴 수도 있고, 관련 전문가나 구성원들의 의견을 종합해 판단할 수도 있다. 어떤 경우든 기존에 제시된 이론적 도구를 근거로 자원 배분이 이루어진다면 더욱 효과적일 것이다.

이와 같은 시대적 요구를 반영해 개발된 것이 바로 'PPM(Product Portfolio Management)'이라는 개념이다.

PPM은 각각의 사업과 시장과의 관계 혹은 기업 전체와 개별 사업과의 관계를 분석한다. 이를 통해 기업에게 있어 불필요한 투자를 가급적 막고 효율적으로 성장하기 위해서는 어떤 식으로 자원을 배분해야 하는지를 검토할 수 있다.

BCG 모델

PPM이라는 개념은 세계적으로 유명한 미국의 'BCG(Boston Consulting Group)'가 처음으로 주창한 것이다. 그리고 이 BCG가 PPM을 위해 개발한 경영분석도구가 바로 'BCG 모델'이다.

● BCG 모델

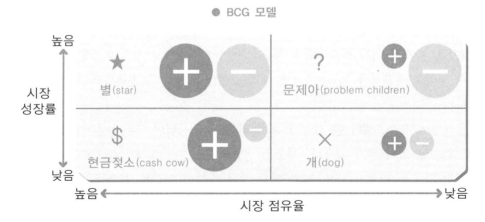

참조) +는 자금 유입, −는 자금 유출. 원이 클수록 유출과 유입이 많음.

제품수명주기를 시장성장률, 경험곡선효과를 상대적 시장점유율로 해석해, 이 두 가지 변수에 각각 어떤 식으로 경영 자원을 배분해야 할지를 알려준다.

다시 말해, 기업의 어떤 사업(제품)에 자금을 배분하고 혹은 철수할 것인가를 결정하는 데 매우 유효한 이론적 수단을 제공하고 있다.

주요 경쟁전략

● 별(star)

— 특징 : 별의 위치에 속하는 사업(제품)은 시장점유율 및 시장성장률이 낮은 분야다. 그러나 시장성장률이 높은 만큼 경쟁자도 많고 계속적으로 설비투자 등을 해야 하기에 지금 당장 많은 이익을 내지는 못하는 사업이다.

하지만 장기적인 관점에서는 이익을 많이 내 기업의 자금줄 역할을 하게 될 가능성이 있는 사업이다. 따라서 그 때까지 시장점유율을 다른 경쟁자에게 빼앗기지 않고 철통같이 유지해 가는 것이 관건이라 할 수 있다. 성장분야이므로 계속적인 투자가 필요하다.

현금 유입량도 많은 반면에 성장을 위한 자금수요도 크기 때문에 반드시 현금을 창출할지 여부는 불투명하다. 그러나 그 시장에서 최고(top)의 위치를 차지하고 있는 한 성장이 둔화되었을 시 재투자의 필요성이 줄어 거대한 현금창출원으로 탈바꿈할 수 있다. 이 영역에 속하는 사업을 얼마나 잘 성공시키느냐가 기업 전체의 장래를 좌우하게 된다.

— 전략 : ❶ 시장점유율 확대를 위한 경영자원 투입
❷ 신제품 투입, 서비스 추가를 통해 경쟁력 강화
❸ 고객의 조직화를 촉진

● 현금젖소(cash cow)

— 특징 : 여기에 속하는 사업(제품)은 비록 높은 시장점유율을 보이기는 하지만 낮은

시장성장률 때문에 투자는 그다지 필요치 않는 분야라 할 수 있다. 더불어 매출액은 안정적이며 이익률은 제품군 가운데 가장 높다.

지금껏 꾸준히 다져온 확고한 시장 기반을 원동력으로 재투자 분을 훨씬 넘어선 많은 현금을 창출해 내기는 하지만, 시장은 이미 성숙기에 진입해있다는 측면에서 더 이상 투자 자금을 배분하지 않는 것이 좋다.

그에 따라 '스타'와 '문제아'에 속하는 사업에 보다 효율적으로 투자해 장래 현금젖소의 뒤를 계승할 수 있도록 적극 육성해 가는 전략이 필요하다.

— 전략 : ❶ 이익 최대화를 위한 전략을 추진
　　　　　❷ 촉진 등에 대한 투자는 가급적 억제

● 문제아(problem children)

— 특징 : 여기에 위치한 사업(제품)은 현재 낮은 시장점유율을 보이고 있기는 하지만 높은 시장성장률을 가진 분야라 할 수 있다. 즉, 앞으로의 시장성장성은 높은 편이지만 현재는 이익이 많지 않은 사업이나 제품이라 보면 틀림이 없다. 시장에 새롭게 선보인 신제품 등이 이 '문제아'에 해당하며, 대체적으로 적자인 경우가 많다.

여기에 속하는 사업은 대부분 현금유출(투자)을 필요로 한다. 만약 그 투자가 이루어지지 않으면 다른 기업에 뒤쳐지면서 결국엔 시장으로부터 퇴출돼 소멸될 수 있다.

따라서 보다 적극적인 투자를 통해 '별(star)'로 키울 것인지, 아니면 투자를 대폭 줄임으로써 '개(dog)'가 되어 시장에서 완전히 철수하도록 할 것인지를 선택해야 한다. 물론 투자 전략에 따라서는 현금젖소로 성장할 가능성도 배제하지는 않는다.

또한 경쟁이 치열한 높은 성장 시장에서의 어정쩡한 투자는 자칫 '개'로 전락할 위험성을 안을 수 있다. 나아가 대규모 투자를 하였음에도 예상이 빗나가 '개'가 될 위험성도 존재한다. 결국 어느 '문제아'를 선택해 집중 투자할 것인가가 경쟁전략의 큰 과제라 하겠다.

— 전략 : ❶ 경쟁 제품과 비교해 우위성을 판단하고, 유망 제품에만 선택적 집중 투자
        ❷ 제품에 따라서는 전격적인 철수도 검토할 수 있음.

● 개(dog)

— 특징 : 개의 위치에 속하는 사업(제품)은 시장점유율 및 시장성장률이 낮은 분야로
        매출액과 이익 모두 부진하며 매력도가 떨어지는 제품이다. 단적으로 말해, 기
        존 사업이나 제품의 수명이 이미 다해 시장성장률과 점유율 확대를 모두 기대
        할 수 없는 분야다.

        이러한 사업이 생존할 수 있는 유일한 길은 무리하게 투자 자금을 배분하기
        보다는 우선적으로 원가절감에 몰입하는 것이다. 이것마저 불가능하다고 판단
        되면 해당 사업에서 철수하거나 타사에 매각하는 쪽이 바람직하다.

        또한 이 사업은 현금 유입량은 적고 나아가 경기변동과 같은 외부요인에 의
        해 이익률이 크게 좌우되기 쉽다는 특징도 동시에 가지고 있다.

        다만 '개' 가운데서도 기술적 수준만 놓고 볼 경우, 비교적 높은 경쟁력을
        가진 사업도 존재할 수 있다. 이러한 옥석(玉石)을 가려낼 수 있는 치밀한 판
        단력이 의사결정권자에게 요구된다.

— 전략 : ❶ 경영자원 투입을 억제 또는 축소
        ❷ 다른 제품을 보완할 수 없다면 시장에서 철수

이상과 같이 BCG 모델의 주요 경쟁전략에 대해 짚어보았다. 그 결과 다음과 같은 몇
가지 명확한 사실을 도출할 수 있다.

첫째, 모든 사업(제품)은 시장의 성장률이 둔화된 단계에서 '현금젖소'나 혹은 '개'가 된
     다. 또한 어떤 사업도 최종적으로 현금 창출원 즉 '현금젖소'로 자리매김 하지 않

고서는 기업에 대한 금전적 공헌은 불가능하다.

둘째, 모든 기업은 자금을 투입해 꾸준히 육성하는 사업이 필요하며, 동시에 그 자금을 끊임없이 창출하는 사업도 필요하다. 이를 통해 기업의 균형 잡힌 사업 포토폴리오만이 안정된 성장과 미래를 약속받을 수 있다.

셋째, 모든 사업은 위에서 언급한 4가지 영역 가운데 어느 한 쪽의 성격을 가지고 있다. 어떤 영역에 해당하느냐에 따라 기업의 존재와 역할, 그리고 의사결정은 크게 달라질 수 있다.

이상적인 자금 배분법

PPM의 전략적 의미는 다수의 사업에 대한 자금 배분을 어떻게 할 것인지 하는 기업 전략상의 기본 의문에 대해 유효한 대안을 제시하는데 있다. 그럼 실제로 PPM에서는 어떤 자금의 흐름을 이상적이라 판단할까? (水越豐[2003] 참조).

현금흐름(cash flow)의 관점에서 보게 되면 현금 수요(자금의 유출량)는 그 사업의 시장 성장률(매트릭스 세로축)에 의해 결정되고, 현금 창출력(자금의 유입량)은 시장에서 경쟁상 지위 즉 상대적 시장점유율(매트릭스의 가로축)에 의해 결정된다.

▶ '스타'는 자금 유입도 많지만 유출도 많아 높은 리턴을 기대할 수 없다.

▶ '문제아'는 일반적으로 막대한 투자를 필요로 한다. 이른바 '돈 먹는 하마'라 표현할 수 있다.

▶ '현금젖소'는 자금수요가 많은 사업부문을 위한 현금 창출의 역할을 할 뿐만 아니라, 현금 유입량이 기업의 외부자금 조달력을 높여준다고 하는 측면에서도 그 존재의의는 크다.

이렇게 본다면 기업에서 실제로 현금을 창출할 수 있는 사업은 의외로 적다는 것을 확인할 수 있다. 한 마디로 '현금젖소'가 유일하다고 해도 과언은 아니다. 결과적으로는 '현금젖소'를 많이 소유하고 그로부터 발생하는 자금을 얼마나 효율적으로 배분해 미래의 '현금젖소'로 육성시킬 것인가가 기업 성장의 핵심인 것이다.

그 방법에는 두 가지가 있다. '현금젖소'가 낳는 자금을 '문제아'에 투입해 성장성이 높을 때 그것을 '별'로 육성하는 것이 하나이고, 또 다른 하나는 연구개발에 투자를 해서 직접 '스타'를 만들어 내는 방법도 있다.

● 이상적인 자금배분

출처) BCG.

- '별'의 영역이라면 무엇보다 상대적 시장점유율 유지(또는 확대)가 최대과제다. 시장의 성장성이 둔화되었을 때, 별은 '현금젖소'가 되어 있어야 한다. 여기서는 시장성장률과 동일한 정도(혹은 그 이상)로 성장할 수 있도록 자금배분이 이루어져야 한다.

- '현금젖소'는 기업의 자금줄이며 대부분의 경우 그 기업의 기둥이 되는 사업이다. 그에 따라 발언력도 강하고 자금면에서도 윤택한 영역이다. 그러나 이 분야에 과잉 투자하는 것은 바람직하지 않다. 시장점유율을 유지하는데 필요한 것 이외의 자금은 '문제아'처럼 잠재력 있는 분야를 위해 돌리는 것이 현명하다.

- '문제아'에 대한 투자는 쉽게 판단할 사안이 아니다. 앞서 지적한 것과 같이 '현금젖소'로부터 발생되는 자금의 주요 부분은 '문제아'나 혹은 연구개발투자에 돌려야 하지만, 실제로는 연구개발을 통해 '별 제품'을 직접 만들 수 있는 업종은 대단히 한정되어 있다. 게다가 많은 시간을 필요로 한다.

■ '개'는 통상적으로 다소의 현금 유입을 가져오지만, 장기적으로는 잠재력도 낮고, 경기
변동에 민감한 체질을 가지고 있다. 이러한 형태의 사업이라면 시장점유율을 증대시키
는 것은 매우 어렵다고 하겠다. 또 적자(赤子)인 경우가 많고 여기에 거액의 투자를
하더라도 돌아오는 이익은 적다. 이러한 형태의 제품에 거액의 자금을 투자하는 것은
바람직하지 않다.

"

강점과 약점, 기회와 위협

SWOT 분석

"안팎에서 다가오는 각종 기회는 최대한 살리면서도 위협은 회피하며,
자신의 강점은 최대한 활용하면서도 약점은 보완을 통해 극복한다."
이 논리는 SWOT 분석의 최종 지향점이다.

SWOT 분석의 기초

"나의 최대 단점은 공부를 남보다 못한다는 것이다." "이번 주 가장 지우고 싶은 기억은 지난주 치른 시험 점수다." "내가 가장 거부하고 싶은 수업은 수학 시간이다."

이런 생각들은 과도한 학업 부담으로 인해 파생된 산물이 아닐까 한다. 그래 다음과 같은 경우를 상정해 보았다.

"나(한준이)는 영어라면 명실 공히 전교 최고인데, 수학 때문에 매번 우리 반 1등을 놓치고 있다. 그러던 어느 날, 수학이라면 전교 최고인 '윤서'가 내 짝이 되었다. 윤서의 공부법을 습득해 수학 실력을 높일 수 있는 절호의 기회다. 대신에 내 영어 공부법을 윤서에게 알려주면 될 것 같다. 그런데 뜻하지 않은 문제가 생겼다. 이전 윤서의 단짝이었으며 여전히 우리 반 1등을 고수하고 있는 '기봉이'가 우리 관계를 훼방 놓기 시작했다."

당신이 '한준이'와 같은 상황에 처해 있다면 그 타개책은 뭔가?

먼저 다각도로 경쟁 환경을 짚어보고 전략을 세워 추진한다. 물론 그 방법론에는 하나 둘이 아니다. 그 가운데서도 가장 유명한 것이 바로 SWOT 분석이다.

SWOT 분석이란, 자신이 당면하고 있는 환경을 '내부'와 '외부'로 나누고 각각의 플러스 요인과 마이너스 요인을 정확히 검토해 봄으로써 현재 상황을 객관적으로 분석하는 기법이다.

다시 말해, 당면한 내부환경을 통해 자신의 강점(Strengths)과 약점(Weaknesses)을 파악, 외부환경으로는 자신에게 다가올 기회(Opportunities)와 위협(Threats)에 대한 구체적인 분석을 하는 것이다. 이를 토대로 가령 기업이라면, 경쟁전략과 사업전략을 도출하기 위한 판단 재료로 활용할 수 있다.

위의 '한준이' 경우라면, 우선적으로 자신(한준이)의 능력과 상대(기봉이)의 능력을 객관적으로 파악하고, 들이닥칠 환경 변화(윤서의 조언 도출, 기봉이의 방해)에 어떻게 대응할 것인지 치밀한 전략을 세워야 한다.

▶ 나의 강점(S) : 영어

▶ 나의 약점(W) : 수학

▶ 나의 기회(O) : 윤서로부터 수학 공부법 습득

▶ 나의 위협(T) : 기봉이의 견제

한준이는 자신을 둘러쌓고 있는 내외부 환경에 대한 철저한 SWOT 분석을 통해 다음 번 시험에서 당당히 기봉이를 물리치고 반 1등이 될 수 있다.

이처럼 우리는 일상 속에서도 많든 적든 분야별 경쟁력 차이는 엄연히 존재하며, 그런 가운데 외부 환경 변화는 기회와 위협으로 각각 다가온다.

기업 간 경쟁도 마찬가지다. 경쟁 기업의 특성을 정확히 꿰뚫고서 자사의 문제점을 속속들이 파악하고 있으면, 어떤 시장 환경에서도 경쟁우위 확보에 고전할 이유가 없다.

그럼, SWOT 분석에서 지칭하는 강점(S)이란 뭘까?

중요한 것은 어디까지나 상대적(相對的)인 강점을 얘기하는 것이지, 절대적인 강점을 얘기하는 것이 아니다. 이점에 대해선 오해가 없어야 한다. 누군가와 비교했을 때 내가 강하다고 평가할 수 있는 것으로, 그 '누군가'가 중요하다는 것을 반드시 명심해야 한다. 즉,

자사(자신)와 경쟁을 벌여야 하는 상대, 라이벌기업(경쟁자)과 비교했을 경우에 드러나는 강점인 것이다.

또한 여기서 중요한 것은 '적'이라거나 '경쟁자'에 대해서도 막연한 것이어서는 안 된다. 어디까지나 분명한 '표적시장'을 두고서 쟁탈전을 벌이는 상대여야 한다. 이를테면, 첫 머리에서 언급한 얘기처럼 반 1등이라는 표적시장을 두고 우리 반 1등을 노리는 '한준이'와 기존의 1등인 '기봉이'의 관계가 바로 경쟁자가 될 수 있다. 가령 한준이가 기봉이를 경쟁자로 두고 SWOT 분석을 통해 자신의 강점을 평가한다면 이런 항목들일 것이다.

- ▶ '강한 집중력의 소유자인가?'
- ▶ '평소 부지런한가?'
- ▶ '특별한 공부법은 무엇인가?'
- ▶ '반 친구들과의 교류는 어떤가?'
- ▶ '머리는 좋은가?'
- ▶ '부모님의 관심은 어떤가?'
- ▶ '선생님과의 관계는 원만한가?'

등등을 가지고 한준이는 기봉이가 가지고 있는 상대적 강점을 객관적으로 평가해야 한다.

이러한 SWOT 분석을 포함해 전략 책정을 위한 많은 기법들은 항상 경쟁 상대와의 관계를 정확히 읽어내는 것이 더 없이 중요하다. 다시 말해, '반드시 승리하겠다.'는 의지를 불태울 경우 무엇보다 '상대방'에 관한 것이 가장 중요하다. 이른바 '전략'이라고 하는 그럴 듯한 용어도 그 속을 뒤집어 보면 경쟁 상대의 '뒤통수치기'가 아니겠는가!

그러므로 SWOT 분석의 '약점'이라는 부분도 결국은 상대가 공격해 오면 가장 취약한 곳, 경쟁을 벌인다면 패인의 원인 제공을 할 수 있는 곳을 사전에 정확히 인지하자는 것이다.

이처럼 승패를 결정하는 원인이 '내부'와 '외부'에 있다고 하는 관점이 SWOT 분석의 큰 특징이라 하겠다.

일찍이 손자(孫子)의 병법(謀攻第三)에서 이르기를,

"적과 아군의 실정을 잘 비교 검토한 후 승산이 있을 때 싸운다면 백 번을 싸워도

결코 위태롭지 아니하다.” (知彼知己 百戰不殆)

또한 “적의 실정은 무지한 채 아군의 실정만 알고 싸운다면 승패의 확률은 일승일
패이다.(不知彼而知己 一勝一負) 또 적의 실정은 물론 아군의 실정까지 무지한 채
싸운다면 모든 싸움에서 전패한다.(不知彼而不知己 每戰必敗)”라고도 했다.

손자병법의 가르침은 다름 아닌 SWOT 분석의 본질과 중요성을 그 무엇보다도 적나라
하게 표현하고 있다.

내부환경과 외부환경

SWOT 분석은 기업 내외부 경영 환경에 대한 전체적인 평가를 토대로 분명 경쟁전략
수립에 많은 도움을 줄 수 있는 전략도구다. 비단 이 도구는 경영에 한정된 것이 아니라
모든 분야에 걸쳐 적절히 응용 가능하다. 그럼, SWOT 분석의 네 가지 요소를 파악하기
위해 어떤 점을 조사하면 될까?

우선적으로 해당 조직이나 기업이 안고 있는 강점과 약점에 대한 내부환경 분석에서부
터 시작된다.

즉, 우리 기업이 가지고 있는 자원(resource)을 평가해본 후 경쟁 상대와 비교해 강점이
나 약점이 존재하는지를 분명히 파악하고서 경쟁전략(싸움법)을 입안하게 되는 것이다. 의
외로 자신의 강점과 약점을 정확히 깨치기는 힘들다는 점도 명심하자.

● 내부환경(SW)의 착안점

▶ 제품의 품질, 시장 점유율, 가격, 유통채널, 고객서비스, 광고
▶ 연구개발력, 정보시스템
▶ 자금조달력, 현금 흐름의 안정성
▶ 경영능력, 노사간의 가치관 공유
▶ 종업원의 의욕, 인적 유동성
▶ 생산능력, 재고 및 품질관리, 생산원가

그런 다음 이 분석 결과를 토대로 자사가 경쟁 기업보다 명백히 뛰어난 점을 자사의 '강점'으로 인식한다. 반면에 경쟁 기업과 비교했을 때 도저히 앞선다고 자신할 수 없는 요인을 '약점'이라 규정짓는다.

한편, '내부'만을 봐서도 안 된다. '외부'도 파악해야 한다. 그래서 등장한 것이 '외부환경'이라 할 수 있는 '기회'와 '위협'이다. 외부환경의 기회와 위협이란, 단기적으로 자사(자신)의 능력으로는 흐름을 바꿀 수 없는 환경변화를 가리킨다.

이를테면, 종합부동산세와 재건축 규제 등 정부의 부동산 관련 세금과 제도는 국민들의 재산권 문제에 대한 의식 변화나 정부에 대한 반감으로 인해 기업의 경영전략이나 마케팅 시장에 큰 변화를 가져올 수도 있다.

때문에 이러한 제도적 변화는 기업 입장에서는 기회로도 때로는 위협으로도 다가올 수 있다. 특히 기회 이상으로 세심한 주의를 기울여야 할 것이 바로 위협에 대한 관리감독이다.

근래 발표된 한국의 출산율은 거의 충격적이다. 가임 여성 1명이 낳은 평균 자녀수는 1.08명(2005년)으로 세계에서 가장 낮은 수치였다. 낮은 출산율은 인구의 고령화 추세를 가속시켜 미래의 우리 사회는 침체와 쇠퇴의 길로 들어서게 될 것이라는 우려를 더욱 증폭시키고 있다.

극단적이라 할 만큼 낮은 출산율과 급속한 고령화는 기업에겐 엄청난 위협이 아닐 수 없다. 갈수록 생산가능인구와 소비인구가 급속히 감소할 것이 분명하기 때문이다. 이로 인해 시장전체의 축소, 수요의 감소가 진행되고, 동시에 세대규모의 축소와 가족형태의 변화 등도 예상되며 그 영향은 우리의 상상을 초월하는 수준일지도 모른다.

기업은 이러한 위협에 대해서도 적절히 대응할 수 있는 유효한 처방전(전략)을 내놓아야 한다. 어떤 처방이 있을까?

이미 일부 기업들은 외형적인 규모의 확대보다는 내실을 키우는 쪽으로 기업의 장기 전략을 바꾸고 있다. 역시 외부환경은 이처럼 중요한 것이다. 항상 눈에 불을 켜고 관심을 가지지 않으면 이미 늦어 대응이 불가할 수도 있다. 유단은 금물이다.

● 외부환경(OT)의 착안점

> ▶ 인구동태, 사회구조의 변화
> ▶ 정부의 법률 및 규제변화, 세금
> ▶ 금리 동향, 환율 변동
> ▶ 신기술, 제품가격 변동
> ▶ 소비자의 사고변화
> ▶ 마이클 포터의 5가지 경쟁요인(기존 경쟁자, 신규 진입자, 판매자, 구매자, 대체품)
> ▶ 새로운 5가지 경쟁요인(문화적 배경, 제도적 규제, 고객 만족, 기술 혁신, 트렌드 변화)
>
> *'새로운 5가지 경쟁요인'에 대해서는 "유쾌한 팝콘 경쟁학"을 참조할 것.

SWOT 분석을 통해 내외부 환경에 대해 파악이 끝났다면, 이번엔 전략을 도출할 단계로 넘어간다. 네 가지 요소의 조율을 통해 이루어지는 전형적인 전략 패턴이 아래 그림이다.

● SWOT 분석과 활용

		외부환경	
		기회(O)	위협(T)
내부 환경	강점 (S)	자사의 강점을 활용해 기회를 최대한 획득하는 전략 *한준이는 전교 최고라는 자신의 영어 실력을 활용해 옆 짝이 된 윤서와 친하게 지내면서 수학 공부법을 배운다.	자사의 강점을 활용해 위협으로 인한 악영향을 극구 회피하는 전략 *전교 최고라는 영어 실력을 활용해 윤서와 친하게 지내며 기봉이의 방훼를 적극적으로 방어한다.
	약점 (W)	자사의 약점 때문에 다가온 기회를 놓치지 않는 전략 *한준이는 자신의 부족한 수학 실력을 윤서에게 솔직히 털어놓고는 수학 공부법에 대한 조언을 적극 구한다.	자사의 약점이 위협과 결합되어 최악의 결과가 나오지 않도록 극구 회피하는 전략 *수학도 제대로 풀지 못하는 녀석(한준이)과는 같이 어울리지 말라는 기봉이의 윤서에 대한 접근을 적극 차단한다.

강점과 기회를 적절히 조율하면 대단히 매력적인 경영전략이 도출될 수 있다. 즉, 기업의 강점을 최대한 활용함으로써 외부환경에서 발생하는 기회를 경쟁 상대 이상으로 끌어올리려는 전략이다. 분명 강점과 기회가 잘 접목되면 강력한 경쟁우위를 확립할 수 있을 것이다.

또한 강점은 위협에 대한 효과적인 대항 수단이 될 수 있다. 외부환경에서 일어난 위협이 가져온 악영향에 대해 강점이 완충(buffer) 역할을 할 수도 있다. 바로 전화위복(轉禍爲福) 전략이라 하겠다. 다가온 환경변화를 위협으로 받아들일 것인지 아니면 기회로 받아들일 것인지는 기업의 경영전략 능력과도 밀접한 관련이 있다고 하겠다.

약점에 관해 중요한 점은 위협과의 관계다. 언젠가 직면하게 될 환경변화의 위협이 바로 기업의 약점을 겨냥해 온다면 피해는 상상을 초월해 자칫 기업의 존속마저 어렵게 만들 수 있다. 이러한 징조가 보인다면 그 사업으로부터의 철수전략도 심각하게 고려해야 한다. 치명상을 입히기 전에 기업은 먼저 생존전략을 취해야 옳다.

" 내 몸에 맞는 옷 입기!

시장 지위별 경쟁전략

"

뱁새가 황새 쫓다가는 가랑이 찢어진다. 분명한 건, 뱁새에겐 뱁새 나름의 경쟁전략이, 황새에겐 황새에 어울리는 경쟁전략이 따로 있다.

예컨대, 시장의 선도자에게는 선도자 위상에 맞는 경쟁전략이, 도전자에게는 도전자로서 추진해야 할 경쟁전략이 있기 마련이다.

선도자(leader) 기업

1등이란 위치는 긴장감의 연속이지만, 때로는 밀월여행처럼 상큼하고 달콤하다.

그래 무한히 그 위치가 계속되길 애틋하게 기원한다. 어떤 세계나 영역에서든 1등을 중심으로 모든 것이 계획되고 추진된다. 때문에 더더욱 1등에 대한 유혹은 약물 중독만큼이나 강렬하다.

"누구나 해병이 될 수 있다면 나는 결코 해병대를 선택하지 않았을 것이다!"

단 한 마디에 해병대의 긍지와 자부심을 고스란히 담고 있다. 이처럼 선도자 기업 또한 모든 기업이 1등이 될 수 있다면 1등에 목숨 걸지는 않을지 모른다. 실제로도 1등이 될 수 있는 기업은 손꼽는다.

이러한 1등 기업 즉 '선도자 기업'의 본질은 무엇일까? 그리고 '한번 해병은 영원한 해병'이듯 어떤 전략을 고수해야 시장에서 1등을 영원히 그러면서도 더욱 공고히 지켜나갈 수 있을까?

선도자 기업이란 글자 그대로 양적인 측면은 물론이고 질적인 측면에서도 풍부한 경영 자원을 가진 기업을 말하며, 일반적으로 업계 최대의 매출액과 이미지(명성), 시장점유율 40% 이상의 제1위 기업을 가리킨다. 그 때문에 가격 변경, 신제품 도입, 유통망 촉진, 판매 촉진 등에서 시장을 주도하는 입장에 있다.

또한 선도자 기업은 어떤 특정 분야에 큰 강점을 가지고 있다기보다는 브랜드 전략, 판매촉진 전략 등 시장에서 리더십 발휘에 필요한 요소를 골고루 갖춘 경우가 많다.

선도자 기업이 추진해야 할 전략에는 일반적으로 다음과 같다.

● 시장점유율 확보

선도자 기업의 목적은 두말할 나위도 없이 언제까지나 선도자의 지위를 고수하는 것이다. 즉, 어떤 수단을 동원해서라도 최대의 시장점유율을 확보하는 것이다. 압도적인 시장점유율을 획득하는 것이야말로 No.1 기업의 지위 안정으로 이어지기 때문이다.

또 시장점유율을 더욱 높이려는 이유는 시장규모가 현재 이상으로 커지지 않을 경우 시장점유율 확대 없이는 매출액 그 자체를 증가시킬 수 없기 때문이다. 제품 카테고리가 이미 성숙기에 진입해 있다면 기업의 매출액 증가는 시장점유율 확대 이외엔 달리 도리가 없다.

● 시장규모 확대

기존 제품 주변의 수요를 자극해 시장규모를 더욱 확대시키는 전략을 취한다. 시장규모가 확대되면 그 이익의 가장 큰 수혜자는 바로 선도자 기업이 될 수 있다.

시장의 파이(pie)를 확대시키는 것이 바로 선도자기업의 최대 과제 가운데 하나다. 여성용 속옷만을 만들던 기업이 어느 날 남성용 속옷을 만들거나, 머리를 감을 시 샴푸를 1회가 아닌 2회 사용하도록 광고를 하는 것 역시 주변의 시장규모 확대와 관련이 있다.

● 시장의 파이를 확대

우리 기업

현재시장

미래시장

● 모방(me-too)

강력한 경쟁 제품이 나타나 새로운 시장을 형성할 것 같으면 그것을 빼앗아 오면 된다. 완전히 동일한 제품을 시장에 출시하더라도 도전자와는 달리 선도자 기업은 기본 체력을 갖추고 있어 경쟁에서 훨씬 유리하다. 가령 도전자가 새로운 것을 들고 나왔다면 선도자 기업도 동일한 것을 들고나가 맞불을 놓는다. 이를 통해 시장에서 도전자의 차별성을 상쇄(相殺)시키는 것이다.

● 전방위(full line)

남녀노소, 전후좌우, 위아래의 모든 시장을 커버하겠다는 것이 전방위 전략이다. 선도자 기업의 시장점유율이 가장 크다고 하는 것은 다양한 계층에 걸쳐 고객층이 형성되어 있고 이를 포괄할 만큼의 제품과 능력을 갖추고 있다는 이야기다.

● 비(非) 가격경쟁

선도자란 힘도 명성도 브랜드도 있으며 게다가 자본력까지 갖추고 있다. 때문에 언제든지 자금을 연구개발(R&D)로 돌릴 수 있다. 도전자가 출현했다면 완전히 동일한 제품으로 대응한다. 이 경우 가격경쟁으로 몰아가면 자칫 실패할 수 있으므로 가격 이외의 요소를 통해 싸움을 벌이면서 업계 표준의 이미지를 확립하는 것이 중요하다.

● 고가격·품질

선도자 기업은 소비자로부터 높은 평가를 받고 있기에 저가격으로 제품을 판매해서는 안 된다. 선도자 기업의 제품은 다소 고가격을 취해야 한다. 전자제품 전문점이나 대형 할인점에서 '삼성'이나 '소니'의 제품 가격과 다른 기업의 제품 가격을 비교하면 금방 알 수 있다. 나아가 선도자 기업이 취급하는 제품은 일반적으로 고품질의 제품이 많다. 선도자는 항상 '품질 제일주의'를 표방하면서 저가 품목은 가급적 다루지 않는 것이 현명한 전략이라 하겠다.

도전자(challenger) 기업

2등의 속은 늘 매스껍다. 이따금씩 울컥하고 신물이 나올 것만 같다.

일류(一流)라는 말엔 고개를 끄덕이며 관심을 보이지만 이류(二流)라는 말엔 고개조차 외면한다. 일류시민은 있어도 이류시민은 사회 차별용어가 된지 오래다. 일류 제품은 고품질의 유명 브랜드를 떠올리지만 이류제품은 곧바로 짝퉁이나 저질을 가리킨다.

그래서 하루 빨리 2등이란 무거운 짐을 던져버리고 1등이 되어 그 유쾌함을 맛보려 한다. 그러한 기업이 바로 '도전자 기업'이다. 도전자 기업은 양적 경영자원에서는 뛰어나지만, 질적 경영자원은 선도자에 비해 상대적으로 열세에 있는 기업을 지칭하며, 항상 선도자의 지위를 본능적으로 꿈꾸는 No.2 기업이다.

이러한 도전자는 선도자와 그다지 차이(순위)가 나지 않음에도 시장에서는 부당하리만큼 낮은 평가를 받기 쉽다. 실상은 1등과 2등이라는 단 하나의 순위 차이에 지나지 않으나 그 잠재적 능력은 2등과 5등, 6등의 차이보다 훨씬 큰 경우가 일반적이다. 전쟁이라면 바로 죽음을 의미한다.

세계에서 가장 높은 산이 '에베레스트'라는 것은 많은 사람들이 잘 알고 있지만 두 번째로 높은 산을 아는 이는 별로 없는 것과 같은 이치다. 이것이 도전자의 비애요, 고통이다. 그게 억울하면 출세, 아니 No.1이 돼라!

도전자 기업이 추진해야 할 경쟁전략에는 대체로 다음 4가지 정도다.

● 시장점유율 확대

도전자 기업의 전략 목표는 시장에서의 상대적 지위 상승과 시장점유율 확대에 맞추어져 있다. 특히, 선도자 자리를 노리는 도전자의 전략 목표는 시장점유율 확대에 더 많은 무게가 실린다. 그렇다면 문제는 시장점유율을 어디로부터 빼앗아 올 것인가 하는 데 있다. 결국 선도자를 비롯해 추종자, 틈새공략자로부터 얼마만큼 점유율을 획득해 올 수 있을까가 중요한 관건이다.

● 차별화

도전자의 기본 전략은 차별화다. 선도자 기업과 동일한 전략만 취하다가는 결코 시장의 승자가 될 수 없다. 그래서 도전자는 선도자가 할 수 없는 일, 하지 않는 일을 해야 한다. 선도자는 자신의 큰 몸집 때문에 쉽게 할 수 없는 것, 하지 않고 외면하는 것이 분명 존재한다. 그 곳을 노려야 한다.

● 도전자의 차별화 전략

종전의 차별화 — 디자인의 차별화 → 향후의 차별화 — 맛의 차별화 / 품질의 차별화

● 전방위(full line)

도전자가 취해야 할 시장전략은 선도자 기업과 흡사하다. 즉, 시장의 전방위를 커버하기 위해 제품 측면에서는 선도자와 동일한 풀 라인(full line) 전략으로 맞서, 조금이라도 많은 고객층을 확보하는 것이다.

● 차세대 제품을 앞서 출시

선도자 기업은 현재 시장에서 가장 많은 고객을 확보하고 있다. 그 때문에 몸집이 무거워 신제품 도입에 지장을 초래하는 경우도 종종 발생한다. 그에 반해 도전자 기업은 비교적 몸집이 가벼우므로 선도자 기업보다 한 발 앞서 차세대 제품을 시장에 출시함으로써 육중한 몸집의 선도자를 저만치 따돌리는 것이다.

추종자(follower) 기업

"도로의 한복판에 서 있는 것은 위험합니다. 양쪽으로부터 모두 치일 수 있기 때문입니다.(Standing in the middle of the road is very dangerous; you get knocked down by traffic from both sides.)"

– 전 영국 수상 마거렛 대처

시장 선도자와 도전자의 싸움으로부터 한 발짝 물러나 앉아, 이를 관망하며 큰 피해 없이 현재의 시장점유율을 유지하려는 이가 추종자 기업이다. 추종자는 양적, 질적 측면 모두에 걸쳐 경영자원을 갖추지 못한 기업이기에 곧바로 선도자의 지위를 노리기엔 역부족이다. 이 기업의 시장점유율은 대략 20% 정도다.

추종자라하면 왠지 자사 고유의 전략이나 능력 따위는 찾을 수 없는 오로지 선발자(선도자, 도전자)만 뒤쫓는 2류 혹은 3류 기업으로 비치기 십상이다. 그러나 경쟁전략에서만큼은 그러한 판단기준이 적합하지 않다. 오히려 한정된 경영자원 안에서 최선을 다하며 선발자의 뒤를 쫓는 경쟁을 통해 충분히 존재가치를 인정받는다.

다시 말해, 독자적인 제품, 시장, 고객을 명확하게 설정하고 그 가운데서 자사의 존재 이유와 수익을 올리려고 하는 기업이 바로 추종자 기업이다. 중견기업으로서 효율적인 연구개발, 시장점유율보다는 이익을 중시하는 경영 자세, 집중과 세분화, 강력한 CEO의 존재가 성공의 열쇠인 기업을 말한다.

추종자 기업이 생산한 제품의 소비자는 시대의 최첨단을 걷는 사람이 아니며, 이른바 오피니언 리더(opinion leader)도 아니다. 많은 소비자들이 수용한 후에야 구매를 결심하는 저가격 지향의 소비자라는 점도 알아두자.

추종자 기업이 추진할 전략은 극히 한정되어 있다.

● 철저한 모방

추종자는 선도자와 도전자가 성공한 경로를 최대한 모방해 이윤을 추구하는 존재로 저렴한 가격으로 동일한 타입의 제품을 시장에 투입한다. 이러한 경쟁전략을 통해 이익을 낸다. 그러므로 선도자나 도전자가 새로운 제품을 개발해 시장에 투입하면 곧바로 따라한다. 가격을 얼마나 저렴하게 책정할 것인가가 더욱 중요하다.

과거 미국이나 일본과 같은 국가가 선도자였다면 대한민국은 이들을 곧바로 모방하는 추종자였다고 할 수 있다. 지금껏 우리 기업들은 전형적인 추종자 전략을 취하면서 성장을 거듭해 왔다. 이처럼 추종자 기업은 선도자나 도전자의 신제품을 모방하거나 개량해 시장에 진입함으로써 선도자와 도전자를 뛰어넘지는 못하지만, 신제품 개발이나 제품 광고비(제품 인지) 등이 필요치 않기 때문에 높은 수익을 실현할 수도 있다.

● 리스크 회피

추종자 기업이 취하는 경영방식에는 결정적인 장점이 하나 있다. 그것은 리스크(risk)가 없다는 점이다. 현재 비슷한 제품이 시장에 이미 판매되고 있는 상황에서 자사 제품을 출하하므로 대히트는 아니라 할지라도 어느 정도 판매될 수 있다는 확신이 가는 제품들이다. 그러므로 추종자 기업은 일반적으로 저가격 제품치고는 이익률이 높다. 다만, 필요한 것은 시장에서 인기를 모으고 있는 제품 분야에 신속하게 진입하는 것이다. 조금이라도 늦게 진입하게 되면 인기가 절정을 지나 시들기 시작할 무렵에 진입할 위험이 있다.

● 인기제품 발굴

추종자의 특징부터 먼저 살펴보자. 추종자란 문자 그대로 다른 기업을 따라가기에 시장을 이끈다거나 과감히 도전한다는 인식보다는 자신의 입맛에 맞는 것을 따라 모방하는 전략을 취하는 기업이다. 그에 따라 경영적인 측면에서는 어떤 환경변화에 대해 즉각 대응할 수 있는 임기응변적인 능력이 필요하다. 여기저기 기웃거리지 말고 시장에서 꾸준히 인기를 모을 수 있을 것 같은 제품을 찾는데 주력해야 한다.

틈새공략자(nicher) 기업

대한민국 1등이 바로 우리 동네 1등일까? 천만의 말씀이다.

모든 시장에서 1등을 목표로 하거나 그렇게 되는 것이 결코 바람직한 것만은 아니다. 세상에는 남들이 아무도 노리지 않는 시장, 이른바 틈새시장에서 명실공이 선도자인 기업도 있다. 즉, 미니(mini) 선도자라고도 표현할 수 있겠다. 특정 영역의 '카테고리 챔피언'이라 부를 수도 있겠다.

여기에 속하는 기업의 원칙은 철저한 전문화이다. 그 내용은 '특정 수요', '타깃', '지역', '제품 라인', '기능 특성', '생산 방식', '가격 라인'과 같은 것이다.

틈새공략자 기업은 질적인 측면에서의 경영자원은 뛰어나지만 양적인 경영자원은 선도자 기업에 비해 상대적으로 열세에 있는 기업이다. 또한 선도자와 같은 전방위(full line) 제품이나 양적 확대를 목표로 하는 기업은 아니다. 대규모 기업들이 간과하거나 관심을 가지지 않는 작은 틈새시장을 개척해 공략하려는 전문기업이다. 이러한 틈새공략자의 시장점유율은 대체적으로 10% 이하라 보면 된다.

여기에 해당하는 기업 가운데는 비록 양적 측면의 경영자원이 다소 부족해 시장점유율이 낮으나 한정된 특정 분야에서는 대단히 뛰어난 기술을 가진 기업이 많다. 특수하면서도 고도의 기술을 가짐으로써 세계 시장을 독점할 지위를 구축하는 것이 가능하다. 우수한 중소기업이나 벤처기업 가운데 많이 존재한다.

틈새공략자란 경쟁 기업 가운데 가장 게릴라적인 전략을 취하는 기업이다. 비록 한정된 시장이라 할지라도 강력한 수요의 발견 여부에 따라 그 결과는 달라지므로 전략적 발상이 더욱 중요하다. 다만 틈새시장의 특성상 일시적인 유행과도 맞물릴 수 있어 잦은 부침(浮沈)에는 충분한 주의를 요한다.

대형 할인점의 공세에도 편의점만은 무풍지대(無風地帶)다. 할인점보다 20~30% 정도 높은 가격대여서 편의점이 가장 큰 타격을 입을 것이라는 일반적인 예상을 뒤엎고 오히려 승승장구하고 있다고 한다.

그 이유는 상대적으로 유동인구가 늘어난 데다 낱개로 상품을 구입할 때는 가까운 편의점을 찾는 소비자들의 일반적인 구매습관 때문이란다. 이러한 편의점이야말로 거대한 할인점의 공세에도 흔들림 없이 독자적인 틈새시장을 개척해 생존전략에 성공하고 있다고 판단된다.

이런 틈새공략자 기업이 추진할 전략 또한 극히 한정되어 있다.

● 최초의 영역 개척

마케팅 전문가인 '리스(Al Ries)'와 '트라우트(Jack Trout)'는 그들의 명저 "마케팅 불변의 법칙(The 22 Immutable Laws of Marketing)"에서 마케팅에 있어서 가장 중요한 과제는 최초로 뛰어들 수 있는 영역을 만드는 것이며, 그것이 불가능하다면 최초로 뛰어들 새로운 영역을 개척하라고 권한다.

즉, 시장에 신제품을 선보일 때 가장 먼저 해야 하는 것은 '이 신제품이 경쟁 제품보다 어떤 측면에서 우수한가?'가 아니라 '어떤 측면에서 최초인가?'를 되짚어 보아야 한다. 전혀 새로운 영역이라면 당연히 경쟁자는 아무도 없다.

● 전문화

코틀러는 틈새공략자의 기본은 역시 '전문화'라고 지적했다. 그러면서 이상적인 틈새공략자의 특성 다섯 가지를 거론한다.

- ▶ 이익이 창출될 만큼의 규모와 구매력
- ▶ 높은 잠재 성장력
- ▶ 대기업의 무관심 분야
- ▶ 틈새시장에 효과적으로 대응할 수 있는 기술(기능)과 경영자원 소유
- ▶ 대기업의 진입을 방지할 고유의 힘을 소지

틈새공략자가 되는데 이상적인 시장이 있는가 하면 그렇지 않은 경우도 존재하기 때문

이다. 일정 규모 이상의 시장은 되어야 채산성을 확보할 수 있고, 이와 더불어 가급적 대기업이 관심을 가지지 않을 것 같은 틈새시장이어야 한다. 너무 시장규모가 크게 되면 이번에는 대기업이 자금력을 무기로 진입해 왔을 때 틈새시장은 흔적도 없이 사라질 수 있다.

● 진입장벽

틈새공략자는 어느 영역에 특화하는 집중전략을 취한다. 문제는 특화해 해당 영역에서 살아남아야 한다는 것이다. 틈새공략자가 살아남기 위해서는 무엇보다 '수요 확대에 대한 대응'이다. 수요가 확대되면 다른 기업들은 이에 수수방관하지는 않는다. 기업인 이상 이익이 날법한 시장이라면 자연스레 군침을 흘리기 마련이다.

우선 틈새공략자는 다른 경쟁자들이 진입할 수 없게끔 진입장벽을 구축하도록 한다. 고객과의 관계를 현재 이상으로 끈끈하게 유지하는 것도 좋은 진입장벽이 될 수 있다. 이를테면, 자사 고객들만을 대상으로 특별한 서비스를 하거나 고객들의 의사를 최대한 반영시킨 제품의 연구개발(R&D)도 효과적이라 하겠다.("부자들의 경영학 카페"를 가필 수정)

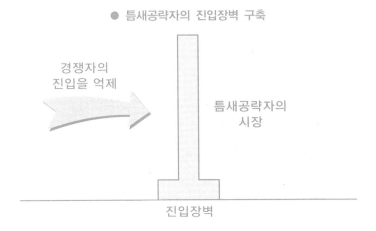

● 틈새공략자의 진입장벽 구축

경쟁자의
진입을 억제

틈새공략자의
시장

진입장벽

" 란체스터의 법칙!

수(數)의 중요성 "

우리들에겐 임진왜란의 주범으로 기억되지만, 일본인에겐 '오다 노부나가'의 뒤를 이어 천하통일을 이룩한 영웅으로 받들어지는 이가 있다.

'도요토미 히데요시'가 바로 그 주인공이다.

명장의 조건

당신이 가진 세력(권력)이나 전략 추진에 따른 대의명분은 어디서 나오는 걸까?

단언하거니와 '머릿수'에서 나온다.

'머릿수'에서 밀리면 어떤 전략이나 전술도 제대로 먹히지 않는다. 싸움에서 중요한 것은 '머릿속'이 아니라 당신의 의지를 잘 추종하는 '머릿수'이다.

동서고금(東西古今)에 기록된 명장들은 소수의 아군 병력만으로 적의 대군을 물리쳤으며, 그것이야말로 명장임을 입증한 큰 전공이라고 세인들의 존경과 칭송이 따른다.

프랑스의 전쟁 영웅 나폴레옹은 두말할 나위도 없다.

"당신은 소수의 병력으로는 다수를 이길 수 없다고 하였는데, 당신은 실제 소수로 다수의 적을 자주 물리치지 않았습니까?"

라고 누군가 나폴레옹에게 물었다. 그러자 나폴레옹은 이렇게 답했다.

　"아니라네. 소수의 병력으로 다수와 싸울 때에는 모든 병력을 이끌고 그것보다 적은 병력의 적을 일부 무찌르고, 이어서 적의 다른 부분을 공격해나가는 등 실제 전투에서는 항상 아군이 다수가 될 수 있도록 지휘했을 뿐이라네."

　또 광활한 중국 대륙에 사회주의 깃발을 꽂은 '마오쩌둥(毛澤東)' 또한 아군의 수가 많을 때만 적군과 전투를 벌인 것으로 유명하다.

　임진왜란을 이야기할라치면 괘씸죄까지 적용해 성토하는 인물이 있다. 다름 아닌 '풍신수길'이라 불리는 자로 '히데요시(豊臣秀吉)'를 가리킨다. 조선팔도를 유린한 왜군의 수장으로 우리 후손들이 여간 탐탁지 않게 여기는 인물이다.

　그는 '노부나가(織田信長)'의 뒤를 이어 일본 전국시대를 통일한 인물로 판단이 전략적이었고, 매우 영리하였으며 임기응변이 뛰어난 인물로 평가받고 있다.

　하나의 예로, 두견새가 울지 않는다는 상황을 두고서 곧바로 죽여 버리는 '노부나가', 울 때까지 기다리는 '이에야스(德川家康)', 그들과는 달리 스스로 울도록 분위기를 만들겠다는 이야기는 '히데요시'의 능동적이고 적극적인 성격을 엿볼 수 있게 한다.

● 히데요시와 거점 오사카성

　온갖 수단과 방법을 동원해서라도 자신에게 주어진 목표를 달성하겠다는 권모술수와 입신출세의 전형적인 인물이 바로 히데요시라 하겠다.

　그는 주군 노부나가의 눈에 띄기 위해 추운 겨울 디딤돌 위에 놓여있는 나막신(게다) 두 짝을 품안에 안고 있다가 주군이 외출을 위해 문밖으로 나오면 곧장 따뜻해진 품안의 나막신을 내밀었다고 알려진다. 참으로 기특하면서도 전략적이라 아니할 수 없다.

　　히데요시는 지금으로부터 400년 전에 이미 머릿수의 중요성을 스스로 간파하고 이를 철저하게 싸움에 활용한 인물이었다. 항상 적군의 병력수와 비교해 압도적으로 많은 아군 병력을 이끌고 싸움에 임했다. 아군의 수가 적으면 절대 싸우려 하지 않았다.

　　바둑에 관한 격언 가운데 '세고취화(勢高取和)'란 것이 있다. '적이 나보다 우세할 때는 화평을 취하라!'는 것이다. 다시 말해, 경쟁자의 세력이 나보다 월등할 때는 평화를 제안한다는 뜻이다. 무리하게 대항하다가 치명적인 상처를 입거나 회복 불능의 상태에 빠지는 것보다는 훗날을 기약하며 와신상담(臥薪嘗膽)하는 편이 좋다는 것이다. 다만, 화평은 단순히 화평일 뿐, 상대에 대한 항복을 의미하지는 않는다. 히데요시는 이 원리를 철저히 지킨 인물이다.

　　이러한 이유로 히데요시는 천하통일의 전임자 '노부나가'나, 후임자 '이에야스'와는 달리 적에게 몰려 퇴각을 한 기록이 없다. 히데요시의 역사는 항상 승전뿐이었다. 실제로 그 사례를 보면 더욱 명확해 진다.

● 히데요시의 주요 전투

전투	히데요시군	적군	배율
돗토리성(鳥取城)의 싸움	20,000명	4,000명	5.0배
우마노야마(馬ノ山)의 대치	60,000명	6,000명	10.0배
야마자키(山崎)의 싸움	40,000명	16,000명	2.5배
시주가타케(賤ヶ岳)의 싸움	50,000명	20,000명	2.5배
고마키·나가구데(小牧·長久手)의 싸움	30,000명	17,000명	1.8배
이치노미야성(一宮城)의 싸움	110,000명	40,000명	2.8배
오다하라(小田原)의 공격	220,000명	56,000명	3.9배

　　'돗토리성(鳥取城)의 싸움'에서는 히데요시 병력 50,000명에 적군 20,000명이, '고마키·나가구데(小牧·長久手)의 싸움'에서는 히데요시 병력 30,000명과 적군 17,000명이 싸움을 벌이고 있다.

　　시코쿠(四國) 평정의 결정적 계기가 된 '이치노미야성(一宮城)의 싸움'에서는 히데요시 병력 110,000명과 적군 40,000명이, '오다하라(小田原)의 공격'에서는 히데요시 병력 220,000명과 적군 56,000명이 일전을 벌였다.

이처럼 히데요시는 적어도 상대방 머릿수보다 2.5배 이상 많은 병력을 가지고서 싸움에 임하고 있었던 것이다.

그래서 싸움을 하기 이전부터 이미 결론은 나 있었던 셈이다. 히데요시의 승리로!

히데요시의 전임자였던 노부나가에게서도 흡사한 경쟁전략이 발견된다. 특히 그는 싸움에서 목표를 명확히 규정지음으로써 머릿수라고 하는 인적자원을 극대화하는데 주력했다.

전국시대(戰國時代)에는 일본 역사에 기록된 싸움이 유난히도 많다. 그 가운데서도 1560년 노부나가의 '오케하자마의 싸움(桶狹間の戰い)'은 특히 유명하다. 불과 3,000명의 병력으로 '이마가와 요시모토(今川義元)'의 대군 2만 5,000명의 병력을 불과 두 시간에 물리쳤기 때문이다.

어떻게 이러한 승리가 가능했을까?

오케하자마의 싸움을 보자면, 노부나가는 그의 목표는 단 하나, 바로 '요시모토의 목'이라는 점을 분명히 했다. 목표를 한 곳에 집중시켜 이를 명확히 규정함으로써 승리를 가능하게 했다.

먼저 노부나가는 요시모토를 호위하는 병력을 분산시키기 위해 양동작전을 펼쳤다. 양동작전이란 거짓 정보를 흘려 적을 혼란시키는 작전이다. 1,000명의 병력에게 군기(軍旗)를 나누어주어 요시모토 군의 병력을 분산시켰다. 그리고 요시모토를 호위하는 병력이 분산된 곳에 나머지 병력 2,000명을 일거에 투입했다.

3 · 1 전략

잘 알려진 란체스터 전략(lanchester strategy)에는 '3 · 1 전략'이라는 것이 있다. 싸움을 승리로 장식하기 위해 상대 대비 3대 1의 병력을 해당 지역에 투입하는 전략이다. 이 전략은 아군 전체의 병력이 상대와 비교해 열세인 경우 사용하는 것으로 제한적인 장소, 즉 국지(局地)에 상대의 3배에 해당하는 병력을 투입해 단숨에 공략하는 것이다.

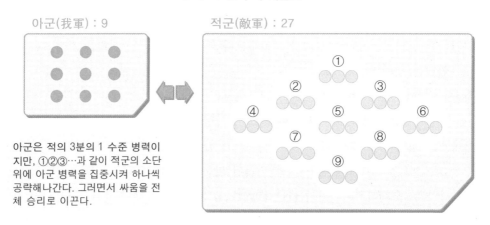

● '3·1 전략'의 개념도

아군(我軍) : 9

적군(敵軍) : 27

아군은 적의 3분의 1 수준 병력이지만, ①②③…과 같이 적군의 소단위에 아군 병력을 집중시켜 하나씩 공략해나간다. 그러면서 싸움을 전체 승리로 이끈다.

삼십육계(三十六計)의 '승전계(勝戰計)'에도 이와 유사한 성어(成語)가 등장한다.

"위위구조(圍魏救趙)"

'위나라를 포위하여 조나라를 구한다.'는 것으로 "병력이 집중되어 있는 적을 치기보다는 적을 분산시켜 놓고 치는 편이 좋다."는 심오한 주문을 한다.

노부나가의 경우, 전체적으로는 병력이 열세이지만, 요시모토 군의 병력을 분산시키고 그 곳에 노부나가 군의 병력을 집중시켜 요시모토의 목을 자름으로써 승리를 장식했다.

참고로 란체스터의 법칙에 대해 잠시 설명해보자. 이 법칙에는 2가지가 있는데 '란체스터의 제1법칙'과 '란체스터의 제2법칙'이 그것이다. 이른바, 손자병법의 서양판이라고 보면 한결 이해가 빠를 것 같다.

먼저 란체스터의 제1법칙은, 공중전(空中戰)과 같이 1대 1로 승부를 벌일 경우 전투기 수가 많은 쪽이 손실이 적고, 동일한 수의 전투기라면 무기 효율을 높여야 손실률을 줄일 수 있다는 것이다.

제2법칙은, 지상전(地上戰)과 같은 그룹 간 전투에서 병기의 성능이나 기능이 분화된 확률병기가 사용되는 경우, 손실은 병력수의 2승 비율로 증가해 병력수가 적은 쪽이 엄청난 손실을 입게 된다는 것이다.

란체스터의 2가지 기본 법칙에서 도출된 몇 가지 중요한 결론은 이렇다.

① 상대와의 차별화가 승패를 결정하는 요인이다.
② 전투력은 병력수와 병기의 성능으로 결정된다.
③ 강자는 약자에 비해 항상 유리한 입장에 서있다.
④ 실전에서는 국지전과 확률전을 나눌 필요가 있다.
⑤ 싸움의 승패는 아군과 적군의 역학관계로 결정된다.
⑥ 특정 부분의 집중공략이야말로 최대의 성과를 올릴 수 있다.
⑦ 전략에는 강자의 전략과 약자의 전략이 있으나 쌍방은 근본적으로 다르다.

이런 란체스터의 법칙은 한 마디로 '머릿수'가 많은 쪽이 경쟁에서 승리한다고 하는 인식을 강하게 심어주고 있다. 하지만 머릿수로 열세에 몰렸을 경우 어떤 전략을 취해야 하는지에 대해서도 다양한 전략적 대안을 제시하고 있다.

세상의 모든 자원은 유한(有限)하다. 경영자원도 예외는 아니다. 특히 약자라면 가진 자원은 더욱 한정된다. 그로 인해 승리할 가능성은 그 만큼 줄어든다. 또한 아무리 강자라 할지언정 가진 자원이 무한(無限)할 수는 없다.

결국, 모든 경쟁에서는 투자 대비 최대의 효과를 이끌어 낼 수 있는 영역에 의도적으로 경영자원을 집중할 필요가 있다 하겠다. 지극히 당연한 얘기다.

게임이론으로 검증하기!

죄수의 딜레마와 내쉬 균형

해결사 K의 영업방법은 독특하다. 악성 채무자를 찾아가 곧장 자신의 왼쪽 팔뚝을 쑥 내민다. 솥뚜껑만한 주먹으로 사정없이 상대를 두들겨 팰 것이라는 생각은 오산이다. 그런 다음 K는 품속에서 시퍼런 칼을 꺼내 든다. 이를 채무자의 목에 들이 될 것이라는 생각 또한 섣부르다.

그는 내민 손목 안쪽을 칼로 쓰윽 긋는다. 순간 피가 바닥에 뚝뚝 떨어진다. '내 몸에 칼질하는 마당에 무슨 짓을 못하랴'는 무언의 경고를 채무자에게 던진다.

순간 채무자는 사시나무 떨듯 몸을 가누지 못한다. 그걸로 게임 끝이다.

게임이론의 출발

'뷰티풀 마인드(A Beautiful Mind)'라는 영화가 있다. 실화를 바탕으로 만든 론 하워드 감독, 러셀 크로 주연 영화로, 2001년도 아카데미상의 최우수 작품상을 수상한 화제작이다.

원작은 뉴욕타임즈의 경제학 담당 라이터 '실비아 네이사(Sylvia Nasar)'로 노벨 경제학 상을 수상한 '존 내쉬(John Forbes Nash Jr.)'의 생애를 그린 것이다.

내쉬는 기존 '게임이론(theory of games)'에 대한 새로운 분석으로 제2의 아인슈타인이 라 불린 인물이지만, 50년 동안 정신분열증에 시달렸다. 그러나 모든 것을 이겨내고 1994 년 노벨상을 수상, 영화보다 더 극적인 삶을 살았다. 이러한 인간 드라마를 원작은 절묘하 게 그려냈다는 세인들의 평가다. 특히, 게임이론이 주변에서 어떻게 활용되는지를 대단히 쉽게 설명해 주고 있다.

모든 개인이나 사회의 행동에는 전략적인 측면이 감춰져 있다. 특히, 생사가 걸린 비즈니스 세계라면 전략적 측면을 빼고는 아무 것도 설명할 수 없다. 이런 전략적 측면으로 인해 자신이 행한 행위는 상대에게 영향을 미치고 그것은 결국 자기 자신에게 되돌아온다. 그러한 상호작용 메커니즘을 어떻게 이해할 것인지 문제를 다루는 데 게임이론이 적용된다.

게임이론은 두 사람 이상의 플레이어(player, 게임 참가자)의 의사결정을 분석하는 이론이다. 여기서 얘기하는 플레이어란, 사람만이 아니라 조직이나 기업, 국가 등 다양한 '의사결정의 주체'를 나타낸다.

과거에는 주로 포커나 체스와 같은 게임의 구조와 여기에 참여하는 사람들의 태도를 수학적으로 표현하는데 사용되었으나, 차츰 전쟁을 수행하기 위한 군사학에 적용되고 나아가 경영학, 경제학, 사회학, 정치학, 법학, 철학, 정보과학, 응용수학, 심리학 등의 분야에서도 널리 활용되게 되었다.

게다가 난해한 수학을 사용하지 않아도 쉽게 접근할 수 있는 이론이다. 게임의 플레이어를 개인과 기업, 국가로 나누어 어떤 경우에 활용될 수 있는지 그 예를 나열하면 이렇다.

- ▶ 개인의 경우 : 동료·선후배 관계, 부부관계, 연애, 취업 등
- ▶ 기업의 경우 : 기업간 경쟁·협력, 교섭, M&A(합병과 인수), R&D(연구개발), 계약, 경매·입찰 등
- ▶ 국가의 경우 : 통화정책, 군비경쟁, 환경문제, 무역교섭, 전쟁 등

이를테면 두 기업이 서로 경쟁을 벌이고 있는 상황에서 상대 기업의 전략을 알고 있을 때(혹은 모를 때), 자사가 어떤 전략을 취하면 유리할 것인지를 분석할 때 게임이론이 활용된다.

이 이론의 기본 배경은 '인간은 이익(이득)을 최대화하기 위해 의사결정을 한다.'는 것으로, 즉 인간은 합리적으로 전략을 선택한다는 큰 가정 아래 모든 의사결정과 게임이 이루어진다는 점이다. 그런 이유로 게임을 할 때는 상대방의 의중을 정확히 읽는 것이 무엇보다 중요하다. 우리가 잘 아는 '가위바위보' 게임으로 살펴보자.

"나는 상대가 가위를 낼 것이라는 것을 알고, 상대는 내가 자신이 가위를 낼 것 이라는 것을 파악하고 있음을 알고, 또 내가 상대가 가위를 낼 것이라는 것을 파악하고 있다는 것을 상대가 읽고 있음을 나는 알고, 상대는 내가 자신이 뭘 낼 것이라는 …."

다시 말해, 게임 상대는 이성(理性)을 가진 합리적 인간이라는 전제 아래, '가령 내가 이 패를 내면 상대는 저 패를 내밀 것'이라는 점을 사전에 충분히 숙지하고서 자신의 이익을 최대화하기 위해 합리적으로 전략을 선택하는 행동을 수학적으로 분석한 이론이 게임이론이다. 그 의미를 영어로 표현하면 이렇다.

"앞을 내다보고서 현 상황을 합리적으로 판단하라."
(Look ahead and reason back.)

남녀노소 불문하고 군용 모포를 중심으로 빙 둘러앉아 목이 터져라 외쳐 된다.
"고, 스톱! 못 먹어도 고"
사실 고스톱에서 '못 먹어도 고'를 연신 외쳐 되는 사람처럼 어리석은 사람도 없다. 하지만 상대방에게 이 말이 상당한 위협처럼 들릴 수도 있다. 이판사판(理判事判)이라는 로또형 의사 결정이어서 자칫 게임을 뒤집기라도 한다면 엄청난 상황이 연출되기 때문이다.
고스톱 칠 때는 상대가 낸 패와 내가 가진 패를 꿰뚫고, 내가 어떤 패를 내었을 때 상대가 무슨 패로 대항해 왔는지 그리고 상대가 언제 그 패를 들고 나왔으며 다음엔 어떤 패가 나올 것인지 등을 정확히 읽어야 내 지갑은 굳게 걸어 잠그고 상대의 지갑은 손쉽게 열 수 있다. 그렇지 않은가?

벼랑 끝 전술!

일전 북한은 미사일과 핵 실험(개발)을 통해 경제 제재에 대해 언제든 보복할 수 있음을 공개적으로 과시해 한미일(韓美日) 등 주변 국가들의 협조를 이끌어내려 했다. 북한의 이러한 전략을 가리켜 '벼랑 끝 전술(brinkmanship)'이라 부른다.

사실 벼랑 끝 전술은 북한만이 사용하는 고유의 전술이 아니라 궁지에 내몰린 우리 정치가나 기업가들이 현상 타계책의 하나로 빈번히 사용하는 수법이기도 하다.

벼랑 끝 전술의 고전적인 사례라면 단연 1960년대 초반의 쿠바위기를 꼽지 않을 수 없다.

미소(美蘇)의 냉전 무드가 세계를 지배하던 험악한 때였다. 소련이 미국의 앞마당 쿠바에 미사일 기지를 건설하려 했다. 여기에 대해 미국의 케네디 대통령은 미국과 소련 사이에 핵 전쟁 발발 위험이 있다고 경고하며 매우 단호한 자세를 취했다. 그것은 해상 봉쇄 명령이었다. 다행히도 소련이 한 발을 빼 기지 건설을 단념함으로써 최악의 사태는 피해갔다. 만일 하나라도 어긋났다면 지구의 종말이 올 수도 있는 긴박한 상황이었다.

당시 미국은, 케네디 대통령의 위협을 소련에게 통용시키기 위해서는 최악의 위기적 상황에 까지 몰고 갈 필요가 있음을 깨달았다. 만약 대통령의 위협이 단순한 협박 수준이라면 소련도 그것을 눈치 채곤 기지 건설을 밀어 붙였을 것이다.

허나 일단 해상 봉쇄를 대통령이 명한 후 상황은 반전된다. 소련이 기지 건설을 밀어 붙이면 그 시점에 케네디 대통령이 위기적 상황이 일어나지 않도록 막으려 해도 현장의 예기치 못한 충돌이나 폭발 등으로 분쟁은 걷잡을 수 없이 커진다. 군대는 일단 명령이 하달되면 대통령이 아니라 그 할아버지라도 막을 수 없기 때문이다. 이것이 소련에게는 가장 큰 위협으로 작용해 기지 건설은 중단되고 말았다.

그럼 시각을 다시 북한으로 옮겨보자.

"유엔 안보리 결의를 내들고 우리의 자주권과 생존권을 털끝만치라도 침해하려든다면 가차 없이 무자비한 타격을 가할 것이다."

이처럼 북한은, 자신들의 핵 실험에 대한 유엔의 제재 결의에 대해 한미일이 원칙대로 나온다면 최악의 사태를 초래할 수 있다는 강력한 의지의 표명이다. 핵 미사일 발사와 같은 사태가 터지면 북한 통치권자인 김정일도 막을 수 없는 엄청난 일이 야기될 수 있음을 공공연히 주변국에 어필하고 있는 것이다.

핵을 둘러싼 잠재위협이 여전히 한반도 주변에 존재하지만, 핵 개발이나 확산에 관한 엄격한 국제적 조약은 물론이거니와 핵을 둘러싼 상호간의 치열한 두뇌 공방(攻防)은 오히려 핵사용 억지력으로 작용한다. 우리에겐 고마운 일이다.

1970년 발효된 '핵확산금지조약(NPT)'은 핵보유국의 입장에서 보자면 핵무기 확산 방지에 크게 기여해 온 것으로 평가할 수 있을 것이다. 그러나 핵무기 보유국과 핵무기 비(非) 보유국사이의 의무를 달리 규정함으로써 불평등성 시비가 계속되고 있는 것 또한 현실이다.

현재 공식적으로 핵무기를 보유하고 있는 5개국(미국, 영국, 러시아, 프랑스, 중국)은 모두 NPT에 가입하고 있으나, 이스라엘, 인도, 쿠바, 파키스탄, 북한 등 핵무기 보유 의혹국들이 가입하지 않고 있는 것도 풀어야 할 난제 가운데 하나다.

NPT에 의해 핵 보유를 금지하고 있음에도 왜 많은 국가들은 핵을 보유하려 애를 쓸까? 이유는 간단하다. 핵을 보유함으로써 상대방의 공격을 예방할 수 있기 때문이다. 또한 마음에 들지 않는 상대국에 핵을 들이대며 공공연한 위협을 가할 수 있기 때문이다. 실제로 '핵 = 전쟁'이라는 다소 모순된 논리가 게임이론에선 합리적인 것으로 받아들여진다.

미국의 핵우산 아래 놓여있는 '대만(臺灣)'과 이를 호시탐탐 노리는 '중국'이 게임의 플레이어(Player)이다.

먼저 중국이 현재처럼 대만을 그냥 가만히 내버려두는 전략, 다시 말해 '두 중국, 두 체제'를 용인하는 선택(현상 유지)을 하게 되면 효용은 (중국, 미국) = (0, 0)이 된다.

반면에 '일 중국, 일 체제'를 위해 중국이 대만을 공격했을 경우, 미국이 재래식 무기로 반격을 하게 된다면 그 효용은 (중국, 미국) = (1, -1)이 된다.

여기서 미국이 중국을 단숨에 제압하기 위해 핵무기를 사용해 반격을 하게 된다면 효용은 (중국, 미국) = (-100, -100), 다시 말해, 두 강자의 핵전쟁으로 지구는 멸망하게 된다.

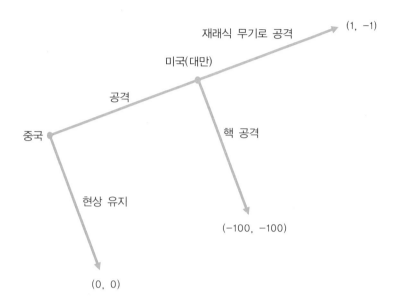

그러므로 중국은 이렇게 생각을 한다. "미국이 핵무기를 사용해 반격하지는 않을 것이다. 왜냐하면, 미국 역시 효용이 -100이 되기 때문이다." 다시 말해, 너 죽고 나 죽자는 식의 반격이 아닌 재래식 무기로 반격해 올 것이라는 예상을 하는 것이다.

이를 바탕으로 중국은 대만을 공격하게 되면 효용은 1, 공격하지 않으면 효용은 0이 되므로 당연히 공격하게 된다. 이 시나리오대로라면 중국은 대만을 점령하고서 바라던 '일 국가, 일 체제'를 이룩할 수 있다. 물론 미국(대만)으로서는 최악의 시나리오다.

하지만 미국도 바보는 아니다. 미국은 또 다른 전략으로 중국을 견제한다. 바로 핵무기를 들고 나온다. 미국은 "중국이 대만을 공격하게 되면 곧바로 핵무기를 사용해 반격에 나서, 중국을 불바다로 만들겠다!"는 위협을 가한다. 그렇게 되면 게임은 이렇게 진행된다.

이 게임에서는 중국이 대만을 공격하게 되면 효용 -100, 공격하지 않으면 효용은 0이 된다. 고로 바보가 아닌 이상 중국이 대만을 공격하는 일은 없다.

아울러 미국은 전자의 게임(재래식 무기로 반격)을 선택하면 효용은 -1, 후자의 게임(핵을 사용하겠다는 위협 전략)을 선택하면 효용은 0이 되므로, 당연히 위협 전략을 선택하게 된다.

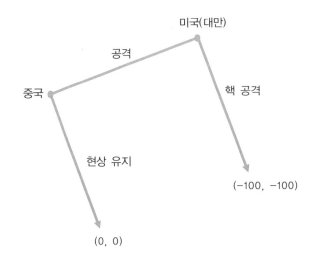

죄수의 딜레마

　게임이론 가운데는 '죄수의 딜레마(prisoner's dilemma)'라는 유명한 것이 있다. 아울러 죄수의 딜레마는 사회과학의 고전문제이자 많은 연구자가 머리를 싸매는 문제다. 또한 죄수의 딜레마는 게임이론의 핵심이기도 하다.

　죄수의 딜레마는 '개인 마음대로 행동을 취하게 되면 그룹의 이익으로 연결되지 않는다.'는 것을 의미한다. 즉, 개인이 자신의 이익을 최대화하려는 행동을 하게 되면 그룹으로서는 바람직하지 못한 결과를 초래한다는 것이다. 물론 협력할 수 있거나 협력하게 된다면 바람직한 결과를 도출할 수도 있다.

　죄수의 딜레마는 우리 일상생활 속에서도 얼마든지 찾아 볼 수 있다. 그래서 어떤 학자는 이렇게 언급했을 정도다.

　　　　"죄수의 딜레마를 발견하는 것은 공기를 발견하는 것과 같다."

　게임이론은 인간이 합리적인 선택을 할 것이라는 큰 가정 아래 이루어지기는 하지만, 죄수의 딜레마는 인간이 합리적으로 행동했음에도 어떻게 최악의 결과가 발생하는지를 잘 보여주고 있다.

용의자 두 사람이 서울 강남 경찰서에 붙잡혀 왔다. 둘은 범행을 극구 부인했지만, 근래 강남 일대 재력가들의 집을 연쇄적으로 턴 진범임에 틀림이 없었다.

허나 어쩌겠는가! 심증(心證)은 가지만, 결정적 물증(物證)이 없다.

이게 가장 큰 문제다. 결국 두 용의자의 입을 통해서만 범죄 여부를 확증 지을 수 있게 된 것이다. 사회적으로 파장이 크다보니 조직 윗선에서 빨리 범인을 검거하라는 불호령이 떨어졌다. 일분일초가 다급해진 일선의 담당 경찰은 먼저 두 용의자를 각기 다른 감방에 격리 수용했다. 그리고선 굳게 다문 입을 열기 위해 두 용의자에게 아래와 같은 당근과 채찍을 제시했다.

		용의자 B	
		부인 (Not Confess)	자백 (Confess)
용의자 A	부인 (Not Confess)	1년, 1년	무기, 석방
	자백 (Confess)	석방, 무기	**10년, 10년**

용의자 가운데 한 명이 진실을 털어놓을 경우 그는 곧바로 석방이라는 특전이 주어지고 다른 용의자는 무기징역을 언도 받게 된다. 그리고 두 명 모두 범행 일체를 자백하게 된다 면 둘 다 10년형을 받게 된다. 하지만 용의자 모두 입을 열지 않으면 똑같이 1년형을 언도 받게 된다.

이 같은 절체절명의 선택 기로에서 용의자들은 모두 입을 굳게 닫는 것이 가장 좋은 선택이다. 하지만 결과는 그렇지 않다는 것이 이 게임의 결말이다. 상대방에 대한 불신(不信)과 이기심(利己心) 때문에 두 명 모두 자백하고 함께 10년형을 언도 받게 된다는 것이다. 참으로 허망한 결론이다.

앞서 제시한 서울 강남 일대 재력가들의 집을 턴 용의자들의 선택은 비록 자신들에게 가장 이익이 되는 합리적인 전략을 선택했음에도 불구하고 자백이라는 최악의 결과(각각 10년 형)를 초래한 것이다.

게임이론에서는 이를 '내쉬 균형(nash equilibrium)'이라고 부른다. 다시 말해, 자신이 일방적으로 전략을 변경하게 되면 스스로가 불리하게 된다는 점을 서로 잘 알고 있기 때문에 누구 하나 스스로 전략을 변경하려는 유인(誘因)이 생기지 않는 상태에 이르게 된다는 것이다.

내쉬 균형 이론은 존 내쉬가 겨우 21살에 작성한 27쪽의 학위 논문에 등장한다. 개인의 이기심(self-interest) 추구는 결국 공동의 이익으로 귀착된다는 국부론의 저자 아담 스미스(Adam Smith)의 주장에 대해, 내쉬는 공동의 이익과 부합되는 방향으로 개인의 이기심 추구가 이루어질 때 비로소 공동의 이익이 도출된다고 설파했다. 아무튼 이 논문을 받아든 지도교수는 "자네가 지금 뭘 했는지 아는가? 150년 된 경제학을 깡그리 채 부정하고 있다네!"라며 놀라워했다고 한다.

죄수의 딜레마란 공멸적(共滅的) 결론이 주로 적용되는 분야는 주로 적대적 환경에서의 국제정치다. 의사소통이 되지 않거나 정치적 이유로 의사소통을 하기 어려운 1회성 게임, 가령 냉전시대의 미국과 소련, 남북한, 중국과 대만 등에 주로 적용되던 결과였다. 이처럼 현실과는 다소 거리가 있는 예외적이며 극단적인 상황에나 적용 가능하다는 제약도 따른다.

차갑고 대화가 부족한 국제정치와는 달리 시장에서 일상적으로 일어나는 매매와 교환이라는 경제 행위는 첫째로 얼마든지 대화와 의사소통이 가능하고, 둘째로 1회의 단발성 게임이 아닌 장기적으로 여러 차례 되풀이되는 게임인 경우가 대부분이다.

경제 행위가 끝없이 일상적으로 반복되는 상황에서는 교환 당사자들끼리 어느 쪽이 장기적으로 더 유익한지를 따져보게 된다. 이해가 엇갈리면 서로 설득도 하고 대화도 하고 양보를 해서 단기적으로는 다소 손해를 보더라도 장기적으로는 서로 상생(相生)하는 방향으로 합의를 도출한다. 당사자들끼리의 자연스러운 갈등 조정이 이뤄지는 것이다.

쌍방 간의 이기심 때문이다.

" 기상천외한 세계표준!

QWERTY 키보드 "

그 좁던 샛길이
어느 순간 길이 되고
조금 더 지나 큰 도로가 되었다.

QWERTY 키보드의 출발

지금 컴퓨터(PC) 앞에 앉아 있는 독자라면, 그 자판(키보드)을 한 번 유심히 살펴보라!

현재 우리들이 사용하고 있는 대부분의 PC 자판은 'QWERTY 배열'이라 불리는 것이다. 자판 위열의 왼쪽 처음 여섯 개의 알파벳이 QWERTY여서 QWERTY 자판(배열)이라 부른다.(사진 참조)

이 QWERTY 자판은, 1873년 위스콘신의 한 신문 편집부 직원이자 인쇄소 사장인 '숄즈(Christopher Latham Sholes)'와 그의 친구인 '그리든(Carlos Glidden)', '소울(Samuel W. Soule)'이 공동으로 간단한 자동필기 도구인 라이팅 기계(writing machine)를 제작한 것에서 비롯된다. 이것이 바로 타이프라이터(typewriter)였다.

그들이 처음으로 제작해 1867년 특허 신청을 한 타이프라이터는 단순히 ABC 순의 2열로 배열되어 있었다. 그래서 이 타이프라이터는 그다지 실용적인 것이 아니었다고 한다. 그 후 6년간의 노력 끝에 현재의 QWERTY 배열에 가까운 자판을 만들었다.

그 후 이들은 자금 부족을 이유로 당시 총포류와 재봉틀로 유명한 미국의 레밍턴 무기회사(Remington Arms Company)와 손을 잡고 최초의 타이프라이터를 대폭적으로 개선한 숄즈와 기든(Sholes & Glidden) 모델의 타이프라이터를 1874년부터 1887년까지 생산한다.

제품화 과정에서 처음에는 마침표(.)의 위치에 있었던 'R'을 상단으로 이동시켰다. 그것은 영업사원들이 브랜드 이름인 'TYPE WRITER'를 재빨리 두드려 제품의 프리젠테이션을 효과적으로 할 수 있도록 'TYPE WRITER'의 10개 알파벳 모두를 하나의 열에 배열시키는 것이 목적이었다고 한다.

현재 사용하고 있는 PC의 자판을 보라. 자판 두 번째 열에 TYPE WRITER의 모든 알파벳이 옆으로 늘어서 있는 것을 발견할 수 있을 것이다. 자못 흥미롭다.

● 숄즈와 글리든의 타이프라이터

출처) http://home.earthlink.net/

위의 사진과 같이 최초의 타자기는 마치 과거 재봉틀을 연상시켰으며 행을 바꾸기 위해서는 재봉틀 발판과 같은 것을 발로 밟아야 했었다.

QWERTY 배열은 타이피스트가 자주 사용하는 단어를 칠 때 글쇠가 서로 엉키거나 망가지지 않도록 하기 위해 자주 사용되는 글쇠를 멀리 배치함으로써 의도적으로 타자 속도를 느리게 했다는 설도 있다. 또 글쇠의 엉킴을 방지하기 위해 나름대로 자주 사용되는 글자와 배열의 유형을 심사숙고한 끝에 QWERTY 배열을 고안했다는 설도 있다.

이러한 이유 때문인지 QWERTY 배열의 자판은 그 이후 개발된 다른 방식의 자판 배열에 비해 타자 속도도 느리고 인체 공학적인 편의성도 떨어진다는 지적을 받고 있다.

세계표준

1890년에 들어오면서 현재의 QWERTY 배열이 사실상의 표준(de facto standard)으로써 그 지위를 확립하게 된다.

이런 배경에는 타이피스트 양성학교에서 QWERTY 배열의 타이프라이터가 사용되었기 때문이다. 많은 타이피스트들이 QWERTY 배열을 습득, 익숙해지자 자판 배열은 QWERTY로 고정(Lock in)되어 다른 타이프라이터 회사도 QWERTY 배열을 추종하게 되고 자연스럽게 시장을 평정하게 되었다.

이윽고 타이프라이터의 제조 기술도 함께 발달하여 빠른 속도로 자판을 두드려도 기계가 망가지거나 하는 일은 사라지게 되었다.

QWERTY 배열의 타이프라이터 생산은 비록 성공을 가져온 것은 아니지만(5,000대 정도 생산), 세계적인 발명에 해당될 뿐 아니라, 많은 시간이 요구되는 사무실 수작업에 기계화를 가져왔다는 측면에서 높은 평가를 받고 있다.

또한 자판을 보지 않고도 키보드를 두드릴 수 있는 터치 타이핑(touch typing)이 가능해진 것도 QWERTY 배열의 자판 배열이 등장한 덕분이라고 한다.

QWERTY 배열은 타이프라이터로서는 52번째 특허이며, 영문 타이프라이터의 역사로 치자면 엄연한 후발자였다.

한편, 그다지 인체 공학적이라 할 수 없는 QWERTY 배열에 대항해 1936년 워싱턴대학의 '도브락(August Dvorak)' 교수는 가장 흔히 사용하는 모음 5개(a, o, e, u, i)와 자음 5개(d, h, t, n, s)의 자판을 중앙인 홈 로우(home rw)에 배열, 타이핑 속도를 향상을 철저히 추구한 DSK(Dvorak Simplified Keyboard)를 개발해 특허를 취득하였다.

이러한 DVORAK 배열은 제2차 세계대전 중 미 해군의 연구를 통해서도 그 우위성이 증명되었다. 나아가 수많은 타이프 콘테스트에서 우수성이 실제로 증명되어 거의 대부분의 콘테스트 우승자는 DVORAK 배열을 사용하였으며, 또 기네스북의 기록도 DVORAK 배열을 통해 이루어진 것이다. 이러한 DVORAK 배열은 QWERTY 배열보다도 거의 10 ~ 40% 정도 우수하다고 한다.

그럼에도 불구하고 이미 QWERTY 배열이 사실상의 표준으로써 확립되어 DVORAK 배열을 사용하고 있는 부류는 여전히 일부 애호가나 프로 타이피스트 정도에 그쳤다. 타이피스트는 자신들이 이미 익숙해진 QWERTY 배열의 자판 사용을 고수하였기 때문에 DVORAK 배열은 보급되지 못하였다.

이처럼 DVORAK 배열은 QWERTY 배열보다도 훨씬 뛰어나다고 하는 평가에도 불구하고 시장 점유율을 무너뜨리지 못한 것 때문에 경제학의 '로그인(lock in)'과 '경로의존 (path dependance)' 등 복잡계(複雜系) 경제학의 단골 메뉴로 등장하고 있다.

참고로, 어떤 기술이나 장치가 먼저 쓰여 시장에서 우위를 차지하고 표준으로 자리잡게 되면 그 표준을 따라 기술발달이 이어지게 된다. 이러한 현상을 '경로의존'이라 하며, 그 이후에 보다 우수한 기술이 등장하더라도 표준 자리를 계속 지키는 기술을 자물쇠가 잠겼다고 하여 'Lock in'이라고 일컫는다.

● 솔즈와 드보락 자판 비교

The Sholes keyboard (1874년)   The Dvorak keyboard (1936년)

THINKING
THINKING
THINKING

.

탈레반과 정부의 협상!

치킨게임과 협상력

치킨게임이란, 1950년대 미국 젊은이들 사이에 유행했던 자동차 게임 이름이다. 이 게임은 한밤중에 도로 양쪽에서 두 명의 경쟁자가 자신의 차를 몰고 정면으로 돌진하다가 충돌 직전에 핸들을 꺾거나 브레이크를 밟는 사람이 지는 경기다. 영어로 치킨(chicken)에 겁쟁이라는 의미가 있어 치킨게임이라 불리게 되었다.

치킨게임(chicken game)

지난 2007년 여름, 온 국민들의 마음을 일희일비하게 만든 뉴스라면 단연 아프가니스탄 인질사태이다. 하루에도 몇 차례 씩 외신이 엇갈리면서 인질들의 가족은 물론 이를 지켜보는 국민들에게도 많은 스트레스를 안겨주었다.

그럼, 여기서 지난 인질사태에 대한 우리 정부의 협상은 제대로 이루어졌는지 한번쯤 냉정히 짚어보는 것도 의미가 있을 것 같다.

사태 초기 일부 인질의 희생이 따르긴 했으나, 마지막 21명의 고귀한 인명이 구출되면서 사태는 막을 내렸다. 이후 협상 당사자였던 우리 정부는 국내외의 호된 비판을 받아야 했다.

출처) 조선일보(2007.9.8).

사실 협상 타결의 득실(得失)을 검증하기란 매우 어렵다. 계량화(計量化)가 곤란하기 때문이다. 다만 게임이론을 통해 들여다보면 한국 정부가 무엇을 얻었고 잃었는지에 대한 최소한의 검증은 가능하다.

한국 정부와 탈레반이 대치하는 상황은 게임이론에 등장하는 '치킨게임'과 흡사하다. 이 게임은 마주 달려오는 자동차 두 대 중 먼저 겁을 먹고 핸들을 꺾거나 브레이크를 밟아 멈추는(회피) 쪽이 패자가 되는 게임이다.

게임 참여자는 당연히 자신은 '돌진(突進)'하고, 상대방은 '회피(回避)'함으로써 자신이 승자가 되는 경우를 선호한다. 반대로 최악의 경우는 자신과 상대방이 함께 돌진해 정면 충돌하는 경우이다. 물론 승자 없이 너 죽고 나 죽고로 결론이 난다.

지난번 인질사태에서 한국 정부로선, 탈레반의 요구 조건을 무시하는 것을 '돌진', 인질 맞교환 혹은 몸값 지불처럼 대가를 지불하고 인질을 구하려는 것을 '회피' 전략이라고 볼 수 있다. 반면 탈레반의 입장에선 인질 살해가 '돌진', 무조건적 인질 석방은 '회피' 전략에 해당된다.

애초 아프간 인질사태의 경우 3가지의 결과가 추론 가능했다.

❶ 한국 정부가 돌진, 탈레반은 회피 전략을 택하는 경우이다. 이 경우 한국 정부는
   큰 대가 지불 없이 인질을 구할 수 있다.
❷ 탈레반이 돌진, 한국 정부가 회피 전략을 택하는 경우이다.
❸ 양쪽 모두 돌진해 인질도 살해되고 탈레반도 섬멸되는 경우이다.

이 가운데 우리 정부가 취한 선택은 이미 알려진 바와 같이 ❷였다. 즉, 탈레반은 자신들이 원한 모든 것을 얻은 반면, 한국 정부는 탈레반의 요구 사항을 수용하는 대신 인질을 구했다. 최악의 상황인 ❸은 피했지만, 최선의 결과라 할 수 있는 ❶은 분명 아니다.

● 게임이론으로 본 탈레반과의 협상

		한국	
		돌진	회피
탈레반	돌진	인질 구출작전, 인질·탈레반 대거 사망 가능성	한국 정부가 직접 협상. 완전 철군 등 탈레반 요구사항 수용(한국 敗, 탈레반 勝)
	회피	대가 없이 인질 구출(한국 勝, 탈레반 敗)	가능성 없음.

출처) 조선일보(2007.9.8)

원칙은 고수한다!

치킨게임에서 이기기 위한 최선의 전략은 게임 전에 자신은 절대 핸들을 돌리거나 브레이크를 밟지 않는다(돌진한다)는 것을 상대방이 '믿게끔 만드는' 것이다. 이를테면, 핸들이나 가속페달을 아예 고정해 시켜버리는 것이다. 이를 게임이론에선 '신빙성 있는 위협(credible threat)'이라고 한다.

그러나 인질사태 초기부터 한국 정부는 서둘러 아프칸 철군 계획을 발표하고, 직접 협상을 추진했다. 다시 말해, '회피' 전략을 추진할 것이라는 것을 너무 조급히 상대방에게 보여줬다. 반면 탈레반 측의 '신빙성 있는 위협' 전략은 한국 정부를 압박(인질 2명 살해)하면서 그대로 먹혀들었다.

지난 협상 결과의 또 다른 문제점은 '반복게임(repeated games)' 이론으로 설명할 수 있다. 반복게임이란 문자 그대로 한 번 하고 영원히 끝나는 게임이 아니라, 반복해서 일어나는 게임을 말한다.

반복게임에서 유리한 고지를 점령하려면 자신에게 유리한 평판(reputation)을 쌓는 것이 대단히 중요하다. 예를 들어, 로마가 한번이라도 패한 경험이 있는 적(敵)에게는 끝까지 보복해 섬멸시킨다는 평판을 쌓음으로써 상대방의 도발 의지를 꺾어 놓은 것이 대표적이다.

미국이 수많은 테러와 전쟁에 개입하면서도 '테러범에 양보는 절대 없다.', '미군의 시체

(유골)는 반드시 찾아온다.'는 원칙을 고수하는 것도 이런 맥락에서다.

　　탈레반과의 협상에서 보여준 우리 정부의 태도는 테러집단에게 지레 겁먹는, 즉 '치킨'이라는 불리한 평판을 심어준 꼴이 되었다. 전 세계 테러집단들에 한국인 인질을 잡는 것이 자금 확보에 도움이 될 수 있다는 메시지를 던진 것과 같은 진배없다.(조선일보 (2007.9.8)를 가필 수정)

03

Marketing
arketing

마케팅

마케팅이란 뭘까?

마케팅의 개념

하늘 아래 '새로운 것'은 없다.
하지만 그 아래 '색다른 것'은 분명 존재한다.
이게 바로 마케팅의 출발선이다.

마케팅의 위상

작금의 대한민국에 이런 대학생이나 직장인이 있을까?

"과거 '마케팅(marketing)'이라는 용어를 한 번도 접해본 적이 없다."

단언하거니와 그런 외계인(?) 학생이나 직장인은 없다. 혹연 존재한다면, 각종 대화로부터 따돌림을 받거나 이미 오래 전 해당 직장에서 방출되었음이 분명하다. 주변에서 접하는 이런 주장(대화)들은 어떤가?

"마케팅 전략에서 뒤졌다."

"기술이 아니라 마케팅이다!"

"마케팅 부문을 더 활성화시켜야 한다."

이제 마케팅은 직장인들의 대화 속에 가장 빈번히 등장하는 용어가 되었다. 매월 발간하는 사보에도 투자 요청서에도 기획서나 결재(회람) 서류에도 마케팅이란 단어는 빠지지 않는다. 식사 시간을 쪼개 들린 지하 서점에서도 별도의 마케팅 코너는 쉽게 발견할 수 있다.

사실 '마케팅'만큼 언제 어디서나 수많은 사람들의 입에 아주 자연스럽고 친숙하게 회자 (膾炙)되는 용어도 드물다. 게다가 수많은 용어들의 전후에 떼었다 붙였다 그 조합도 자유롭다. 마치 어떤 옷을 입어도 잘 맞는 옷걸이의 소유자가 마케팅이다.

이런 마케팅에 대해 휴렛패커드(HP)의 창업자 가운데 한 사람인 '데이빗 패커드(David Packard)'는 일갈(一喝) 했다.

> **"마케팅은 너무나도 중요한 사안이므로 마케팅 부서만의 전담 사안이 아니라, 기업**
> **의 CEO를 포함해 모든 부문의 구성원들에게 필요한 것이다."**
> (Marketing is far too important to leave to the marketing department.)

전적으로 동감이다.

이제 우리 일상에서 마케팅은 벗어 던지려야 던질 수 없는 너무도 가깝고 소중한 편의품 (便宜品)이 되었다.

그럼에도, "마케팅이 뭘까?"라는 물음에 당당히 대답할 수 있는 이가 그리 많지 않은 까닭은 어째서 일까? 절대적인 개념 정의(定意)가 없어서 일까?

사람들의 입에 떠올리는 수만큼이나 대답이 다양해서 일수도, 시장 환경의 변화에 따라 달리 표현될 수도 있기 때문이다.

본시 '마케팅'이라고 하는 말은 시장에서 거래행위를 한다는 의미의 동사(動詞) '마켓 (market)'으로부터 파생된 동명사(動名詞)로, 20세기 초 미국에서 처음 만들어지고 사용되기 시작했다.

이 당시 미국은, 산업혁명을 통해 선진공업국이 되었던 영국이나 독일, 프랑스와는 달리 식민지를 갖고 있지 않아 해외에 시장이 없었다. 그런 가운데 미국 내 공산품의 생산력이 높아져 생산과 소비의 균형이 무너지면서 시장점유율을 둘러싼 기업 간 판매경쟁이 날로 격화되기 시작했다.

기업의 생산력이 향상돼 소비 규모를 상회하게 되었고, 이에 재고(在庫)를 떠안게 된 기업은 어떤 수단을 강구해서라도 그 재고를 소진시켜야 했다. 이를 위해서는 시장점유율 확대를 위한 전략적인 판매활동과 수요를 창출할 수 있는 새로운 경영기법의 필요성이 대두되었다. 그러한 가운데 고안된 경영기법을 '마케팅'이라는 지칭하게 된 것이다.

때문에 그 개념은 대단히 난해할 것처럼 보이나 실상은 간단하다. 우리 기업에 충성도 (loyalty)를 가진 고객을 늘려 보다 높은 가격의 다양한 제품 및 서비스를 계속 구매도록 하는 일련의 활동이 바로 마케팅이다.

"경제학 콘서트"의 저자 '팀 하포드'는 스타벅스 커피 값이 비싼 것은 어떤 이유에서든 기꺼이 그 값을 치르려는 고객이 있기 때문이라고 했다. 마케팅은 그런 고객을 가급적 많이 오랫동안 창출하려는 기업의 치열한 활동이다.

또한 마케팅의 본거지 '시장(market)'을 재화나 용역(서비스)을 판매하려고 하는 사람들과 이를 구매하려는 사람들을 연결시켜주기 위해 오프라인(off-line) 상에 존재하는 유형(有形)의 공간이라고만 생각해선 곤란하다. 고객의 머릿속에 존재하는 무형(無形)의 공간도 더 없이 소중한 시장이다.

옷에 대한 고객의 머릿속을 들여다보자.

어제는 분명 몸매를 '가리기 위해' 옷을 입었다. 하지만 오늘은 S라인의 한 몸매를 '드러내기 위해' 옷을 입을 수도 있다. 이러한 이중성(二重性)이 바로 인간의 머릿속이다.

더불어 마케팅은 약방의 감초(甘草)다. 이게 빠지면 더 이상 한약이 아니다. 기업은 물론 대학, 병원, 교회, 클럽 등 두 사람 이상이 모여 보다 높은 부가가치를 꿈꾸는 조직이라면 필연적으로 요구되는 것이 다름 아닌 마케팅이다.

마케팅의 정의

마케팅의 절대적인 정의(定意)는 없을 지라도, 마케팅 관련 단체가 내리고 있는 정의에 대해서만큼은 알아두는 것이 좋겠다.

'미국 마케팅협회(AMA)'는 지난 2004년 8월 그 동안의 정의를 버리고 새롭게 마케팅에 대한 정의(definition of marketing)를 내렸다.

> "마케팅이란, 조직과 그 이해관계자 모두에게 이익이 되도록 고객에 대한 가치를 창조하고 전달하고 그리고 제공하며, 고객과의 관계를 구축하기 위한 조직적인 기능과 일련의 과정이다."

(Marketing is an organizational function and a set of processes for creating, communicating and delivering value to customers and for managing customer relationships in ways that benefit the organization and its stakeholders.)

AMA의 새로운 정의는 19년 만에 개정한 것으로, 마케팅은 조직의 한 기능과 일련의 프로세스로 정의하고 마케팅의 영역을 가치라는 개념 도입과 함께 기존의 4P보다 한층 포괄적인 영역으로 확장하고 있다. 이 새로운 정의에서 특이한 것은 고객지향으로 무게중심이 옮겨가고 있다는 사실이다.

그 이전의 정의는 1985년에 개정된 버전으로 마케팅 입문서 등에 흔히 볼 수 있는 제품, 가격, 촉진, 유통의 마케팅 믹스(4P)의 핵심을 포함하고 있었다. 물론 그렇다고 4P의 의미가 퇴색되거나 하지는 않는다.

AMA에 따르면, 마케팅의 정의가 처음으로 등장한 것은 1935년이었다. 그 이후로부터 1985년 개정하기까지 무려 50년간 최초의 정의가 계속 사용되어 왔다.

그러던 것이 2004년 새롭게 정의를 개정하게 된 것은 시장 환경의 급격한 변화가 개정 필요성을 절감했기 때문인 것으로 풀이 된다. 이를 테면, 인터넷의 침투 및 보급으로 인해 원투원 마케팅(one to one marketing)과 e-메일 마케팅, CRM, 유비쿼터스(ubiquitous) 등이 대표적이다.

지난 20세기 마케팅은 매스 마케팅(mass marketing)이 중심이었다. 반면 21세기는 매스의 대응 개념이라 할 수 있는 '개별(one)'이 중시되고 있다. 그것은 이번 정의에 포함된 단어를 통해서도 확인이 가능하다. 특히, '고객'이나 '가치', '관계' 등 모두 개별 고객을 지향하는 마케팅에 결여되어서는 안 될 핵심 단어들이다.

그래 '마케팅'은 이렇게 정의될 수 있겠다.

"현재 시장(market)에서 이루어지고 있는 상황(ing)을 자사의 경쟁우위 획득으로 연결될 수 있도록, 그 선결 과제인 고객만족(customer satisfaction)을 위해 최상의 '가치(value)를 제공'하는 것이다."

아울러 그러한 활동은 관련 기업의 '이익 창출과 경쟁력 향상'으로 직결되어야 하며, 동시에 고객과의 '관계(relationship) 향상'을 통해 보다 높은 고객만족을 달성할 수 있어야 한다.

마케팅과 종착역

마케팅은 그 성격상 남녀 간의 사랑 방정식과 매우 닮아있다.

지난번 동아리 모임에 참석했다가 당신은 한 여성에게 흠뻑 빠졌다. 그런 당신이 그녀를 연인으로 만들기 위해 가장 먼저 취해야 할 것은 무엇일까? 그건 분명 그녀가 어떤 사람인지 구체적인 신상 파악이 첫걸음이다.

> "어디에 사는 누구일까?"
> "어떤 일을 하고 있을까?"
> "남자 친구는 있는지?"
> "취미나 좋아 하는 것은 뭘까?"
> "외모만큼이나 성격도 좋을까?"
> "가족 사항은 어떻게 될까?"

그녀에 관한 정보라면 어느 것 하나 놓치고 싶지 않다. 물론 겉모양만 빤지르르할 뿐 속은 완전 불량품이거나 쇼퍼홀릭(쇼핑에 푹 빠진 사람)이라면 박봉에 큰일이다. 그래 영 아니다 싶으면 과감히 접는 센스도 물론 중요하다.

그녀를 둘러싼 각종 정보를 입수하였다면, 이를 기초로 태고(太古)적 당신이 잃어버린 다른 짝, 즉 궁합이 맞을 것인지 여부도 짚어본다. 여기까지 이르렀으면 이번엔 어떤 방법을 활용해 그녀에게 당신의 존재를 알릴까에 초점을 맞춘다.

운 좋게도 당신의 지인(知人) 가운데 그녀와 친분을 가진 이가 있다면 졸라 소개를 받을 수도 있고, 도저히 상황이 받쳐주지 않는다면 직접 들이대는 방식으로 만남을 이끌어 낼 수도 있다.

만남이 이뤄졌다면 이젠 그녀에게 당신이 특별한 존재로 부각될 수 있게끔 적극 어필해야 한다. 이를 테면, 그녀가 유머를 가진 남자를 유난히 좋아한다면 당신의 유머서러움을 앞세워야 할 것이고, 머리가 좋은 사람을 원한다면 지식과 교양을 갖춘 남자임을 시종일관 보여준다. 또 그녀가 '남자는 돈이 있어야 한다.'는 경제적 여유를 교제의 첫 번째 조건으로 꼽는다면 조금 뻥도 치면서 그에 걸 맞는 행동을 곁들여야 할 것이다.

위와 같은 과정을 밟는 도중 그녀에게 접근하려는 수컷들의 움직임에도 경계를 늦춰서는 안 된다. 만약 그런 수컷이 포착되었다면, 당신이 얼마나 힘(경쟁 우위)이 강한지를 보여줘 스스로 발을 빼도록 만든다. 은연중 협박이 필요할지도 모른다. 그러면서 그녀에겐 다른 수컷과 당신을 비교하는 것은 무의미한 일임을 각인시킨다.

이처럼 그녀의 취향에 맞춰 자신을 연출함으로써 당신이 대단히 특별한 존재라 인식시킨다면, 애초 의도한 당신은 목적은 무난히 달성할 수 있다.

하지만 제아무리 상대의 심장에 사랑의 화살을 쏘아 명중시켰다 할지라도, 이것으로 서로의 사랑이 굳혀졌다 판단한다면 그건 큰 오산(誤算)이다.

하여간 세상에 존재하는 수컷들이란 다분히 원초적 본능의 소유자가 대부분이다.

여자를 꼬실 때는 맨날 전화에다 문자메시지, 싸이에 글 남기고 선물 공세 펼치며 공주처럼 떠받들다 일단 '얘는 이제 내 꺼!'라는 확신이 설 무렵부터 여자는 낚시 줄에 걸려던 영락없는 참붕어 신세가 된다. 한 마디로 이런 심보일 게다.

"낚은 고기에 공을 왜 들여!"

허나 그녀 또한 한 남자에 목말라 하는 낡은 여자는 아니다. 때문에 이런 구태의연한 생각의 주인공이라면, 그녀의 마음속에서 당신의 흔적을 지우는 것은 오로지 시간의 문제일 뿐이다. 이 무렵 당신보다 훨씬 매력적인 수컷이 나타나 그녀를 흔들곤 채갈지도 모른다.

그녀는 평소 내가 찾던 이상형이라 확신된다면, 쉽사리 파투(破鬪)를 못내는 제도적 규제를 동원한다. 즉, 결혼이라는 일대 이벤트를 통해 애정의 끈을 단단히 엮는다. 그런 다음 행복(happy)이 그녀와 늘 함께 하도록 세심한 배려를 기울여야 한다. 애시 당초 사랑에 종착역을 기대했다면 그건 당신의 황홀한 착각이자 오만한 사치일 따름이다.

어둠 속에서도 불빛 속에서도 변치 않는
사랑을 배웠다 너로 해서

> 그러나 너의 얼굴은
> 어둠에서 불빛으로 넘어가는
> 그 찰나에 꺼졌다 살아났다
> 너의 얼굴은 그만큼 불안하다

위의 시(김수영의 '사랑'에서)처럼 사랑이란 늘 불안하다. 불안하지 않으면 사랑이 아닌 것이다. 마케팅 활동 또한 사랑과 그다지 다르지 않은 듯싶다.

이름만 대면 누구나 알고 있는 세계적 기업들이 끊임 없이 광고비에 막대한 비용을 쏟아 붓는 것도 이러한 이유 때문이다. 잠시라도 딴 생각을 하거나 방심을 하게 되면 그 동안 쌓아올린 공든 탑이 한 순간에 물거품이 될 수도 있다. 고객을 우리 편으로 끌어들이기란 그 만큼 험난하고 고통스러운 법이다.

아래 내용의 스팸 메일을 수차례 받은 적이 있다. 매번 곧바로 지워버리다 하루가 멀다 하고 '마케팅의 어려움을 해결해준다.'는 제목으로 날아들기에, '혹시 알아 내가 모르는 비법이라도 있을지!'하는 싸구려 공짜 심리에 이끌려 클릭.

> (중략) 아이템은 좋은데 마케팅 때문에 고민이세요?
> 방문자가 없어서, 매출이 없어서 고민이세요?
> 비용은 비싼데 효과가 없어서 고민이세요?
> 이젠 이런 고민을 싸악 해결해 드립니다.
> 방문자가 너무 많아서 홈페이지가 차단이 될 수도 있습니다.
> 행복한 비명을 지를지도 모릅니다.
> 그동안의 성공사례 및 검증/확인 가능한 확실한 해결책을 제시해 드립니다.

제자리를 맴도는 매출액으로 마음고생이 심한 자영업자나 중소업체 사장이라면 '혹(?)' 하는 마음을 가질 수도 있다. 지푸라기라도 잡고 싶은 게 물에 빠진 사람의 심정이 아니던가.

허나 스팸 메일은 어디까지나 쓰레기 메일 일뿐 그 이상도 이하도 아니다. 그리고 누구에게나 처방 가능한 이른바, 보편타당한 마케팅 방법(전략)은 세상에 있어서도 있을 수도 없다.

" 시장의 본 모습은 어떨까?

시장의 본질 "

시장에 제품을 판매하려고 할 때 가장 중점을 둬야 할 사안은 무엇일까?

생산 담당자 왈, "대량생산을 통한 고품질 저가격으로 시장을 획득하자!"

R&D 담당자 왈, "우리의 뛰어난 기술력으로 한판 승부를 벌이자!"

영업 담당자 왈, "지금껏 쌓아온 탄탄한 영업력에 승부를 걸자!"

어느 쪽의 주장이든 모두 옳다. 그래서 기업의 CEO가 어느 쪽에 손을 들어주던 그것은 그 기업의 자유다. 그러나 마케팅을 담당하거나 잘 이해하고 있는 사람이라면 이렇게 주장할 것이다.

"소비자가 진정으로 원하는 것이 무엇인지 파악한 후, 그 소비자를 만족시킬 수 있는 제품을 만들어 판매하자!"

시장의 본질

"우리 회사 제품은 기술 및 디자인 측면에서 뛰어나고, 게다가 품질 또한 우수해 시장에 내 놓기만 하면 공전의 히트를 칠거야!"

많은 기업의 경영자나 기술자(개발자)들이 오해하고 있는 대표적인 논리 가운데 하나가 바로 이런 게 아닐까한다. 심지어는 마케팅 담당자들 가운데도 간혹 그런 사람이 있다.

반론 차원에서 이런 질문을 하나 던져보자.

현재 시중에서 인기를 얻고 있는 노래나 책 등이 작사, 작곡, 내용 등의 측면에서 그 인기에 견줄 만큼 훌륭하거나 충실하다고 생각해 당신은 그것을 구입하는가?

  분명 대답은 노(No) 일 것이다. 가령 책이라면 유명 서점이나 TV, 신문, 잡지 등에 베스트셀러로 소개되고 있거나 혹은 우연히 서점에 들렀다가 눈에 띄는 책을 집어 들게 되는 경우가 일반적이다. '돈'이나 '부자', '주식'에 관한 이야기, 때로는 '아침형 인간'과 같은 사회적 화두 때문에 구입하기도 한다. 이런 이유로 정말 유익하고 훌륭한 내용의 전문서적이 시시콜콜한 3류 연예기사의 주간지만큼도 판매되지 못하는 경우가 다반사다.

  "품질이 우수한 만큼 좋은 결과가 예상 된다."라거나 "기술이 뛰어나 반드시 히트를 칠 것이다."와 같은 제품지향적 사고는 특히 엔지니어들이 금과옥조(金科玉條)로 받아들이는 신념 가운데 하나다. 이것은 어떤 의미에서 지극히 건전하며 합리적인 사고임에 틀림이 없다. 하지만 오늘날의 시장 현실은 이러한 신념이 그대로 통용될 만큼 순진하지 않다.

  이처럼 시장에서 '인기(人氣) 있다는 것'과 작품성 측면에서 '우수(優秀) 하다는 것'은 일치하지 않는 경우가 훨씬 많다. 특히, 최종 소비자가 기업이나 기관이 아닌 일반 소비자인 경우에 그런 경향은 뚜렷하다.

  그럼 이번엔 제품 가격이 저렴하면 인기는 올라갈까? 솔직히 가격이 저렴하다는 것은 소비자들의 입장에서 보면 구미가 당기는 얘기다. 그러나 이게 다는 아니다.

  우리 경제가 불황에 신음을 하고 있는 가운데도 소비자들의 고급지향적인 소비패턴은 눈에 띈다. 백화점의 명품관이 붐비고, 고가의 수입 외제차가 그 어느 때보다 인기를 끌고 있다. 게다가 골프장비나 가구 등과 같은 고급 소비재의 수입은 매년 확대일로를 걷고 있다. 한 마디로, 시장 소비 패턴의 이중구조(二重構造)가 뚜렷하다.

● 다양한 마케팅 환경

출처) Kotler(1991).

그러나 단돈 1,000원짜리 균일제품을 찾는 소비자도, 고가의 수입 외제차를 찾는 소비자도 결국 이들이 원하는 것은 단 하나다. '보다 저렴한 제품'만이 아니라 '보다 만족' 하거나, 할 수 있는 제품을 고객은 찾는다는 점이다. 이게 중요한 포인트다.

당신은 오늘 새로이 자동차를 한 대 구입했다. 이 경우 분명한 것은, 3만여 가지의 부품으로 이루어진 승용차 그 자체를 원했기에 자동차를 구입하지는 않았다. 새로운 자동차를 통해 느낄 수 있는 편의성과 시간절약, 위상(시선) 등을 원했던 것이다. 다시 말해, '만족(satisfaction)'을 원했던 것이다. 그렇지 않은가?

지각품질

앞서 언급한 것과 마찬가지로, 한 마디로 '좋은 제품'이라고 해도 그 내용은 천차만별이며 전문가의 눈으로 본 '좋은 제품'과 대중에게 인기가 있는 '좋은 제품'과의 사이에 반드시 접점이 존재하는 것은 아니다. 전문가의 눈에는 정말 '좋은 제품'이라고 평가해도 세상엔 인기 없는 제품이 수없이 많이 존재한다.

다시 말해, 제품을 판매하기 위해서는 소비자가 인식하는 지각품질(知覺品質)도 중요하지만 그것이 제품의 객관적 품질(기술적 품질)과 반드시 동일한 것은 아니라는 점을 먼저 깨달아야 한다. 여기에는 몇 가지 근거가 있다.

▶ 소비자가 지각하는 제품의 품질에는 객관적 품질만이 아니라 제품의 브랜드와 이미지 등 보다 주관적인 품질요소가 많이 포함돼 있다.

▶ 블라인드 테스트(브랜드를 모르게 하고서 유사제품을 소비자에게 구별하도록 하거나 어느 것이 좋은지를 묻는 테스트)를 하면 종종 유사제품과 제대로 구별하지 못하는 사례로부터도 알 수 있다. 이처럼 소비자가 제품의 객관적 품질을 정확히 인식한다고는 할 수 없다.

▶ 소비자는 제품의 품질 전체에 관심이 있는 것이 아니라 종종 자신이 관심이 있는 품질(기능)에만 흥미가 있다. 그러므로 그 이외의 품질이 아무리 좋아도 그러한 품질수준은 무시되는 경우가 적지 않다. 일반적으로 사람은 모든 자극을 지각하는 것이 아니라 자신이 관심을 가지는 자극에만 지각을 하는 경향이 있으며, 이것을 '선택적 지각(selective perception)'이라 부른다. 소비자의 지각품질은 이 선택적 지각의 영향을 받는 경우가 적지 않다.

▶ 품질이나 디자인의 개량은 소비자에게 '개량'으로써 인식되지 않는 경우가 있다. 일반적으로 자극의 차이는 그것이 일정량 이상 되지 않으면 인지되지 않는다. 자동차의 경우 신차가 출시되고부터 몇 년 후 '페이스 리프트(face-lift)'를 하게 되는데, 이 경우 소비자의 눈에 기존의 자동차가 많이 바뀠음을 인식하도록 앞부분과 뒷부분 디자인을 바꾼다.
특히, 자동차의 눈에 해당하는 전조등(head light)이나 방향 지시등(turn signal lamp), 그릴(grill) 등과 같은 디자인만 바꾸어도 자동차가 훨씬 달라 보인다.

결국 엔지니어가 생각하는 '좋은 제품(기술적 품질)'과 소비자가 생각하는 '좋은 제품(지각품질)'이 반드시 같을 것이라는 편견(偏見)은 버려야 한다.

스탠포드대학 '밀러(William F. Miller)' 교수는 최근의 급속한 기술변화 및 소비자 욕구 변화를 거론하면서 기업의 연구개발(R&D) 인력도 변화해야 한다고 주장한다. 그러면서 고객의 요구와 기술적 역량을 동시에 고려한 '테크놀로지 마케팅'이라는 단어를 사용해 설명하고 있다.

요지는 공급이 수요를 앞지른 현 상황에서 시장 수요를 제대로 이해할 수 있는 R&D 인력이 기업에 절대적으로 필요하다는 것이다. 이제 엔지니어들도 시장 동향, 소비자 욕구(needs)를 제대로 읽어가며 그에 맞는 제품의 연구개발에 심혈을 기울이라는 뜻이다.

이런 주장들은 결국 마케팅을 제대로 이해하고서 제품의 연구개발에 힘을 쏟아야 한다는 것이다. 그래야 고객들이 흔쾌히 인정하고 받아줄 수 있기 때문이다.

그렇다고 '기술적으로 품질이 열악하더라도 시장에서 잘 판매만 되면 문제는 없다.'라는 식으로 넘어가서는 곤란하다. 그것은 사회 전체적으로 보자면 엄청난 마이너스 요인이기 때문이다. 기술적으로 뛰어난 제품을 창출하려고 하는 엔지니어의 신념은 우리 사회에서 당연히 존중받아야 마땅하다.

성공을 거부하는 경영자

이젠 고인이 된 경영학의 대부 '드럭커(Peter F. Drucker)'는, 그의 저서 "Nest Society"에서 벤처 경영자가 사업을 추진하는 과정에 빠지기 쉬운 함정 4가지를 들었다.

❶ 성공 거부
>> 자신이 사전에 예상한 분야 이외에서 성공한 경우, 순수하게 그 성공을 받아들이려 하지 않은 채 거부해버림으로써 장래의 성장 가능성을 막아버리는 것이다.

❷ 이익 지향
>> 기업에 있어 캐쉬 플로(cash flow)가 첫 번째이고, 이익은 두 번째라는 것을 잊어버리는 실수를 범해서는 안 된다.

❸ 매니지먼트 팀 결여
>> 사업 초창기는 경영자 혼자서 모든 일을 할 수 있었으나 점차 사업이 확대되면 곧 경영자 개인 능력의 범위를 넘어선다. 이를 위해 일찍부터 매니지먼트 팀의 육성과 강화가 필수적이다.

④ 스스로의 역할 상실

>> 시행착오를 거듭하던 사업 초창기와 일정 규모로 성장해 안정기에 도달한 시점에서의 경영자 역할은 서로 다르다. 경영자는 자신의 역할을 명확히 규명하고 불필요하다면 퇴진할 수 있어야 한다.

위의 4가지 가운데 특히 이채로운 것은 ❶에 언급한 '성공 거부'다. 아니 스스로 굴러들어 온 성공을 경영자가 발로 차버릴 수 있을까! 사운을 걸고라도 찾아나서야 할 성공을 말이다. 선뜻 납득이 가지 않는다.

쉽게 설명하자면 이렇다. 이 함정은 경영자 스스로가 주인공이라고 하는 관념이 너무 강한 나머지 빠져드는 함정이다. 시장의 주인공은 경영자가 아닌 고객임을 항상 잊어서는 안 된다.

드럭커는 이에 관한 적절한 사례도 들고 있다. 화물차용 베어링을 발명한 존 하얏트는 자신의 발명품을 가지고 철도회사를 상대로 영업을 한다. 하지만 당시 철도회사는 아무도 그 베어링을 구입해주질 않았다. 왜냐하면 차축에는 기름을 먹인 천이 채워져 있었으며, 베어링 없이도 충분히 운행이 가능했기 때문이다. 이로 인해 하얏트는 결국 파산하고 만다.

하지만 GM의 슬론(Alfred Sloan) 회장은 달랐다. 이 베어링에 주목하고서 사업권을 사 온다. 그리고 2년 후에는 자동차용으로 활용해 사업을 궤도에 올린다. 아이러니하게도 라이벌 포드가 이 베어링을 구입하는 최대 고객이 돼 GM에게 막대한 이익을 가져다준다.

당시 철도가 전성기였고 자동차 산업은 미약했다고 하는 점에서 하얏트를 변론할 여지는 있으나, 그가 진정한 벤처 경영자였다면 애초 의도한 시장에서 차질이 생겼다면 또 다른 시장으로 눈을 돌려 돌파구를 찾아야 했다. 결국 하얏트는 성공을 거부하는 형태의 경영을 한 것이다. 한 마디로 마케팅을 몰랐던 것이다.

이에 대해 드럭커는 지적한다.

"발명과 제품의 대부분은 애초 의도한 곳과는 다른 곳에서 성공한다. 하지만 많은 경영자가 시장보다 자신을 과신(過信)했기에 사라져가고 있다."

" 우리 고객은 어디의 누구인가? "

STP 전략

S = 세그먼테이션 (시장을 세분화한다)

T = 타켓팅 (표적시장을 선정한다)

P = 포지셔닝 (제공하는 제품 및 서비스 가치의 위치를 결정한다)

STP의 정의

깊은 밤 남산 정상에 올라 아래를 향해 엽총(산탄총)을 마구 갈겨대고는, 그 탄환에 고객이 '맞아도 팔자! 안 맞아도 팔자!'라는 식의 논리로 시장 공략에 나서면 될까?

이른바 B29식의 무차별 폭격은 기업의 자원 낭비는 물론 이미지 훼손으로 이어지기 쉽다. 시장 공략에는 양(quantity)이 아니라 철저히 질(quality)을 추구해야 한다.

더불어 기업이 가지고 있는 모든 자원(인재, 기술, 에너지, 자본 등)에는 한계가 있다. 무차별 식으로 뿌려질 만큼의 경영자원은 어디에도 없다.

그럼, 주어진 경영자원을 효율적으로 활용하기 위한 구체적인 대안은 뭘까? 그것은 바로 고객을 분류해 접근해야 한다는 것이다. 모두를 고객으로 생각했다간 아무도 고객이 아닐 가능성이 높다.

마케팅 활동 가운데 중요한 것은 여전히 충족 혹은 개척되지 못한 수요를 발견하고 그것을 충족시켜줌으로써 고객만족을 제공하는 하는 것이다.

고객이 모여 있는 곳이 시장이다. 흔히 '시장을 개척한다!'는 표현을 곧잘 사용하는데,

불모지 마냥 막연하게 시장이 존재하는 것은 아니다. 충족되지 못한 상태를 느끼는 각각의 사람들이 있으며 이런 사람들이 모여 시장이 형성된다.

단적으로 시장(市場)이라고 해도 모두 동일한 것을 가리키는 것은 아니다. 부자와 빈자, 직장인, 주부, 공무원, 대학생, 고등학생, 중학생, 초등학생, 유치원생, 고령자, 독신자 등 다양한 입장을 가진 사람들이 있으며 각각 충족되지 못한 상태, 즉 수요가 각기 다르다.

고객의 수요를 만족시키려 해도 대한민국 5,000만 국민들의 구미에 맞는 제품과 서비스를 준비해 제공할 수는 없다. 그렇기 때문에 어떤 고객 그룹에게 만족을 제공할 것인지를 명확히 하는 것이 무엇보다 중요하다.

다른 말로 하자면, 모든 고객에게 주목을 받을 수 있는 새로운 제품이란 있을 수 없다. 고객은 제각기 다른 특성을 가지고 있기 때문이다.

그래서 애써 개발한 제품을 고객에게 알려 판매로 이어질 수 있게 하기 위해서는 보다 체계적으로 고객과 시장에 접근해야 한다. 그 체계적인 기법이 바로 'STP'이다.

STP의 핵심은 먼저 시장을 자세히 세분화(Segmentation)하고, 표적을 세분화된 시장의 어느 쪽인가에 맞추어(Targeting), 경쟁 제품에 비해 우리 기업의 제품이 한 눈에 띄어 상대적 우위를 차지할 수 있도록 포지셔닝(Positioning)을 하는 것이다.

STP 과정을 순차적으로 거침으로써 혹시라도 놓치기 쉬운 중요한 핵심사항들을 빠짐없이 체크할 수 있다. 그로 인해 신제품을 도입 시 자사가 나아갈 방향성은 물론이고 신제품 개발 직전에 체크 리스트로도 활용할 수 있다.

시장 세분화(S)

시장은 다양한 연령, 직업, 수입, 가치관, 태도, 행동 등을 가진 다수의 고객으로 구성되어 있다. 기업은 시장 전체를 고객으로 생각해 획일적인 제품 개발을 추진하기 보다는 자기 제품을 보다 강렬히 원하는 소비층에 대해 마케팅 노력을 집중하는 편이 분명 합리적이다.

고객의 집합체인 시장을 수요의 상이(相異)에 따라 몇 가지 그룹으로 나누는 세분화 작업을 한다. 그 세분화가 '세그먼테이션(Segmentation)' 그리고 세분화된 그룹을 '세그먼트(Segment)'라고 부른다.

▶ 인구 기준 : 연령, 성별, 소득, 학력, 직업, 인종, 종교, 가족수 등 고객 개인의
　　　　　　기본적인 속성의 차이에 근거한 분류 기준

▶ 지리 기준 : 국가, 지역(행정구역), 지방, 도시, 농촌, 인구밀도, 기후 등 지리
　　　　　　상의 차이에 근거한 분류 기준

▶ 심리 기준 : 성격(보수 vs 진보, 사교적 vs 비사교적, 권위주의 vs 자유분방
　　　　　　등), 라이프스타일(활동, 관심사항, 의견 등) 등 고객의 사고나 가
　　　　　　치관의 차이에 근거한 분류 기준

▶ 행동 기준 : 기존 제품의 구매량과 구매빈도, 광고와 가격에 대한 고객 반응 정
　　　　　　도, 브랜드 충성도 등의 차이에 근거한 분류 기준

　일반적으로 이러한 기준을 조합해 적절히 세분화된 그룹을 추출하고, 이를 통해 바람직한 시장 반응을 취합할 수 있다. 다만, 지나친 세분화로 인해 추출된 그룹의 규모가 지나치게 작아서는 안 된다.

● 시장 세분화의 예

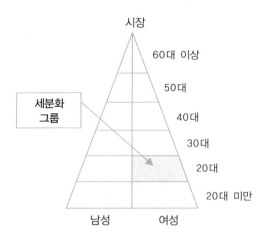

표적시장(T)

앞서 시장 세분화를 통해 몇 가지 그룹이 만들어지면 기업은 어느 세분화 그룹(Segment)에 표적(標的)을 맞추고 어떻게 공략할 것인지 제품과 마케팅 계획을 추진한다. 이것을 타케팅(Targeting)이라 부른다.

어떤 세분화 그룹에 표적을 맞출 것인가에 대한 기업의 선택에는 세 가지가 있다.

▶ 비차별 마케팅 : 세분화 된 시장의 차이를 무시한 채 전체 고객을 대상으로 하나의 마케팅 전략을 구사. 규모의 경제성을 통해 비용절감에 기여함.

▶ 차별화 마케팅 : 복수의 표적시장을 선정해 각 시장에 적합한 마케팅 전략을 구사. 많은 종류의 제품과 다양한 마케팅 수단의 개발 및 관리로 인해 거액의 비용이 소요됨.

▶ 집중 마케팅 : 하나의 세분화 된 시장만을 표적으로 삼아 집중적으로 마케팅 활동을 전개. 가장 일반적인 타입이라 할 수 있음.

● 집중 마케팅의 예

더불어 어떤 세분화 그룹을 표적으로 삼을지를 검토할 때, 기업은 아래와 같은 내용을 구체적으로 따져보아야 한다.

▶ 시장 규모와 성장 : 세분화 시장의 매출액, 성장성, 수익률 등의 잠재력이 높음.

▶ 경영자원 : 세분화 시장을 공략할 수 있는 기업의 자원 보유.

  (제조능력, 물류시스템 등)

▶ 기업목표 : 기업의 목표와 세분화 시장의 성격이 일치.

  (기업의 전략 및 재무 상 목표)

▶ 경쟁정도 : 표적시장 다음 단계인 포지셔닝에서의 경쟁 우위도 고려한 경쟁 평가.

지금까지 많은 기업들이 틈새시장(niche market)을 표적시장으로 해 성공하고 있다. 틈새시장은 경제적인 보상도 클 뿐만 아니라 잠재 매력이 매우 높은 소규모 시장을 말한다.

포지셔닝(P)

STP의 마지막 단계가 제품 '포지셔닝(Positioning)'이다. 선정된 표적시장에 대해 기업은 경쟁기업 제품이 제공하는 가치와 우리 기업 제품이 어떻게 다른지를 검토한 후 시장 내에서의 전략적 위치를 명확히 할 수 있어야 한다.

예컨대, 기업은 자사 제품의 위치를 잠재고객의 머릿속에 정확하게 심어주어야 한다. 그저 그런 성능을 가진 제품(저가격)인가? 아니면 우수한 성능을 가진 고급품(고가격)인가? 기능적인가? 호화스러운가? 이런 식으로 자사 제품에 대한 고객의 인식(이미지)을 통해 위치 선정이 이루어져야 한다.

물론 고객의 머릿속에 그려지는 자사 제품의 위치가 구매 시 유리한 방향으로 자리매김 할 수 있도록 해야 한다. 가령 부정적이고 흐릿한 이미지라면 시장에서의 싸움은 이미 끝난 것이나 다름이 없다.

예를 하나 들어보자. 쌍용자동차의 '렉스턴' 출시 초기의 광고를 보면 참으로 건방지고 도도하기 짝이 없다.

"대한민국 1%!"

　이것을 풀이하자면, '대한민국의 1% 고객만이 탈 수 있는 고급 RV'가 바로 렉스턴이라
는 것이다. 대한민국 1%라는 것을 강조함으로써 렉스턴의 포지셔닝은 아무나 탈 수 없는
'고급 RV'로 자리매김할 수 있었다.

　일반적으로 제품 특성을 2차원 그림(positioning map) 위에 그 위치를 설정해 포지셔닝
을 하게 된다. 이런 그림을 통해 현재 우리 기업이 제공하는 가치가 경쟁기업에 비해 어떻
게 다른지를 확인할 수 있다. 이 때 다음과 같은 점을 충분히 살펴보아야 한다.

> ▶ **경쟁 제품의 포지셔닝**
> ▶ **고객의 구입동기**
> ▶ **제품의 특성**

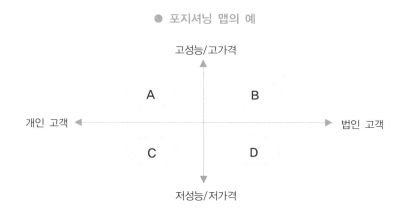

● 포지셔닝 맵의 예

　이상과 같은 일련의 과정을 지칭해 STP 마케팅이라 부른다.

　STP는 어디까지나 일반적인 순서이며 제품개발 단계서부터 고객에게 제공하는 가치, 즉
포지셔닝이 결정되어 있는 경우도 있다. 가령, 에쿠스나 체어맨이라면 개발 당시부터 고소
득층을 대상으로 한 고급차로, 마티즈나 모닝이라면 저소득층이나 젊은층, 주부를 상대로
한 보급형 자동차로 포지셔닝 되었다. 마케팅이 성공하려면 우선 철저한 STP가 이루어져
야 한다.

" 마케팅의 믹스(4P)가 뭐지?

4P의 이해
"

STP 전략이 완성되었다면, 이번엔 여기에 적합한 4P를 제공해야 한다.
즉, 무엇을 얼마에 어디에서 어떻게 판매할 것인지를 잘 따져보는 것이다.

마케팅 믹스(4P)

"The purpose of a business is to create a customer."
(비즈니스의 목적은 고객 창출에 있다.)

"Business has only two basic functions: marketing and innovation."
(비즈니스의 유일한 두 가지 기본 기능은 마케팅과 혁신이다.)

경영학의 거두였던 드러커의 말이다. 그의 금언(aphorisms)은 마케팅이 얼마나 중요한지를 몸에 전율이 흐를 만큼 실감나게 지적한다.

이런 마케팅의 진정한 목적은, 고객들이 우리 기업의 제품 및 서비스에 대해 애정(충성도)을 표시하며 계속 구매도록 하는 체계를 만드는 것이다. 이를 실현하기 위해 요구되는 것이 바로 '마케팅 전략'이다.

마케팅 전략의 핵심요소는 '4P'다. 한번쯤 들어본 말일 것이다.

4P란, 제품(Product), 가격(Price), 유통경로(Place), 판매촉진(Promotion)으로 알파벳 첫머리에 나오는 P에서 따온 것이다.

미국 마케팅 학자 '매카시(Jerome McCarthy)'가 지난 1960년에 제창한 것으로, 이래 전 세계 마케터(marketer)들은 이 개념과 동고동락 해왔다.

그래서 마케팅을 공부한다는 것은 다름 아닌 4P를 공부하는 것이다. 4P는 마케팅의 기본 골격이자, 기업이나 조직 등에서 마케팅 전략을 추진할 시 핵심이 된다. 이 4P는 '마케팅 믹스(marketing mix)'로도 불린다.

마케팅 전략을 성공으로 이끌기 위해서는 먼저 4P를 어떤 식으로 조합할 것인지가 대단히 중요하다. 기업이 시장과 접하는 유일한 통로는 '제품(서비스)' 이외에 아무 것도 존재하지 않는다. 기업은 생사를 걸고 기업이 가진 모든 것을 표출하는 매체로써 제품을 만들어야 한다.

● 마케팅 믹스(4P)

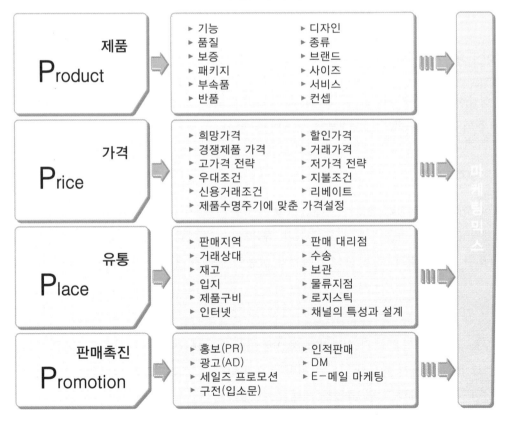

특정 제품이 소비자의 주목을 받고 있다는 것은, 그 제품의 품질만으로 모든 게 결정되는 것은 아니다. 가령 소비자가 그 제품을 '품질이 우수한 제품'이라고 인식했다고 할지라도 그 가격이 너무 높다거나 혹은 너무 낮다거나(가격전략), 제품을 입수하기가 너무 어렵다거나(유통전략), 경쟁기업의 광고 이미지가 좋다고(프로모션전략) 하게 되면 소비자는 얼마든지 다른 제품을 선택할 수 있는 것이다.

4P를 '자동차'로 설명해 보자.

> ▶ Product(제품 및 서비스) = 자동차(중대형)
> ▶ Price(가격) = 3,500만원
> ▶ Place(유통) = 직영점 혹은 대리점
> ▶ Promotion(판매촉진) = 신문, 잡지, 라디오 및 TV 광고

4P의 조합

성공적인 마케팅 전략을 펼치기 위해서는 4P의 효율적인 조합과 그 무게 중심을 어디에 둘 것인지를 세부적으로 따져보고 추진해야 한다.

● 제품에 초점

현 시장에서 완전히 새로운 형태의 제품이거나 기술, 기능을 갖추고 있다면 제품 자체에 마케팅 활동의 초점을 두어야 할 것이다. 하지만, 근래 제품 간 기술 및 성능에 명확한 우위나 차별성이 없어 제품 중심의 마케팅 활동엔 한계가 있음을 잊어서는 안 된다.

● 가격에 초점

무소불위의 권력을 가진 선발자가 시장에 이미 진입해 있고 관련 제품이 성숙단계로 접어들고 있다면 가격에 초점을 두는 전략이 효과적이다. 그러나 당초부터 제품 가격이 저렴하다면 가격을 내려도 별 효과를 기대할 수 없다.

● 유통경로에 초점

근래 들어 유통경로 개척과 확보는 마케팅 전략의 시작과 끝이라 할 만큼 대단히 중요해지고 있다. 때문에 유통경로가 치밀하게 구축돼 있다면 마케팅 전략은 엄청난 잠재역량을 가졌음을 의미하며, 반대로 그렇지 못한 경우는 몸의 혈액이 제대로 돌지 않아 곧 빈사상태로 전락할 수 있음을 얘기한다. 그래 차별화가 곤란한 제품이라면 유통경로에 초점을 맞추는 쪽이 훨씬 효과적이다.

● 판매촉진에 초점

경쟁 상대와 비교해 제품이나 가격, 유통경로에 큰 차이를 발견할 수 없다면 마지막으로 추진할 수 있는 전략이 바로 '판매촉진'이다. 이런 이유로 4P 가운데 근래 판매촉진의 비중이나 역할이 점점 더 부각되고 있다.

작금의 기업이라면 제품(Product)에 관한 기본적인 능력(기능 및 성능)은 이미 충분히 갖춰져 있다고 봐도 무방하다. 따라서 제품을 제외한 나머지 3P를 어떤 식으로 규정하고 조합할 지에 마케팅의 승패가 결정된다고 해도 과장은 아니다.

● AIDMA 모델

소비자 행동	구매 프로세스
Attention(주목)	인지
Interest(흥미)	이해
Desire(욕구)	호감
Memory(기억)	평가
Action(행동)	의사결정

한편, 판매촉진 시 무엇보다 소비자의 구매행동을 자극할 수 있는 프로세스를 이해할 필요가 있다. 이것을 AIDMA모델이라 부른다. 통상적으로 소비자는 어떤 제품과 서비스에 주의하면서(Attention), 흥미를 가지고(Interest), 원하는 욕구가 환기되어(Desire), 그 욕구가 기억(Memory)으로 형성돼 최종적으로는 구매행동(Action)으로 이어진다.

어떤 제품이 소비자에게 부각되고 깊이 인식되기 위해서는 품질은 물론이거니와 가격, 경로, 촉진 등의 요소가 무엇보다 중요하다. 아무리 제품이 우수하다고 해도 고객에게 제대로 어필되지 않는다면 결코 판매로 연결되지 못하기 때문이다.

4C의 등장

한편으론 4P라는 분석 도구에 대해 의문을 던지는 이들도 적지 않다.

마케팅의 구루라 불리는 코틀러(Philip Kotler)가 대표적이다. 그는 저서 "마케팅 프로페셔널 서비스(Marketing Professional Services)"에서 기존의 4P에다 물적 증거(Physical evidence), 프로세스(Process), 사람(People)을 추가한 7P를 제창하기도 했다.

4P라는 마케팅 믹스의 관점은, 판매자 입장에서 바라본 '판매 지향적'인 접근이므로 구매자 측의 관점인 '고객 지향적' 혹은 '마케팅 지향적'인 4C로 대체되어야 한다고 '라우턴본(Robert Lautenborn)'은 강조한다.

▶ **제품(Product) → 고객 가치(Customer value)**
>> 고객에게 차별화된 가치를 줄 수 있는지 검토

▶ **가격(Price) → 고객 부담 비용(Cost to customer)**
>> 고객이 얻게 될 효용과 가치에 비추어 가격 책정을 검토

▶ **유통경로(Place) → 편의성(Convenience)**
>> 고객이 편리하게 제품을 접하고 구매할 수 있는 체제 검토

▶ **판매촉진(Promotion) → 커뮤니케이션(Communication)**
>> 고객과 긴밀한 의사소통을 위한 대안 검토

즉, 판매자는 4P를 설정하기 전에 우선적으로 구매자의 관점에서 4C의 검토가 이루어져야 한다는 것이다. 그 4C란 고객 가치(Customer value), 고객 부담 비용(Customer cost), 편의성(Convenience), 커뮤니케이션(Communication)으로 구성되어 있다.

또 라우턴본은, 마케터가 표적시장의 고객을 4C의 관점에서 이해할 수 있다면, 4P의 설정도 훨씬 용이해 진다고 했다. 원래 마케팅이 표적시장의 이해로부터 시작되는 활동이라 본다면 그의 주장은 많은 타당성을 가진다.

얼마만큼의 부가가치를 창출할 제품(Product)을 생산할 것인지, 그 가격(Price)은 어떻게 책정해 판매할 것인지, 어느 유통경로(Place)를 통해 제품을 시장에 노출시키고, 고객에게 어떤 형태의 판매촉진(Promotion) 활동을 펼쳐나갈 것인지 하는 판단도 궁극적으로는 그 대상이 되는 시장과 고객이 결정된 이후에야 비로소 내릴 수 있다.

결국, 효과적인 마케팅 믹스를 수행하기 위해서는 고객 지향적인 관점, 즉 고객이 왜 우리 제품을 선택해야만 하는 지 그 궁극적인 이유를 기업은 설득력 있게 표현할 수 있어야 한다. 물론 쉽지 않은 과제다.

제품은 어떤 순서로 보급될까?

제품 보급 과정

저 너머 태양이 쭈뼛 얼굴을 내미는 순간, 세상은 곧바로 아침이 시작된다.
허나 제품은 세상에 얼굴을 내밀곤 한 걸음씩 순차적으로 소비자 곁으로 다가간다.

소비자란 누구?

소비자(consumer)가 누구인가? 그건 한없이 성가시고 가볍고 무례(無禮)한 존재다.

그러면서도 동일한 잣대엔 무한한 저항(抵抗)을 한다. 게다가 종종 세상 전복(顚覆)을 꿈꾸며 기업에 스트레스를 안겨준다. 그래 기업에겐 실로 버거우면서도 더없이 정성들여 보살펴야 할 존재다.

이 지구상에 없던 새로운 제품이 시장에 출현하면 소비자들이 한날한시에 그것을 구입하지는 않는다. 해당 제품의 구입에는 개개인의 성향에 따른 시간적 차이가 뚜렷이 존재한다.

신제품이 나왔다하면 곧바로 구입해 써 봐야 직성이 풀리는 사람이 있는가 하면, 주변 귀동냥을 거쳐 조금 늦게 구입하는 사람, 그리고 한참 뒤에야 겨우 구입하는 사람, 좀체 구매를 생각지 않는 사람 등 실로 다양하다. 이처럼 시장에는 각인각색의 구매 특성을 가진 천차만별의 사람들이 존재한다. 그로 인해 기업이 출시한 제품 역시 이러한 순차적 과정을 거쳐 최종 소비자에게 침투하게 되는 것이다.

특히, 국내 소비시장은 '~ 족(族)'이니 '~ 세대'니 '~ 열풍'이니 '~ 트렌드'니 하며 나날이 구체화되고 세분화됨으로써 입맛은 더욱 까다로워지고 있다. 우리 소비자들의 취향은 그만큼 민감하고 다양하다는 반증이다.

미국 사회학자 '로저스(Everett M. Rogers)' 교수는 그의 고전적 명저 "혁신의 확산(Diffusion of Innovations)"에서 새로운 제품을 채택하는 소비자의 유형(personality)을 다섯 그룹으로 나누었다.

● 이노베이터(innovators)

이노베이터(혁신적 채용자)라 지칭할 수 있는 부류는, 특정 신제품이 시장에 출시되면 재빨리 구입해 써 보아야 성이 차는 조급증의 사람들이다. 제품 자체가 새롭다는 것에 가장 많은 의미를 두는 사람이다. 그러다보니 제품에 대해 곧바로 식상하는 경향을 가지고 있다. 기업 입장에서는 어떤 고객보다 앞서 제품을 구입해준다는 측면에서 더없이 고마운 존재이기는 하나, '좋고 싫고'가 뚜렷한 이른바 까다로운 사람들이 많아 은근히 신경 쓰이는 존재이기도 하다.

그 구성 비율은 소비자 전체의 2.5% 밖에 존재하지 않는, 좋게 얘기하면 대단히 도전적인 사람들이다. 또 모험을 즐기며 신제품을 다른 사람들보다 한 발 앞서 받아들이는 것을 인생의 또 다른 즐거움으로 받아들인다.

그래서인지 가격이나 외부 평가에 대해서는 별로 관심을 두지 않는다. 구성원들은 경제적인 풍요와 높은 관련 지식을 가지고 있다는 점도 눈여겨 볼 특징이다.

● 얼리 어답터(early adopters)

신기술이나 이를 채용한 제품이 시장에 출시되면 앞서 언급한 '이노베이터'에 비해 다소 뒤지긴 하나 제품 보급 초기에 구입해 써봐야 직성이 풀리는 사람들이다. 신제품 자체가 가진 참신성만이 아니라 기존 제품이 가지고 있지 않은 특징(이점)에 대해서도 주목을 하는 사람들이 바로 얼리 어답터(초기 소수 채용자)다. 이 부류의 사람들은 사용 후 괜찮은 제품이라 판단되면 그 느낌을 온라인 혹은 오프라인에 재빨리 전파한다.

이런 특징 때문에 주변 사람의 구매행동에 직접적으로 영향을 미치는 이른바 '여론주도형 소비자(opinion leader)'라 하겠다. 로저스는 얼리 어답터를 가리켜 '존경받는 사람들'이라고까지 불렀다. 얼마나 이들의 역할이 소중했으면 그랬을까!

그런 반면에 자칫 오피니언 리더에게 나쁜 인상(비호감)을 심어주게 되면 그 만큼 타격이 커질 수 있음도 간과해서는 안 된다. 속된 말로 한 번에 갈 수 있다.

소비자 전체의 13.5%를 점하고 있으며 그 성향은 진취적 기질을 가진 현실론자라 할 수 있겠다. 또한 남들보다 한 발 앞서 관련 제품을 요모조모 따져보며 사용한 탓에 기업이 모르는 내용까지도 줄줄이 꿰고 있는 경우도 허다하다. 더욱이 이들은 교육수준이 높아 관련 지식은 물론이고 경제적으로도 여유를 가진 사람들이 대부분이다.

● 얼리 매조리티(early majority)

얼리 어답터(오피니언 리더)의 의견을 충분히 받아들인 후 신제품의 신뢰성에 'OK 사인'이 떨어지면 제품을 구매하는 유형의 사람들이다.

다시 말해, 오피니언 리더로부터 제품 평가를 듣고는 괜찮은 제품이라는 것을 확인한 이후부터 구입에 나서게 된다. 얼리 매조리티(전기 다수 채용자)로 분류되는 사람들이 본격적으로 제품 구매에 나설 경우 관련 제품은 비약적으로 시장에 보급되기 시작한다.

소비자 전체의 34.0%를 차지하며 비교적 신중한 사람들이나, 전체 소비자 평균보다 조금 빨리 새로운 제품을 받아들이는 사람이다. 신제품을 남보다 빨리 받아들이는 모험심은 적지만 그렇다고 유행에 뒤지거나 하지는 않는 사람들이다.

● 레이트 매조리티(late majority)

레이트 매조리티(후기 다수 채용자)로 분류되는 사람들은 관련 제품이 시장에 확산되고 난 이후에 이를 구매하려는 사람들이다. 즉, 일정 수준 이상으로 시장에 관련 제품이 보급되고 성능이나 기능 등에 대한 평가가 안정돼 문제점이 사라진 시점에 비로소 구입하는 이들이다.

소비자 전체의 34.0%를 차지하며 보수적인 행동을 취하고 환경변화에 대해 늘 경계를 늦추지 않는 사람들이다. 그래서 새로운 제품을 소비자의 절반 이상이 받아들이기 전까지 한 발 물러서 주시만 할뿐 스스로 움직이지는 않는다.

● 레거드(laggards)

"왜 디지털카메라나 휴대폰, MP3 따위가 필요하지?"라며 따져 묻는 이들이 바로 레거드 (채용 지연자)로 분류되는 사람들이다. 한 마디로 강한 보수 성향의 소유자들이다. 전통적 사고를 근거로 소비행동을 하기에 새로운 제품이 시장에서 너무도 당연한 것처럼 인식되는 수준까지 기다렸다 구입한다.

물론 기업들은 이런 타입의 사람들을 지나치게 의식할 필요는 없다. 그로인해 자칫 오피니언 리더나 얼리 어답터의 수요를 충족시킬 수 없게 될 수도 있다.

그 비율은 소비자 전체의 16.0%를 차지하며, 혁신이나 새로운 사물, 사고에 대해 완강히 거부하는 사람들이다. 구성원 가운데는 개인의 성향적 차이나 혹은 경제적 여유 등이 원인이 되어 신제품을 수용할 수 없는 경우도 있다.

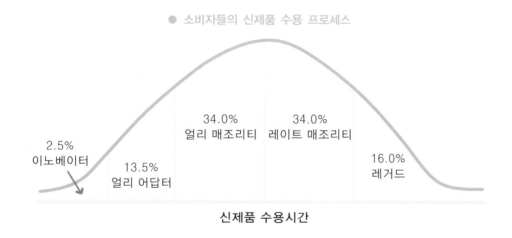

● 소비자들의 신제품 수용 프로세스

신제품 수용시간

현대 사회처럼 날로 세분화 되어 가고 있는 시장에서는, 어떤 성향의 사람들을 표적고객으로 하는 것이 가장 이상적이며, 기업이 창출한 제품 보급에 도움이 될까?

로저스가 분류한 소비자 행동양식 다섯 가지 그룹에 관한 얘기는, 결국 '이노베이터 2.5% 그룹'과 '얼리 어답터 13.5% 그룹'을 우리 편으로 끌어들이게 되면 관련 제품의 시장 보급은 시간문제라는 것이다.

그 중에서도 얼리(early)와 어답터(adopter)의 합성어인 '얼리 어답터'에 주목을 해야 한다. 다른 사람들보다 먼저 신제품을 구입해 사용해보는 것을 즐기는 이들은 소비자와 기업의 매개체로 존재하고, 아무런 보상 없이 시장 개척과 여론을 이끌어가는 사람들이다. 또한 현재를 살지만 미래를 앞당겨 살아가는 사람들이기도 하다. 국내 소비시장은 신세대들을 중심으로 남들보다 앞서가려는 얼리 어답터 성향이 유독 강한 편이다.

얼리 어답터가 1990년대 중반이후 많은 주목을 받고 있는 것은 정보통신기술(IT)의 발전과 매우 밀접한 관련이 있다. 광범위하고 빠른 인터넷 보급과 함께 정체 모를 제품들이 시장에 쏟아지면서 누군가의 검증 작업이 필요했다.

여기에 얼리 어답터의 다양한 평가나 관련 정보가 네트워크를 타고 엄청난 힘을 발휘했다. 이들이 존재했기에 오늘의 대한민국 IT산업이 있는지도 모른다. 그런 측면에서는 대단히 감사해야 할 존재다.

다음은 일전에 발간한 필자의 책 "유쾌한 팝콘 경쟁학"에 대한 초기 독자(얼리 어답터)의 평가 예시다.

> "이 책은 기존의 경쟁이론을 알고 있는 중급자나 전혀 몰랐던 초급자나 모두에게 의미 있는 책이 될 것이라 생각됩니다. 중급자일 경우에는 저자가 제안하는 새로운 5가지 경쟁요인을 자신의 상황에 적용하면서 읽으시면 되고, 초급자일 경우에는 저자의 제안 외에 기존에 나와 있었던 경쟁이론들을 두루 소개하고 핵심을 정리해놓고 있기 때문에 이 책 한 권으로 경쟁이론의 초보자 딱지는 뗄 수 있을 것이기 때문입니다. 잘 읽어보시고 자신의 진정한 경쟁자는 과연 누구인지, 경쟁상황에서 승리하기 위해 오늘 무엇을 노력해야 할지 고민하실 수 있는 시간을 가져보셨으면 합니다."

이 정도 구체적인 얼리 어답터의 평가라면, 차기작에서는 이런 내용들을 충분히 반영해 더 좋은 글을 써야겠다는 다짐을 필자로선 하지 않을 수 없다. 그래서 이들이 무섭다.

기업들 또한 신제품 판촉 활동의 많은 부분을 이러한 16% 그룹(2.5% + 13.5%)에 맞추어 치밀하게 추진해야 한다. 물론 얼리 어답터에 너무 치중한 나머지 그 외 소비자와의 사이에 괴리(乖離)를 만들어 애써 개발한 제품과 서비스가 실패로 끝날 위험성에도 주의해야 한다.

캐즘 뛰어 넘기

> 산딸기가 널려있는 저 언덕배기!
> 하지만…,
> 그 앞에 가로 놓인 개울과 가시덤불!
> 훌쩍 뛰어 넘기 전엔
> 산딸기의 향긋함과 달콤함을 맛볼 순 없다.

얼리 어답터가 제품 보급의 관건(關鍵)을 쥐고 있다는 그 동안의 논리적 통설(通說)에 찬물을 끼얹은 것이 있다.

마케팅 컨설턴트 '무어(Geoferey A. Moore)'는 저서 "The Chasm(캐즘 마케팅)"에서 이노베이터와 얼리 어답터로 이루어진 초기시장과 얼리 매조리티와 레이트 매조리티로 이루어진 주류 시장 사이에는 좀처럼 쉽게 뛰어 넘을 수 없는 '캐즘(chasm)'이 가로놓여 있다고 지적했다.

그 캐즘이란, 원래 지각변동 등의 이유로 인해 지층 사이에 틈이 일어나 서로 단절된다는 의미를 가진 지질학 용어인데, 무어가 벤처업계의 성장과정을 설명하면서 이 용어를 사용하게 됨으로써 마케팅 이론 영역에 뿌리를 내렸다. 굳이 우리말로 표현하자면, '넓고 깊은 수렁(늪)'이라 보면 될 것 같다.

기업이 출시한 제품이 이 캐즘을 뛰어넘지 못하면, 주류 시장으로 진입할 수 없어 성공을 거둘 수 없을 뿐만 아니라, 결국엔 소규모 초기 시장에 머물다 이윽고 사라지게 된다고 했다. 특히, 테크놀러지의 진보가 급속한 업계(IT)의 경우 주목해야 할 마케팅 이론으로 빈번히 거론된다.

캐즘의 원인은 따지고 보면 간단하다. 얼리 어답터가 '누구도 사용하지 않는 제품을 경쟁사보다 앞서 출시'하는 것을 원하는 소비자들임에 반해, 얼리 매조리티는 '이미 많은 소비자들이 사용해 신뢰할 수 있는 제품으로 경쟁사에 비해 뒤지지 않고 출시'하는 것을 바라는 소비자들이라는 차이점에서 기인한다.

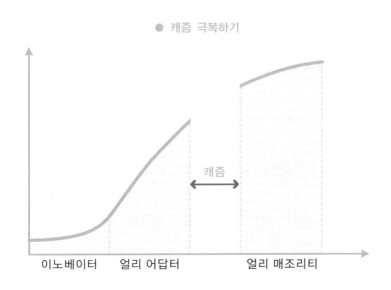

● 캐즘 극복하기

얼리 매조리티는 '다른 사람도 사용'한다는 것을 판단 재료로 제품 구입을 결정한다. 고로 일부 얼리 어답터만이 채용하고 있는 제품은 얼리 매조리티에겐 제품 구입을 머뭇거리게 하는 이유로 작용한다.

쉽게 얘기해 시장의 대부분을 차지하고 있는 주류 시장의 고객들은 초기 시장의 고객들과 전혀 다른 특성을 갖고 있다는 점이다. 주류 시장의 고객들은 첨단 제품보다 시장의 표준을 장악한 제품, 가격보다는 유지비용, 뛰어난 성능보다 애프터서비스(A/S)의 품질을 선호하는 집단이다.

결국 캐즘을 뛰어 넘기 위해서는 제품 중심의 익숙한 환경에서 시장 중심의 새로운 환경으로의 가치관의 전환이 필요하다. 나아가 캐즘을 뛰어넘어 주류 시장으로 진입하기 위해서는 국지적(local) 시장을 하나씩 제압해나가며 확장전략을 펼치는 것이 유효하다고 한다. 어찌 보면, 약자가 강자를 물리치는 전략과도 일맥상통한다.

" 제품에도 생로병사가 있었네!

제품수명주기(Product Life Cycle) "

특정 제품이 시장에 처음 선보였을 때는 그 나름대로의 유용성과 편리성, 인기를 가지게 되지만, 점차 유사 제품이 쏟아져 경쟁이 심화되고 새로운 기능이 부가되면서 시장 환경도 바뀌게 된다. 이로 인해 수요는 차츰 줄게 되고 결국엔 시장에서 그 모습을 감추게 된다. 제품수명이 끝난 것이다.

제품의 수명

지구상의 모든 생물(生物)들이 가지는 필연적인 공통점은 생로병사(生老病死)라고 하는 과정을 거친다는 점이다. 제품 역시 예외는 아니다. 저마다의 제품수명주기(製品壽命週期)를 가지곤 과정별로 서로 다른 특성을 지닌다.

이런 제품이 시장에 처음으로 투입돼 일반인들에게 인식되기까지는 일정 시간이 필요하다.(도입기) 하지만, 일정 수준 보급되기 시작하면 가속도가 붙어 매출액이 급속하게 증가한다.(성장기) 그러나 영원히 성장만을 거듭할 것 같은 제품도 일정 시점부터 다수의 경쟁자 대두로 인해 수요는 포화상태에 이른다.(성숙기) 그리고 어느 순간 제품은 서서히 진부화(陳腐化) 되어 간다.(쇠퇴기)

▶ 인간 : 출생 → 유년기 → 청년기 → 중년기 → 장년기 → 노년기 → 생의 마감
▶ 제품 : 출시 → 도입기 → 성장기 → 성숙기 → 쇠퇴기 → 시장 퇴출

인간이 출생한 후 유년기와 청소년기에는 앞으로 펼쳐질 인생을 위해 열심히 공부하고 체력을 단련하는 일종의 투자기를 거친다. 중장년기에는 앞 단계의 투자를 이익으로 환원시켜 거둬들이는 단계를 거치고, 노년기에 들어서면 현역 은퇴와 더불어 체력 저하도 일어나 이전 단계만큼 이익을 수확하지는 못한다.

이와 마찬가지로 제품 역시 도입기에서 성장기와 성숙기를 거쳐 쇠퇴기에 이르기까지 각 단계마다 시장 환경이 달라 제품을 통해 거둬들일 수 있는 수익도 달라진다. 따라서 기업은 그러한 환경에 적절히 대응할 수 있는 마케팅 전략을 구사해야 한다. 그러기 위해서는 우선 제품수명주기에서 보이는 각 단계별 특징을 정확히 꿰뚫는 것이 급선무라 하겠다.

가로축에 시간의 경과가, 세로축에 매출액이 규정돼 시간의 경과에 따른 제품의 매출액 추이가 그려지게 된다. 물론 모든 제품이 동일한 패턴을 경유하는 것은 아니다. 시장에 내놓았을 때 폭발적인 매출액을 기록하는가 싶더니 어느 날 갑자기 매출액이 뚝 떨어지는 것이 있는가 하면 매출액을 다시 회복해 제2의 전성기를 누리는 것 등 제품에 따라 그 수명주기는 실로 다양하다.

이를테면, '새우깡'이나 '바나나우유', '초코파이'와 같이 오랜 기간 성숙기를 누리는 제품이 있는 반면, '타마고치'나 '조개구이', '즉석 탕수육'처럼 일시적으로 급속한 성장과 쇠퇴를 보여주는 제품도 있다. 또 일정한 주기로 성숙기를 되찾는 제품도 있다.

● 제품수명주기 곡선

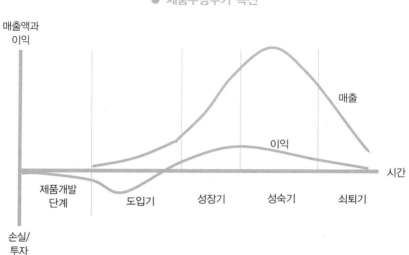

도입기(Introduction Stage)

모든 제품에는 언제 세상의 빛을 받았는지를 기록한 탄생일이 있다. 이것은 그 제품이 시장에 처음으로 출시된 시점을 가리킨다. 최초 시점에서는 당연히 시간과 매출액이 모두 제로(0)다. 그 이후 시간의 경과에 따라 매출액은 서서히 상승할 것으로 기대되지만 처음에는 그 속도가 그다지 빠르지 않다.

이는 제품이 획기적인 신제품일수록 소비자와 유통업자는 그 제품의 정체(내용)와 브랜드명 등을 인지하지 못하고 있기 때문이다. 이를테면 디지털카메라나 MP3가 처음으로 시장에 도입되었을 때 그 제품의 컨셉을 알고 있는 소비자는 적었다. 이러한 단계를 가리켜 '도입기' 또는 '시장도입기'라고 부른다.

이 단계에서 특히 눈여겨보아야 할 것은, 과연 자신의 제품이 시장에서 살아남을 수 있을 것인가 하는 '생존' 그 자체다. 그만큼 신제품은 실패할 확률이 높으며, 불확실성이라는 리스크에 적절히 대처할 수 있는 기업능력이 시험대에 오르게 된다.

그러나 무엇보다 이 단계에서 가장 중요한 것은 '소비자의 반응'이다. 기업은 먼저 제품의 이미지와 기능, 사용방법 등을 소비자와 유통업자에게 인지시켜야 한다. 여기에 차질이 생기면 기업은 제품 도입 그 자체에 실패해 시장에서 사라질 운명을 짊어져야 한다. 가령 성공한 경우라도 이 단계의 소비자는 실험정신으로 똘똘 뭉쳐진 소수의 혁신 소비자에 머물게 된다는 점도 명심해야 한다.

제품 개발과 제품의 이미지 광고 등을 위해 많은 비용이 투자되었으므로 이 단계는 적자(赤字)라고 보면 틀림이 없다. 그 때문에 제품 가격은 다소 높게 책정되는 경우가 일반적이다. 즉, 초기 고가격 전략을 취하는 셈이다. 소수의 혁신 소비자는 가격에 그다지 구애받지 않는다는 전제 아래 책정된 가격이다.

하지만 모든 경우에 초기 고가격 전략을 취하는 것은 아니다. 특히 해당 시장에 후발(後發) 진입하는 기업은 선발기업의 시장점유율을 침식(侵蝕)하기 위해 처음부터 저가격으로 진입하는 경우가 많다.

성장기(Growth Stage)

성장기의 신호탄은 후발기업이 저가격 전략을 구사하면서 시장 진입을 시도하는 바로 그 시점이라고 보면 정확하다.

이 단계는 제품의 매출액과 이익이 급성장하는 시기인 동시에 각지에서 우후죽순(雨後 竹筍)격으로 경쟁자가 출현함으로써 시장이 확대일로를 걷게 된다. 또한 경쟁 격화로 인해 초기 고가격 전략은 폐기되고 저가격 전략으로 돌아서는 것이 일반적이다. 하지만 해당 제품으로 보자면 가장 좋은 시기라고도 할 수 있다.

이 무렵의 목표는 무엇보다도 수요증가에 따른 시장점유율의 극대화이다. 이전 단계인 도입기에 제품 인지와 확대에 주력을 했다면, 이제부터는 동일 제품일지라도 가격과 성능이 다른 제품을 투입하면서 A/S나 보험, 금융 서비스 등을 하나로 묶어 보다 포괄적인 제품 개념으로 다루어야 한다.

소비자 가운데서도 신제품을 비교적 빠른 시기에 구입해 입소문(口傳, word of mouth) 등을 통해 다른 소비자에게 많은 영향을 미치는 조기 수용자 혹은 오피니언 리더가 제품을 구입하기 시작하고 그에 따라 소비층이 확대된다.

기업은 시장에서 자신의 위치를 확고히 하고 유통채널을 확충시키면서 이를 통해 시장점유율을 더욱 확대시켜나간다. 그러면서 이 시기에는 여전히 제품의 개량(모델 변경) 여지도 많아 차별화 전략을 적극 추진할 수 있다.

성숙기(Maturity Stage)

꽃망울이 맺히는가 싶더니 어느 순간 만개(滿開)해 있다. 대다수의 소비자에게 해당 제품이 보급되게 되면 시장은 곧 포화상태로 접어들고 매출액도 이익도 거의 늘지 않는 '성숙기'가 찾아오게 마련이다.

이 시기에 들어서면 이미 구매자층은 대부분 개척돼 매출성장률은 점차 떨어지게 된다. 그래서 제품을 추가적으로 구입하거나 기존 제품을 버리고 신제품을 구입하는 수요가 중심이 된다. 게다가 제품 할인 등으로 기업의 이익은 차츰 감소하게 된다.

우리 가정을 한 번 둘러보자. TV와 냉장고, 세탁기, 컴퓨터, DVD 등 각종 전자제품이 이미 성숙기에 들어와 있다. 그렇다고 해서 기업들은 마냥 손을 놓고 있을 수만은 없다.

제품에 대한 소비자의 주문은 날로 까다로워져 브랜드와 모델은 다양화되고 경쟁은 치열해지면서 경쟁 제품 사이의 품질에도 차이를 발견할 수 없다. 결국 승패는 마케팅 전략에 의존하게 된다.

제품 개발 전략이라면 먼저 새로운 용도를 개발하는 것이다. 즉, 제품의 기본 성능에다 획기적인 기능 혹은 디자인 등을 추가한 제품을 투입하거나(일반 TV에서 평면 및 벽걸이 TV로), 새로운 용도 및 새로운 표적을 향해 제품, 이를테면 일반 냉장고가 김치 냉장고 및 와인 냉장고 등의 기능성 냉장고로 변신하듯 말이다.

가격과 광고 전략에 있어서는 매우 구체적인 전략 및 전술이 필요하다. 기능 개량과 모델 변경은 가급적 소폭으로 한다. 대신에 시장을 세분화하면서 브랜드 충성도(brand loyalty)를 높이고 시장점유율을 계속 유지할 수 있도록 한다.

이러한 전략이 성공을 거두게 되면 성숙기일지언정 다시 새로운 제품수명주기를 그릴 수 있게 된다. 즉, 제품수명주기를 늘릴 수 있다는 말이다.

쇠퇴기(Decline Stage)

이 지구상에 영원불멸하는 존재가 없듯 끊임없는 성장만 할 것 같은 제품도 곧 성숙기를 거쳐 쇠퇴기로 접어들게 된다. 시작이 있으면 반드시 끝이 존재하기 마련이다.

그리고 마지막엔 시장으로부터 사라지면서 어느 순간엔 그 흔적조차 남지 않게 된다. 즉, LP 레코드판이 CD로 바뀐 지 오래고, 플로피 디스켓은 CD롬이나 USB 메모리스틱으로 바뀌어 있다. 카메라는 디지털 카메라 혹은 카메라 폰으로 탈바꿈했다.

물론 쇠퇴기에 들어서고 난 이후에야 비로소 제품을 구입하는 소비층도 있겠지만, 전체적으로는 매출액과 이익의 감소가 눈에 띄게 늘어나는 것이 쇠퇴기의 신호탄이라 보면 정확하다.

이 시기엔 시장에서 철수 타이밍을 놓치지 않도록 해야 한다. 가령 매출액이 떨어지고 있음에도 끝물 상태인 제품 및 브랜드를 계속 유지하려 한다면 비용이 가중돼 이익이 마이너스로 뒤바뀌는 사태를 초래할 수 있다. 제품수명주기의 곡선이 도중에 끊기면서 매출액이 제로(0)까지 가지 않는 것은 이러한 이유 때문이다. 다만, 철수 시 제품에 따라서는 A/S 체계와 사회적 책임도 고려할 필요가 있다.

시장 철수 후 사후관리 체계가 엉망이라면 곧바로 그 기업의 이미지 손상으로 연결돼 향후 출시될 제품(서비스)에 악영향을 미칠 수 있다.

● 제품수명주기의 단계별 특징과 전략

내 용	도입기	성장기	성숙기	쇠퇴기
매출액	저수준	급상승	완만한 상승	하락
이 익	근소	최고수준	하락	저수준 혹은 제로(0)
현금 흐름	마이너스	완화	고수준	저수준
고 객	혁신자	매스(mass) 마켓	매스 마켓	지체자
경 쟁	거의 없음	증가	다수	감소
전략 초점	시장 확대	시장에서의 침투	시장점유율 방어	생산성
마케팅 지출	고수준	고수준	저하	저수준
전략의 강조점	제품의 인지	브랜드 선호	브랜드 충성도	선택적
유통전략	미정리	집중, 강화	집중, 강화	선택적
가격전략	고수준	저하	최저수준	상승
제품전략	기초적	개량	차별화	합리화

출처) Doyle(1976).

가격은 어떻게 결정되나?

가격 책정법

대한 : 다이아몬드는 고가(高價)인데도 이를 찾는 사람들이 많단 말이야!
한준 : 품질이 우수해서 찾는 걸까? 아님 고가의 제품을 갖고 싶어서일까?
윤서 : 혹시 품질이 우수해 가격이 비싼 건 아닐까?
연미 : 얘들아, 다이아몬드는 원래 돌이잖아? 그래 원가가 비쌀 리도 없을 텐데!

가격 책정 방법

가게에서 물건 구입 시의 상황을 떠올려보자. 소비자 입장이 되어 보자는 것이다. 누구든 "성능도 디자인도 마음에 쏙 드는데 가격이 너무 비싸 엄두가 안 난다!"라거나 "제품을 여럿 비교해보고 결국 가격이 조금 싼 쪽을 선택했다." 등과 같은 경험이 분명 있을 것이다.

시중에 판매되고 있는 수많은 제품들의 가격은 어떻게 책정되는 것일까? 간단히 생산에 들어간 비용에다가 마진을 더해서 책정하는 걸까? 아니면 소비자가 지불할 수 있을 것 같은 가격을 붙이면 되는 걸까?

가격은 제품을 판매하는 측과 그 제품을 구입하는 측의 두 시점에서 바라본 합리적 책정이 필요하다. 제품을 판매하는 측의 요인을 '내부요인(內部要因)'이라하며, 그 제품을 구입하는 측의 요인을 '외부요인(外部要因)'이라 부른다.

이러한 내외부 요인을 파악한 후 치밀하면서도 합리적인 가격 책정을 하게 되는데 그 방법에는 크게 두 가지가 있다.

▸ **원가지향**(原價指向)
▸ **시장지향**(市場指向)

　먼저, '원가지향'이란, 원재료비, 외주비, 구매 원가, 지불 운임, 포장비 등과 같이 생산량에 비례해서 추가적으로 투자되는 변동비(變動費)와, 인건비를 중심으로 임차료, 광고·선전비, 보험료, 교통비 등 생산량에 관계없이 일정액을 필요로 하는 고정비(固定費)처럼 제품과 서비스를 생산하는데 필요한 원가(costs)를 계산하고 이를 토대로 가격을 책정하는 발상이다.

　또 일반적으로 생산수량이 늘게 되면 제품 1개 당 비용은 저렴해진다. 여기에는 규모의 경제성(economies of scale)이 발휘되기 때문이다. 이처럼 원가지향에서는 전체 판매량과 비용 구성이 어떻게 될지 그 이미지를 그려가며 가격을 책정한다. 물론 원가를 밑도는 가격 책정이라면 해당 기업은 적자를 면치 못한다.

　다음으로 '시장지향'에 대해 살펴보면, 판매할 제품을 둘러싼 시장 환경을 고려해 판매 방법을 결정하고 그로부터 가격을 책정한다는 논리다. 그래서 생산에 필요로 하는 원가는 자연히 그 가격을 실현할 수 있는 범위 안에서 조정된다. 시장지향을 통한 가격 책정에는 다음 세 가지의 시장 환경을 고려해야 한다.

▸ **경쟁 제품**(競爭製品)
▸ **유통**(流通)
▸ **소비자**(消費者)

　먼저, '경쟁 제품'과의 관계다. 동일한 카테고리에 있는 제품군 가운데서 가격을 높게 할 것인지, 낮게 할 것인지 혹은 완전히 동일한 가격으로 할 것인지는 그 안에서 목표로 하는 시장의 포지셔닝(positioning)에 따라 달라진다.

　고급 이미지를 가지면서 다른 제품보다 좋은 품질임을 강조한다면 의도적으로 높은 가격을 책정하게 될 것이다. 그러한 가격을 '신용가격'이라고 한다. 반면에 과감하게 가격을 낮추어 폭넓은 수요를 개척하는 전략도 있다. 근래 우리 주변에서 흔히 볼 수 있는 '단돈 1,000원'이라는 단일(균일) 가격 제품이 대표적이다.

다음으로 '유통'과의 관계도 고려해 보자. 동일한 제품일지라도 할인점, 백화점, 슈퍼마켓에서는 각기 다른 가격으로 제품이 팔리고 있다. 이것은 유통구조 때문에 판매량이 달라지거나 생산자와의 사이에 거래조건이 바뀌어 최종 가격에 반영되었기 때문이다.

마지막으로 가장 중요한 것은 '소비자'가 그 가격을 어떻게 받아들일지 여부다. 소비자는 항상 가격과 품질, 그리고 제품으로부터 얻을 수 있는 편익을 엄격히 비교해보며 판단한다.

소비자에게는 실제의 지갑과 다른 '심리적 지갑'이 있다고 한다. 이를테면, 동일한 1,000원의 제품일지라도 그것이 필수품인가 아니면 즐기기 위한 오락제품인가에 따라 완전히 다른 감정을 나타낸다. 그 때문에 소비자의 '가치관'은 중요하다.

또 1,980원이라거나 9,900원과 같은 단수가격(端數價格)을 통해 가격을 설정하는 경우가 일반적인데, 이것은 2,000원, 10,000원의 20원, 100원이라는 미미한 금액차이가 소비자의 심리에는 그 이상으로 할인율이 크게 느껴지기 때문이다.

실제로 10만원의 제품과 9만 9,000원의 제품 사이에는 1,000원의 차이밖에 없지만 금액의 단위로 보자면 10,000원이라는 큰 차이를 소비자에게 심어주게 된다. 또한 이러한 가격 설정은 특정 제품에 대해 얼마 이상의 금액은 지불하지 않겠다는 '심리저항선(心理抵抗線)'을 가진 소비자에게는 매우 유용한 가격 책정법이기도 하다.

근래의 아파트 평당 분양가에도 이런 가격 책정이 이뤄지고 있다. 이를 테면, 2,000만원에 아슬아슬하게 못 미치는 1,980 ~ 1,999만원 사이에서 책정하는 사례가 부쩍 늘고 있다. 소비자들이 느끼는 체감 분양가를 조금이라도 낮추고, 초고가 분양이라는 비난을 피하기 위한 가격 전략이 아파트 분양가에도 고스란히 적용되고 있는 셈이다.

오늘날 마케팅에서는 단순한 원가지향을 기준으로 한 가격 책정으로는 경쟁이 점점 더 어려워지고 있다. 시장지향을 통한 다양한 관점에서 가격 책정이 이루어져야 하겠다.

소비자 심리와 가격

경쟁이 날로 치열해지면서 기업들은 자사 제품(서비스)들의 가격 책정에 더욱 민감해지고 있다. 그러면서 소비자의 심리적인 측면을 적극 고려하기 시작했다.

● **위신가격(prestige pricing)**

　높은 가격이 곧바로 높은 사회적 지위와 높은 품질의 상징이라고 믿는 고객들을 상대로 해 가격을 책정하는 방법이다. 소비자들은 제품을 구입할 시 무엇보다 '가격'을 제품의 판단기준으로 활용한다. 그래서 고가의 제품은 품질이 좋고, 저가의 제품은 품질이 떨어진다고 판단한다.

　즉, 유명 디자이너의 드레스나 향수, 핸드백과 같은 제품들이 이를 잘 대변해 주고 있다. 그래서 위신가격의 설정이 적정한 제품은, 구매빈도가 낮고 소비자가 품질을 판단하기 어려운 고급품에 적합하다.

● **관습가격(behavior pricing)**

　소비자가 이전부터 관습적으로 인정하는 가격이다. 즉, 시장에서 오랜 기간 일정가격으로 정착된 제품이다. 소비자의 머릿속에 이미 가격이 고정돼 있어 가격 변경이 곤란하다. 그래서 가격을 올리면 시장의 반발을 초래할 수 있고, 내리면 품질에 이상이 있는 것은 아닌가하는 느낌을 소비자에게 전달해 오히려 판매량이 떨어지게 된다. 관련 제품으로는 캔 음료나 껌, 달걀, 라면 등을 들 수 있겠다.

● **단수가격(odd-even pricing)**

　제품 가격이 백단위나 천단위로 끝나는 것보다 끝수가 3, 5, 9와 같은 홀수(odd numbers)로 끝나면 소비자들이 훨씬 저렴하게 느낀다는 전제 아래 고안된 가격 책정법이다. 이 가정은 가격이 홀수가격만이 아니라 짝수가격(even price)이 되어도 소비자들의 반응은 호의적이라는 것이다.

　더불어 가격 끝수에 8이나 9와 같은 수를 붙임으로써 가격을 최대한 내려 거의 마지노선에 판매하고 있다는 인상을 소비자에게 심어줄 수 있다. 유명 나이트클럽의 입장료가 10,000원이 아닌 9,900원이고, 안주 한 접시에 맥주 2병의 기본 가격이 50,000원이 아닌 49,800원인 이유도 여기에 있다. 이 가격 책정법은 식료품이나 의류, 일용잡화 등의 제품에 폭넓게 채용되고 있다.

● 심리적가격(psychological pricing)

일정 범위 안의 가격이라면 분명 차이가 있음에도 소비자들은 그 차이를 느끼지 못해 해당 제품의 판매량 증가로 이어지지는 않는다고 한다. 그래서 나온 책정법인데, 인간의 심리를 최대한 활용해 가격 책정에 반영하자는 것이다.

이를테면, 시계의 가격을 15,500원, 16,400원, 18,200원 등과 같이 책정하지 말고, 15,000원, 20,000원, 30,000원, 50,000원 등 일정한 차이를 두고서 가격을 책정하라는 것이다. 이렇게 하면 소비자가 시계를 가격대별로 고르기 편해진다.

" 중간상은 무슨 일을 할까? "

중간상의 역할

중간상은 소유, 장소, 시간의 효용(效用)을 가져다준다.

먼저, 구매와 판매라는 교환 과정을 통해 '소유의 효용'을, 판매할 수 있는 재고를 확보함으로써 '시간의 효용'을, 끝으로 물질적 재화를 시장으로 이동시킴으로써 '장소의 효용'을 가져다준다. 그래 더없이 고맙고 유용한 존재다.

중간상의 존재 의의

중간상(中間商), 중간상하면 논란이 많은데, 이들이 대체 왜 존재하는 것일까?

중간상이 취하는 이익이라는 것은 결국 다른 사람이 만든 것을 단지 왼쪽에서 오른쪽으로 옮겨만 주면서 중간에서 곳감 빼먹듯 챙기는 불노소득의 전형적인 모습은 아닐까?

그렇다면 중간의 이익을 배제해 중간상을 경유하지 않는 것이 제품 가격을 보다 낮출 수 있지 않을까? 예컨대, 중간에 불필요한 상인들을 배제하고서 생산자가 직접 소비자에게 판매하는 것이다.

이러한 중간상의 존재에 대한 의문은 따지고 보면 어제 오늘의 문제가 아니다. 오래전부터 제기되어 왔으며 어쩜 앞으로도 꾸준히 제기될 것이다.

우리 주변에서 가끔 '공장 직판'이나 '생산자 직거래소'라는 현수막을 내걸고 생산자가 직접 소비자에게 물건을 싸게 판다고 광고하는 경우를 볼 수 있다. 왜 이런 생산자의 '직판'이 일상화 되지 못하는 것일까?

대답은 지극히 간단하다. 조금 역설적이지만 중간상이 필요해서다. 즉, 없을 때보다 있을 때 더 효용이 크다. 나아가 소비자에게 훨씬 이익이 되기 때문이다.

중개 기능의 본질

중간상에 대해 언급하기 전, 먼저 고유의 중개 기능에 대해 살펴보자. 원래 상거래(商去來)가 성립되기 위해서는 다음과 같은 과정을 거치게 된다.

> '거래상대를 찾아 → 거래대상(제품)의 내용 · 품질을 확인하고 → 거래조건이 합의
> 에 도달하면 → 제품 전달과 대금결제가 이뤄진다.'

이러한 네 가지 거래 과정 속에 사용되는 비용을 '거래비용(transaction costs)'이라 하는데 중개업자가 담당하는 기능은 바로 거래비용을 삭감하는데 있다.

다시 말해, '판매자와 구매자를 접목시키는 브로커 기능'과 '제품의 품질과 거래상대의 신용을 조사하는 정보생산 기능', 그리고 '제품의 재고보관과 배송 등의 유통기능', '자금의 융통을 원활하게 하거나 대금을 징수하는 결제기능' 나아가 '이러한 유통과 결제기능을 통하여 리스크 부담기능' 등을 제공함으로써 거래비용을 삭감해 상거래가 원활히 이루어지도록 한다.

중간상 이론

중간상의 필요성 여부에 대한 대표적인 설명으로는 영국의 경제학자 '마가렛 홀(Margaret Hall)' 여사가 제기한 '총거래수 최소화의 원리(principle of minimum total transaction)', '불확실성 풀의 원리(principle of pooling uncertainty)' 혹은 '집중 보관의 원리(principle of massed reserves)', '분업의 원리(principle of division of labor)' 등을 들 수 있겠다.

● 총거래수 최소화의 원리

홀(Hall)의 제1법칙이라고도 불리며 유통과정에서 중간상의 필요성을 주장하는 확고한 논리적 근거가 되고 있다.

생산자와 소비자 사이에 중간상이 존재함으로써 사회전체의 유통 비용을 삭감할 수 있다는 것이다. 예를 들면, 생산자가 세 명, 소비자가 네 명 존재하는 경우 중간상이 존재하지 않는다면 '3 × 4 = 12회'의 거래가 필요하지만, 중간상이 개재됨으로써 그것이 '3 + 4 = 7회'로 감소된다는 것이다.

이처럼 중간상의 개입을 통해 총거래 수가 줄게 되면 비용 절감이라는 효과를 낳아 유통 경비를 절감시킬 수 있다.

● 총거래수 최소화의 원리

생산자

소매업자

총거래 수 : 3×4=12

중간상

총거래 수 : 3+4=7

● 불확실성 풀의 원리

홀(Hall)의 제2법칙이라고도 불리며 이 원리 역시 유통과정에서 중간상의 필요성을 주장하는 논리적 근거가 되고 있다.

중간상이 계절 변동이나 지역 격차 등에 따른 소비자 수요를 예측하지 못하고서 재고를 보유하게 되면 사회 전체로써도 낭비이며 비효율성을 떠안게 된다. 그래서 중간상이 중간 재고를 보유함으로써 수요 불확실성에 따른 손실을 줄이고 소매업자의 재고비용, 유통비용 등을 삭감할 수 있다는 것이다.

다시 말하자면, 시장경제 아래 제품은 생산된 만큼만 계속적으로 소비되는 것이 아니다. 그래서 생산과 소비의 접점은 항상 불확실하며 불안정하기 마련이다. 그러므로 누군가가 어떠한 형태로든 제품 재고를 보유하면서 그러한 불확실성에 대비해야 한다.

　이 경우 생산자가 개별적으로 재고를 보유하기 보다는 중간상이 재고를 가지는 쪽이 전체 재고수를 줄일 수 있다. 이를테면, 다섯 개의 소매업자가 각각 500개씩 재고를 보유하고 있다고 치자. 그러면 합계 5 × 500 = 2,500개의 재고량이 필요하게 된다. 그러나 여기에 중간상이 개재되면 집중적으로 재고를 가질 수 있으므로 개별 소매업자의 재고량은 100개 정도로 줄일 수 있으며 합계 재고량도(100 × 5) + 1,000 = 1,500개로 줄일 수 있다.

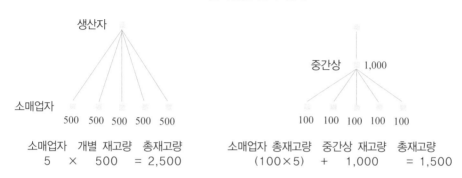

● 불확실성 풀의 원리

● 분업의 원리

　상당수 많은 생산자들은 최종 소비자에게 직접 상품을 유통 시킬 만한 능력을 갖추고 있지 못하다. 설사 독자적으로 경로를 구성할 수 있는 능력이 있는 생산자라 하더라도 이 자금을 자신들의 주요 사업에 전념하면서 집중적으로 투자하는 것이 더 많은 수익을 낼 수 있기 때문이다. 이를 다른 말로 전문화의 원리라고도 한다.

　그 외에 중간상들은 생산자가 생산한 제품의 구색을 소비자들이 원하는 구색(具色)으로 바꾸어 주는 기능도 하고 있다. 유통 경로를 통해서 중간상들은 수많은 생산자들로부터 제품을 대량으로 구입해 소비자들이 원하는 다양한 구색을 갖추고 소량씩 판매한다. 이처럼 중간상들은 수요와 공급을 연결시켜서 조화를 이루도록 하는 중요한 역할도 하는 것이다.

" 광고란 무엇인가?

광고의 개념 "

나는 당신 회사의 이름을 모른다.
나는 당신 회사의 제품을 모른다.
나는 당신 회사의 고객을 모른다.
나는 당신 회사의 명성을 모른다.
그런 나에게 당신은 무엇을 어떻게 팔겠다고 하는 건가?

광고의 본질

아래 돌바닥 사진을 유심히 살펴보라. 인고(忍苦)의 세월에 닳고 닳아 우선 희미하다. 허나 그냥 그렇게만 넘길 사진은 아닌듯하다.

● 이게 과연 무엇일까?

사진 왼쪽 위에는 무수한 점들이 찍힌 하트 모양이, 그 아래는 사람의 왼발 모양이, 그 옆에는 여성의 얼굴 모습이, 그리고 바로 아래엔 직사각형 모양의 화폐가 눈에 들어온다.

이런 조각이 대체 뭘 의미하는 걸까? 희멀건 화강암에 누군가 장난치듯 새긴 모양이다. 범인(凡人)들에겐 예측을 불허한다.

먼저, 답변을 하고 시작하는 편이 나을듯하다.

> 사진의 왼쪽 발은 "왼쪽으로 가면"
> 여성의 얼굴 모습은 "귀여운(예쁜) 여자들이"
> 무수한 점들이 찍힌 하트는 "많은 여자들이 마음을 담아 서비스합니다."
> 직사각형 모양의 화폐는 "꼭 돈을 가지고 오세요."

라고 하는 심오한 의미가 담겨져 있다.

돌에 새긴 내용은 다름 아닌 현존하는 세계 최고(最古)의 광고란다.

기원전 터키의 에페소스(Ephesus) 유적에 남겨진 도로(道路) 위에 새겨진 것이다. 내용은 위의 사진 설명에서 추측할 수 있듯 매춘굴(brothel)에 대한 광고란다. 당시엔 문자가 존재하지 않았던 탓에 그림으로 표현한 것이다.

이미 알려진 대로 매춘은 세계 최고(最古)의 직업이다. 더불어 비즈니스가 존재하는 곳이면 고금동서를 초월해 광고는 존재했던 모양이다. 우리들의 발상을 뛰어넘는 기발한 광고임엔 틀림이 없다.

프랑스 광고인 로베르 퀘렝은 '광고'를 이렇게 극적으로 압축해 표현 했다.

> "우리들이 호흡하고 있는 공기는 산소와 질소, 그리고 광고로 이뤄져 있다."

인간 삶을 영위하게 하는 공기의 한 원소(元素)로 광고를 지적하고 있는 것이다. 사실 오늘날 광고가 없는 우리의 일상이란 상상도 할 수 없다.

미국 광고인 케네디(John E. Kennedy)는 지적했다.

> "광고란 인쇄된 세일즈맨십(salesmanship)이다."

즉, 훌륭한 광고란 훌륭한 세일즈맨이라는 것이다. 그런데 세일즈맨의 복장이나 말투, 태도, 표정 등이 너무 독특해 사람들이 그가 설명하는 제품에는 관심이 없고 세일즈맨에게만 사람들이 주의를 기울인다면 그것 세일즈맨으로써 실격이다.

'광고(廣告)'라고 하는 말은 원래 일본에서 만들어진 것으로 한자의 본고장 중국은 물론 한자를 사용하는 우리나라에도 그대로 정착돼 사용되고 있다.

영어로는 광고를 두 가지 표현으로 사용하고 있다.

그 하나는 'Advertising'으로 광고 활동을 얘기하는 경우가 많다. 또 하나는 'Advertisement'인데 이것은 광고로써 관찰 가능한 광고물을 가리키는 경우가 많다. 또한 위 두 단어의 어원은 라틴어 Advertere에서 파생된 것으로 '주의와 관심을 두다.'는 의미를 가진다.

또 우리들이 '마케팅'하면 맨 먼저 떠올리거나 내뱉는 말 가운데 하나가 바로 광고이다. 그러나 이러한 광고 역시 수많은 마케팅 활동 가운데 하나인 판매촉진에 해당할 따름이다. 그럼에도 많은 기업들이 광고에 몰입하는 이유는 무엇일까? 두말할 여지도 없이 그 효용 때문이다.

그래서 어떤 전문가는 광고를 가리켜 이렇게 표현하기도 했다.

"기업 경영에서 광고를 뺀다면 그것은 칠흑 같은 어둠 속에서 사랑하는 연인을 향해 윙크하는 것과 같다."

(Doing business without advertising is like winking at a girl in the dark: you know what you are doing, but nobody else does.)

기막힌 비유다. 아무 것도 보이지 않는 칠흑 같은 어둠 속에서 제 아무리 윙크를 크게 여러 번 하더라도 그 사실은 본인만 알고 있을 뿐 다른 사람에겐 전혀 전달되지 않는다.

이따금 우리 주변에서 쓰레기처럼 비춰지는 광고도 유용성을 가진다. 우리들은 광고를 통해 특정 제품에 대한 정보나 신제품이 출시되었음을 알려주는 유용한 수단이 되곤 한다.

광고는 비단 기업에 한정되어 있지는 않다. 정치 분야와 종교, 그리고 대학 등 각종 집단이나 조직에서 자신을 상대에게 알리기 위한 필수 도구로 자리 잡은 지 오래다.

흔히 우리들은 매일 광고의 홍수 속에서 살아간다고들 한다. 아침에 일어나서 잠자리에

들 때까지 일반인들이 접하는 광고 수는 무려 5,000개에 이른다고 한다. 게다가 이 숫자는 기하급수적으로 늘고 있다.

또 보통 사람의 경우 하루 약 5만 가지의 생각을 떠올린다고 한다. 어쩌면 이 가운데 10% 이상이 광고를 통해 떠올리는 생각일지도 모른다.

집안으로 들어오는 신문과 TV, 라디오는 물론이고 출근을 위해 문밖을 나서는 순간 엘리베이터, 건물, 벽, 하늘 등에도 형형색색의 갖은 광고로 넘쳐난다. 또 도로에 나서면 버스에도, 택시에도, 지하철에도, 가게에도, 간판에도, 건물 위 옥상에도 광고판이 빼곡히 얼굴을 내밀고 있다. 심지어 수영복에도 등짝에도 가방에도.

이른 아침 사무실에 도착해 신문을 펼치는 순간, 수 십장의 광고 전단(찌라시)이 우르르 쏟아진다. 그 무게에 왕 짜증이 날 지경이다. 사무실 벽에 걸린 달력에도 광고는 빠지지 않는다. 그 주인공이 호젓한 해변을 중심으로 쭉쭉빵빵의 비키니 여성이라면 괜찮지만, 4차원을 배경으로 한 난감한 예술에는 신물이 난다.

무심코 넘긴 각종 논문집이나 잡지의 표지에서도 광고는 빠지지 않는다. 컴퓨터를 켜고 인터넷으로 들어가는 순간 펼쳐지는 각종 인터넷 광고, 그리고 e-메일 속에는 주인 허락 없이 막무가내로 들어온 온갖 쓰레기 광고로 손가락이 아프다. 이처럼 광고는 우리 일상과 떼려야 뗄 수 없는 불가분의 관계에 있다.

광고의 성향

근래 들어 부쩍 심하다는 느낌이다. 광고가 하나 같이 섹시(sexy)한 여성과 근육질의 남성으로 넘쳐난다.

의류나 화장품, 기호식품 등 여성이나 남성과 밀접한 관련이 있는 제품이라면 그렇다 치더라도 굳이 벗을 필요성을 느끼지 못하는 윤활유·타이어, 심지어 피자나 아이스크림, 주방용품 광고에서도 왜 섹시한 여성과 우람한 남성이 예외 없이 등장한다. 왜 꼭 그래야 할까?

야(野)함이 날로 더해지고 있다. 이유야 모르진 않다. 소비자들의 눈이 이제 웬만한 광고에는 요동도 하지 않기 때문이다. 그러다보니 자극적인 것, 조금 더 자극적인 것만 추구하게 된 결과가 아닐까 생각된다.

게다가 최근 광고에 관한 흥미로운 연구 결과를 보면, 일견 납득이 간다. 특정 상품에 상관없이 야한 복장의 미녀가 광고에 등장하면 남성들의 판단력이 흐려져 지갑을 쉽게 연다는 사실이다.

● 불가사의한 남성의 머릿속?

 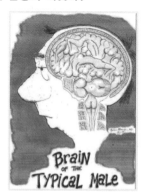

위 그림 왼쪽은 오스트리아의 정신의학자 '프로이드(Sigmund Freud)'의 얼굴과 머리 부분을 여자의 나체로 형상화한 것이다. '남성의 마음속에 무엇이 들어 있나(What's on a man's mind?)'라는 문구가 눈에 띈다. 프로이드(남성)의 머릿속엔 온통 여성과 성(性)에 관한 것으로 채워져 있다는 것이다.

그 왼쪽에는 '전형적인 남성의 뇌(brain of the typical male)'라는 문구가 붙은 그림 또한 마찬가지다. 두 그림 모두 성적 욕구 충족이나 쾌락에만 충실한 연약한 남성의 본능을 잘 표현해주고 있다. 뇌 속엔 다양한 포즈의 여자 나체가 가득하다.

그럼, '전형적인 여성의 뇌'는 어떤 것일까? 우람한 근육질의 남성일까? 아니면 미(美)소년일까? 한 동안 매스컴을 장식한 광고 카피 '미녀는 석류를 좋아해'를 외치는 이른바 '이준기' 스타일일까?

브랜드나 목표 고객에 따라 차이는 있지만 섹스와 카피를 결합시킨 광고가 날로 늘어나고 있다. 이러한 광고들은 기본적으로 표적 고객들의 많은 관심을 끈다는 점에서 여전히 광고 기획자들을 유혹하는 분명한(?) 소재임에 분명하다. 동서고금을 막론하고 사실 섹스는 여전히 우리 인간이 아주 은밀하면서도 가장 탐닉하는 대상 가운데 하나이기 때문이다.

광고의 다양한 카피나 소재(사진)들이 던져주는 뉘앙스는 묘한 성적 이미지를 촉발시킨다. 물론 철저히 계획된 의도적 도발이다. 광고에 성애(性愛)가 등장한 것은 어제 오늘만의 일이 아니다.

세상은 광고 천지(天地)다.

광고의 가장 큰 목적은 역시 기업이 자신의 제품을 팔고자하는 취지에서 비롯된 것이다. 그런 만큼 잠재 소비자의 정서에 강하게 호소해 이들의 마음을 끌어와야 한다. 그 때문에 인간이라면 누구나 공감하고 지대한 관심을 가지며 원초적 기능을 부추기는 섹스를 광고에 접목시키려는 것은 어쩌면 당연한 것이다.

다만 강렬한 섹스 냄새가 풍기는(?) 광고라 할지언정 그 의도는 섹스를 하나의 수단으로 활용할 뿐 섹스 그 자체가 목적이 아니라는 점을 명심해야 한다. 목적은 제품(서비스)을 알리는 것이다.

"광고는 제품에 관한 뉴스다."

라고 한 리브스(Rosser Reeves)의 말을 외면해서는 안 된다. 다시 말해, 광고 그 자체가 주인공이 되어서는 절대 안 되며 광고는 오직 제품을 위해서만 존재하다 사라져야 한다는 자기희생적 태도다. 물론 말처럼 쉬운 작업은 아닐 듯싶다.

자극적인 섹스어필 광고라 하더라도 기업이 의도하는 광고효과를 기대할 수 없다면 그건 무용지물에 불과하다. 관련 기업으로서는 소비자에게 눈 보신만 시켜주었을 뿐 별다른 소득이 없게 된다.

세계적으로 유명한 마케팅 컨설턴트 '트라우트(Jack Trout)'는 지적한다.

"너무 특이한 광고가 나가면 사람들은 그곳에만 신경을 집중해 사실상 제품에는 눈길을 주지 않는다."

노골적인 형태보다 보일 듯 말 듯 내릴 듯 말 듯 상상력을 증폭시킬 수 있는 광고가 더욱 효과적이라 생각된다. 신중한 접근이 요구된다.

" 고객은 정말 옳은 걸까?

고객의 개념과 특성

"

"고객은 자기가 원하는 것을 절대로 말해 주지 않습니다. 그래서 우리는 1년에 3차례씩 현지 진출 국가의 소비자 행태를 비디오로 녹화합니다. 행동을 면밀히 관찰하다 보면 소비자가 원하는 것을 찾아낼 수 있죠."

– 벨킨 사장 마크 레이노소

고객 바라보기

"안녕하세요. 잘 아시겠습니다만, 저는 '호프집 ○○'에서 왔어요. 학생 여러분들에게 한 가지 부탁이 있습니다. (사뭇 흥분된 말투로) 제발 우리 가게에 오시면 바닥에 침 좀 뱉지 말아주세요. 저는 침 뱉는 것을 보면 도저히 못 참는 성격입니다! 지난번에는 한 학생이 술을 마시며 바닥에 침 뱉는 걸 보고 '야아~'하고 가게가 떠나가도록 비명을 지른 적도 있습니다. 학생 여러분 제발 바닥에 침 좀 뱉지 말아 주세요. 여러분은 지성인이 아닙니까!"

필자가 재직 중인 대학교 앞에서 호프집을 경영하고 있는 여사장의 전언이다.

여사장의 말인즉, 우리 가게에선 제발 술 마시다 불결하니 바닥에 침 좀 뱉지 말아달라는 것이다. 더불어 그런 모습들은 자신의 깔끔한 성격과도 잘 맞질 않는다는 것을 강하게 어필하고 있다.

바닥에 침을 뱉지 말아달라는 호프집 여사장 지적이 잘못되었다는 것은 물론 아니다. 이른바 지성인으로 불리는 대학생이 사람들이 많이 모이는 공공장소에서 함부로 침을 뱉는다는 것은 분명 잘못된 행위다. 때문에 그런 지적은 누군가 했어야 하는 것임에 틀림이 없다.

　　사실 음식점 등지에서 보여주는 고객들의 비상식적인 행동은 비단 바닥에 침 뱉는 것뿐이랴! 흔히 고객은 스스로 '왕'이라고 믿는다. 실제로 많은 교과서에 그렇게 실려 있다. 하지만 아닌 경우도 많다. 고객 가운데는 도저히 눈뜨고 봐줄 수 없는 사람도 있다.

　　비운 밥그릇을 재떨이나 쓰레기통으로 활용한다거나 화장실을 엉망으로 만들기도 하고 여성 종업원에게 술을 따르게 한다거나 특정 부분에 대한 신체적 접촉, 술값 떼어먹고 살짝 도망가는 등 이루 헤아릴 수 없을 정도로 많다.

　　앞서 여사장의 지적대로 많은 학생들이 이 호프집을 찾아 술 마시는 도중 바닥에 침을 뱉었다고 하자. 여사장의 사고방식이라면, 자기 성찰이 부족한 이런 학생들을 대상으로 일일이 주의나 지도 나아가 경고를 하는 수밖엔 도리가 없다. 그렇게 해서라도 학생들의 비상식적인 행동을 바로잡아 가야한다고 생각하는 것이다.

　　그렇다면 여사장의 선도 활동은 여기에 머무를 수 없다. 대학교엔 매년 신입생들이 들어오기에 '침 뱉지 말라!'는 훈계를 일년 내내 해야 한다. 한 번으로 금방 고쳐지는 문제라면 좋겠지만 경우에 따라서는 몇 번이고 주의를 주어야하는 학생들도 있게 마련이다. 이런 식으로 여사장은 자신의 가게 문을 내리는 날까지 침 뱉지 말라는 훈시를 계속해야 한다.

　　만약 당신이 호프집 사장이라면, 위의 여사장과 같은 방법 외에 어떤 방법을 사용할 것인가? 침을 그냥 뱉도록 내버려 둘 것인가? 아니면 침 뱉는 휴지통을 아예 탁자 옆에 둘 것인가? 그것도 아니라면…?

고객의 본질

　　고객들은 돈을 무리하게(?) 뿌려가며 굳이 하지 않아도 되거나 대체할 수 있음에도 이를 마다하지 않는다. 이를 테면 다음과 같은 것들이다.

"골프장에서 몸 풀지 않아도 사업하는데 큰 지장은 없다."
"출퇴근만 생각한다면 벤츠 대신에 마티즈만으로도 충분하다."
"에버랜드나 롯데월드가 아닌 동네 놀이터에서도 아이들 잘 논다."

　　여기서 분명히 짚어보아야 할 것은, 사람들이 진정으로 하지 않아도 될 일을 애써 한 것인지, 어떤지 여부는 곰곰이 따져보아야 한다. 사실 사람들이 자신의 알토란같은 돈을 지불하는 데는 그럴만한 합리적 이유가 있다.

연인과 사랑을 불태우기 위해, 토끼 같은 아들내미와 모처럼 만의 정(情)을 나누기 위해, 자신들만의 깊숙한 사교를 위해, 사회적 지위나 자기 과시를 위해 사람들은 기분 좋게 돈을 지불하는 것이다.

황홀한 크리스마스이브 날 롯데월드에서 데이트를 즐긴 연인이 그 입구에서 지불한 입장료를 떠올리지는 않는다. 오히려 "그녀(그이)와 꿈같은 한 때를 보냈다!"거나 "또 그런 기회가 왔으면 좋겠다!"와 같은 생각이 일반적일 것이다.

온 가족이 오랜 만에 함께 에버랜드를 다녀와서는 아이가 "아빠, 또 가요~", 엄마는 "여보, 애들이 너무 즐거워하던데 다음 달에 한 번 더 데려가~"와 같은 대화가 나올법하다.

고객이 제품(서비스)을 구입함으로써 얻는 즐거움이 돈을 지불하는데서 오는 아쉬움보다 훨씬 더 커야 한다.

"또 사고 싶다!"고 하는 제품 혹은 "다음에 또 오고 싶다!"고 생각될 만큼 고객들이 기분 좋게 돈을 지불하도록 하고 있는가? 아니라면 혹시 고객이라는 존재를 이렇게 생각하고 맹신하는 것은 아닐까!

> '고객이란 문제점을 항시 지적을 해주는 사람'
> '고객이란 제품과 서비스를 일방적으로 팔아주는 사람'
> '고객이란 기업의 브랜드를 타인에게 전해 주는 사람'

물론 잘못된 것은 아니다. 분명 고객은 위와 같은 역할을 하는 존재이기도 하다. 그러나 여기서 고객의 본질에 대해 놓쳐서는 안 되는 것이 있다.

고객을 한자로 쓰면 '顧客'인데 여기서 '顧'는 '돌아볼 고'로 그 의미는 '사방을 둘러보고 마음에 새기며 유심히 관찰한다'는 뜻이 담겨있다. 그냥 물건이나 사고 혹은 밥이나 먹고 서비스나 받고서 종종걸음으로 사라지는 사람이 고객은 아니다. 실제로는 대단히 사려 깊고 민감한 관찰자가 고객인 것이다.

소비자 불만족의 40%는 고객 자신이 야기한 문제에서 기인한다는 조사도 있지만, 기업과 경영자의 목줄을 쥐고 있는 것이 고객이라는 원점에서 생각한다면 고객은 항상 옳은 것이다. 더불어 고객과 관련돼 발생하는 모든 문제와 책임의 발단은 기업(경영자)에게 있다.

이것은 마케팅 활동 및 접객 서비스의 기본 정신이요, 출발점이 되어야 한다. 한번 떠난 고객은 좀처럼 다시 돌아오지 않는다. 그래서 고객은 정말로 무서운 존재다.

▶ 불만족 고객의 4%만이 불만족을 직접적으로 표현하는 반면, 75~90%의 불만
  족 고객은 재 구매를 하지 않는다.

▶ 불만족 고객은 9명 이상의 지인(친구)에게 그 경험을 얘기하지만, 만족한 고객
  은 5명의 잠재 고객에게 얘기한다.

▶ 고객 중 60% 이상이 서비스 제공자를 바꾼다. 그 가운데 14%는 구매한 물품
  의 품질 때문이고, 46% 이상은 자신들이 제대로 대우받지 못했기 때문이다.

미국 최고의 슈퍼마켓(Dairy Store) '스튜 레오날드(Stew Leonard)'의 입구에는 무려 3톤에 달하는 바위 하나가 놓여 있다. 그 바위에는 창업자의 고객 서비스에 관한 경영 원칙 (our policy) 2가지가 새겨져 있다.

▶ 원칙1. 고객은 항상 옳다.
  (Rule1. Customer is Always Right.)

▶ 원칙2. 만약 고객이 틀렸다고 생각될 때는 원칙1을 다시 읽어 보라!
  (Rule2. If the Customer is ever Wrong, Reread Rule1.)

● 고객의 진정한 의미

출처) http://www.stewleonards.com/

거대한 바위에 적힌 내용은 단적으로 고객은 어떤 상황이든 간에 옳다는 것이다. 이 정도의 서비스 철학을 가진 곳이라면 '고객 제일주의'의 첨단을 달리고 있는 기업임에 틀림이 없다.

이에 고객은 안심하고 스튜 레오날드를 방문해 필요한 제품을 구입하게 되고, 종업원들 역시 고객에 대해 한 치의 어긋남도 없는 서비스를 하게 될 것이다. 이른바 잘 나가는 기업에는 그에 상응하는 이유가 있었다. 참으로 의미심장한 사례가 아닐 수 없다.

고객은 왕?

'고객은 왕(王)이다!'

그렇다. 고객은 최고로 모셔야 할 왕임에 틀림이 없다. 하지만 이 말이 가리키는 표면적 의미마냥 '고객'이란 왕처럼 무조건 고개를 숙이고 정중히 받들어야 할 대상으로 결말지어서는 곤란하다.

▶ 허름한 외형에 특별히 눈에 띄는 서비스를 제공하거나 하지 않음에도 연일 긴 줄이 생기는 해장국집이 있다.
▶ 고객(엄마)에게 반말과 꾸지람을 서슴지 않는 소아과(의사)에 환자(아이)를 동반한 엄마들로 병원 복도가 꽉 들어찬다.
▶ 무명에다 팬 관리도 하지 않는 언더그라운드 가수의 공연에 일명 '오빠 부대'들이 수 백 명씩 몰려든다.
▶ 할머니(경영자)의 입에서 튀어나오는 말은 전부 상스러운 욕뿐인데도 이 칼국수집은 단골손님으로 발 디딜 틈이 없다.
▶ 머리 스타일의 문제점을 지적을 하면 헤어 디자이너는 오히려 고객으로부터 고맙다는 얘기를 듣는다.

어째서 이런 현상들이 벌어지는 걸까?

그런 가게나 경영자(가수)에게는 다른 곳이나 사람에게서 느낄 수 없는 그들만의 독특한 맛이나 분위기가 숨어있기 때문이다.

분명 고객은 왕이다. 다만, 고객의 '기대치' 이상으로 어떤 가치를 제공할 수 있다면 굳이 고객을 왕으로 떠받들지 않아도 된다. 그러기 위해선 경영자는 더 많은 창의적 생각을 해야 할듯하다.

고객관계관리(CRM)는 어떻게 하나?

CRM 그리고 LTV

매년 1~9월 상위 1%와 상위 1~5%까지의 매출 비중을 살펴본 결과, 2005년에는 17.2%와 23.4%(총 40.6%), 2006년에는 19.4%와 25%(총 44.4%), 2007년에는 23.5%와 26.3%(총 49.8%)로 매년 증가하고 있다.

– 신세계백화점

고객관계관리(CRM) 데이터를 분석한 결과, 2006년 한해 동안 상위 20%인 고객의 구매금액이 전체 매출의 73.0%를 차지했다.

– 롯데백화점

'가위손 헤어샵'의 전략

'CRM! CRM?' 종종 입에 올리면서도 모두들 난해하게 여기는데, 쉽게 설명해 보자. 아파트 단지 안에는 '가위손 헤어샵'이 있다. 장남 '대한이' 그리고 엄마와 아빠는 한 달에 한 번 이상 꼭 이용하는 단골 헤어샵이다.

오늘은 대한이 머리 깎는 날! 엄마는 쌍둥이 어린 동생 돌보는데 여념이 없어 아빠와 다정히 손을 잡고 헤어샵으로 향한다.

헤어샵 출입구에 이르렀을 무렵 주인아줌마(사장)가 먼저 나와 "어서 오세요?", "대한이 안녕! 오늘은 아빠하고 왔네~"하며 대한이 머리를 쓰다듬고 반갑게 맞아 준다.

> ▶ 이미 헤어샵 종업원(주인)은 대한이 이름은 물론 엄마와 아빠 얼굴도 기억하고 있다. 바꿔 말해, 자신들의 고객을 제대로 정확히 알고 있는 것이다. CRM의 실천은 고객이 누구인지를 아는 것에서부터 출발한다.

마침 휴일이라 헤어샵 안은 순서를 기다려야 할 만큼 붐벼 아빠와 대한이는 잠시 소파에 걸터앉았다. 종업원이 다가와 "어머 죄송해요. 휴일이라~ 잠시만 기다려 주세요."라고 말하며 스포츠신문과 동화책을 내민다.

> ▶ 기다리게 해서 죄송하다는 메시지와 더불어 잠시 대기시간 동안 신문과 책을 읽으며 순서를 기다리라는 것이다. 그러면서도 고객 취향에 맞게 아이에게는 동화책을, 어른에게는 신문을 가져다주고 있다.

잠시 후 차례가 되자 미용사는 대한이를 이용 의자에 앉히며, "지난번처럼 할까요?"라는 간단명료한 메시지를 아빠에게 건넨다.

> ▶ 그 동안의 거래 데이터를 통해 고객 성향을 익히고 실제 활용하고 있다. 그 때문에 고객은 불필요한 설명을 덧붙이지 않아도 돼 심적으로 편안하다. 다음번에도 자연히 이 헤어샵으로 발길을 돌리게 될 것이다.

곧 이어 "옆 부분엔 골격이 조금 나와 있는데, 옆머리를 조금 길게 해서 가리는 편이 어떨까요?"하고 미용사가 제의를 한다.

> ▶ 개별 고객에게 가장 부합되는 새로운 아이디어를 제시하여 고객의 위치(멋)를

한 단계 끌어올린다. 머리만 다듬는 헤어샵이 아니라 고객 개개인에 맞는 모델까지 제시한다.

머리를 다듬는 가운데 대한이가 가위질 소리에 머리와 몸을 멈칫거리자 다정히 "괜찮아요, 조금만 참아~. 아이 예뻐졌네!" 등 다독거리며 머리를 다듬어 간다.

> ▶ 해당 고객에게 가장 적절한 응대를 함으로써 고객 당사자는 물론 주변의 잠재 고객에게도 안심감과 친근감을 심어준다.

옆에서 대한이의 머리 다듬는 모습을 지켜보고 있는 아빠에게 미용사는 "비누로 머리를 감기십니까? 두피가 조금 손상됐어요. 앞으로 샴푸로 감기는 것이 좋을 것 같아요."라고 살짝 말을 건넨다.

> ▶ 고객에게 부가 서비스(새로운 사실)를 제공하고 대안까지 제시함으로써 한층 고객에게 신뢰감을 심어준다.

머리를 다 다듬고 계산대에서 잔돈을 거슬러 줄 때, "대한아! 박하 맛이 좋니? 누룽지 맛이 좋니?"하며 알사탕을 주인아줌마가 내민다. "요즘 일교차가 심한데 쌍둥이 감기는 괜찮으세요?"라는 아빠에 대한 인사말도 잊지 않는다.

> ▶ 아이처럼 소홀해지기 쉬운 고객에 대해서도 선택권을 부여하여 새삼 중요한 고객임을 인식시켜준다. 또한 이곳에 없는 '가족(쌍둥이)' 상황까지 거론해 고객에게 관심과 감동을 안겨준다.

이제 대한이 가족은 물론, 가까운 지인까지 모두 고객이 될 수 있는 가능성이 높아졌다. 단순한 고객이 아니라 '우량 고객' 나아가 '초우량 고객'으로 육성할 수 있게 된 것이다. 요즘 대한이 아빠는 직장 건물 지하에 위치한 가격이 비교적 저렴한 '구내 이용소'에 갈 기회가 생겨도 참았다가 퇴근 후, 단지 내에 있는 가위손 헤어샵을 찾는다.

이상이 '가위손 헤어숍'의 대(對) 고객 전략이고, 그 내용이 바로 'CRM'이다.

CRM의 출발점!

- 고객의 클레임에 신속하게 대처하게 되면 고객의 70%가 거래를 계속한다.
- 기존 고객을 유지하는 비용은 신규 고객을 취득하는 비용의 6분의 1에 지나지 않는다.
- 기존 고객에 대한 제품판매 예상은 50%인데 반해, 신규 고객에 대한 제품판매 예상은 불과 15%에 지나지 않는다.
- 기업은 연간 5%의 고객 유지율을 증가시킴으로써 수익을 무려 85%나 증가시킬 수 있다.
- 평균적인 회사의 비즈니스 가운데 65%는 만족을 느낀 기존 고객을 통해 이루어진다.
- 만족한 고객은 기꺼이 더 많은 비용을 지불하려고 한다. 신용카드 산업의 경우 1년 된 고객으로부터의 연 평균 이익이 30달러인 반면, 5년 된 고객으로부터의 연 평균 이익은 55달러였다.
- 단골 고객은 총 고객의 15 ~ 20% 정도이며, 기업 이익의 70 ~ 80%가 단골 고객으로부터 나온다.
- A/S 및 서비스센터 운영비용의 대부분이 수익성이 낮은 고객 때문에 발생한다. 홈쇼핑 업체의 가장 높은 비용이 반품 서비스에 드는 비용인데, 반품을 가장 많이 하는 고객들이 바로 '1회성' 고객들이다.(Ravi Kalakota & Marcia Robinson[2000]., Amrit Tiwana[2001]., Bain & Company 등을 참조.)

위의 얘기들은 신규고객 확보가 기존의 고객을 유지하는 것보다 결코 이익이 되지 않는다는 점을 지적한 것이다. 이런 논리 속에서 출발한 것이 바로 'CRM'이다. 고객과의 끈끈한 관계 구축 여하에 따라 기업의 경쟁력이 결정된다는 것이다.

고객은 기업이 어떤 데이터를 수집하고, 정보로써 어떻게 축적·관리하고 있는 지와 같은 기업 측의 대응에는 아무런 관심이 없다. 다만, 고객은 섬세하고 감동적인 서비스를 그 자리에서 곧바로 누리고 싶어 할 뿐이다.

　　그래서 고객은 변덕이 심하고 건방지며, 이기주의의 최첨단을 달리는 까다로운 존재다. 그렇다고 해 고객을 무리하게 설득하거나 충고하려 해서는 안 된다. 고객은 모든 조건에서 최우선 시 해야 할 소중한 존재이기 때문이다.

　　CRM의 사고가 보급되기 시작한 것은, "시장 환경의 급속한 변화로 인해 고객의 수요 파악이 어려워지고 있다!"거나 "종래의 성별, 연령 등만으로는 고객의 세분화가 곤란하게 되었다!"라는 등의 이유 때문이다. 게다가 정보기술(IT)이 도입되어 새로운 마케팅 전략 추진이 가능해지는 등 시장 환경의 변화도 한 몫을 했다.

　　그 중에서도 IT 기업에서의 CRM 잠재성은 전통적인 기업에서 보다 높은데, 그것은 전환비용(switching costs)과 거래비용(transaction costs)이 전통적인 비즈니스와 비교해 훨씬 낮기 때문이다.

● 1명의 단골 고객이 7년 동안 창출하는 부가가치

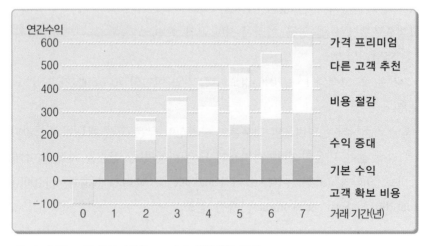

참조) 1인당 고객 확보비용을 100으로 환산했을 경우.
출처) Bain & Company.

　　더불어 이제 '고객을 유지하는 비용이 신규 고객을 개척하는 비용보다 적게 든다'거나 '이익에 공헌하는 것은 일부 한정된 고객이다.'라는 것을 기업들이 이해하기 시작했다. 충성스러운 20%의 고객이 80%의 매출을 발생시킨다고 하는 80/20 법칙, 즉 파레토의 법칙이 지적하듯 말이다.

고객생애가치(LTV)

'첫사랑'을 찾는 일은 마치 금광을 찾는 일과 동일하다. 막다른 골목에서 우연히 첫사랑과 맞닥뜨릴 수 있지만, 체계적이고 합리적인 방법을 동원해 첫사랑과 만날 수도 있다.

'고객'과의 만남 또한 첫사랑과 별반 다르지 않다. 다만, 첫사랑은 만나는 순간 아름다운 추억이 무너지는 아픔을 감수해야 하지만, 고객과의 만남은 아름다운 관계로 지속될 수 있다.

지난날 마케팅 담당자들은 신규 고객을 확보하는 능력을 가장 중요시했다. 혹자는 이를 가리켜 "지금껏 영업 사원들은 고객들을 '경작(cultivate)'하기보다는 '사냥(hunt for)'하는 데 대부분의 시간을 소비했다."고 꼬집어 비유하기도 했다.

하지만 현재는 고객을 유지하면서 객단가(客單價)를 높여가는 것이 무엇보다 중요하다는 것을 깨닫기 시작했다. 한 명의 고객을 상실한다는 것은 단지 그 고객에게 기업이 다시 제품을 판매할 수 있는 기회를 상실했다는 것만을 의미하지 않는다.

기업은 그 고객이 평생 구매했을 때 얻게 되는 미래 이익을 상실하게 되는 것이다. 이러한 점에 착안해 출발한 개념이 '고객생애가치(LTV, Life Time Value)'다. 즉, 고객가치(한 사람의 고객으로부터 얻을 수 있는 이익)'에 시간의 개념을 도입한 것이다.

'평생 동안 고객으로부터 획득할 수 있는 고객가치를 현재가치로 환산한 것.'

이는 일정 기간 내 거래 고객으로부터 획득한 이익을 가리키는 것이 아니라, 고객과 장기간(평생)에 걸친 거래를 통해 이익을 발생시키고자 하는 관점에서 고객가치를 본다.

고객이 특정 기업이나 그 상품을 반복적으로 이용 및 구매할수록 고객의 생애가치는 높아지게 된다. 신규 고객 확보를 위한 비용은 갈수록 증가하고 있으나, 기존 고객의 유지는 거래 기간에 비례에 줄어든다. 이 때문에 고객의 장기간 반복구매는 기업의 이익을 더욱 높여 줄 수 있다.

미국 및 영국과 같은 선진국에서는, 고객을 브랜드(brand)와 같은 자산가치로 보고,

M&A 등의 경우에는 그것이 평가 대상이 될 수 있게 하고 있다. 다시 말해, 얼마만큼 구매 가능성이 있는 고객을 확보하고 있는지도 회사의 자산으로써 중요하게 취급되고 있는 것이다.

최근에는 고객점유율과 계속 구매율을 향상시키기 위해 'Lock in 전략'이라고 하는 것이 주목을 받고 있다. Lock in이란, 글자 그대로 '자물쇠를 잠그는 것'을 가리키는 것으로 고객의 고정화를 의미한다.

Lock in 전략의 전형적인 사례로는, 대형 할인점이나 백화점 등 해당 소매점에서 포인트 카드를 발행해 일정 포인트에 도달하게 되면, 경품 제공이나 할인 서비스를 제공하는 것 등을 들 수 있겠다. 고객은 포인트를 모아 경품 및 서비스를 제공받기 위해 해당 소매점을 지속적으로 이용함으로써 고정 고객화 하는 것이다.

THINKING

섹스어필 광고!

국내외 사례 소개

다소 당황스러울 수도 있다.
너무 야하거나 외설적이라 비판할 수도 있다.
허나 판사는 판결로, 교수는 강의로, 광고는 결과로 평가받아야 한다.

'Club 18-30'의 광고

위 광고를 유심히 보노라면, 얼핏 해변에서 수영복 차림 젊은 남녀들이 오락과 휴식을 즐기며 흥겹게 시간을 보내고 있는 모습이다. 하지만 자세히 들여다보면 젊은 남녀들의 동작 하나 하나에는 공통된 코드가 한 가지 있다. 그게 뭘까? 보이는가? 젊은 것들의 발칙한 행동이 눈에 들어온다.

정답은 '섹스'(Sex)이다.

수영복 차림 젊은 남녀들을 자세히 들여다보면 동작 하나 하나가 모두 섹스와 관련된 포즈(?)를 취하고 있다.

먼저, 사진 왼쪽 중간 부분을 보자. 수건을 꺼내들기 위해 몸을 굽힌 여성의 엉덩이 뒤로 한 남성이 하체를 내밀고 기지개를 켜고 있다. 원근감만 배제한다면 섹스 행위 그 자체로 비춰지고 있다.

마찬가지로 다리를 닦기 위해 허리를 굽힌 흑인 여성 뒤로 한 남성이 원반 날리기를 하고 있는데, 마치 흑인 여성의 엉덩이를 남성의 오른손으로 만지는 것처럼 표현되고 있다. 요즘 같은 세태라면 과히 일급 '성희롱'(?) 감이라고 아니 할 수 없을 것 같다.

또 사진 바로 앞에서 등을 보이는 남성은 두 다리를 벌려 그 앞의 여성과 섹스를 하는 것처럼 묘사되고 있다. 그 때문에 지켜보는 이가 더욱 민망해진다.

이 작품들은 유럽의 한 여행클럽 광고다. 그냥 광고가 아니라, 지난 2002년 칸(Cannes) 국제광고제 인쇄 및 포스터 부문에서 그랑프리를 수여했을 만큼 우수한 작품들이다.

이 광고는 "사람들이 '휴가'에서 자연스럽게 '섹스'를 연상하는 것에 착안한 재미있고 전략적으로도 성공한 광고"라는 평가를 칸 국제광고제 심사위원들로부터 받았다. 성적 표현이 대단히 자유로운 유럽에서는 광고를 섹스와 연관시키는 것은 너무나도 자연스러운 일이다. 아니 너무 흔해 주목을 받지 못하자 그 야함의 강도가 갈수록 거세지고 있다.

'리바이스'의 광고

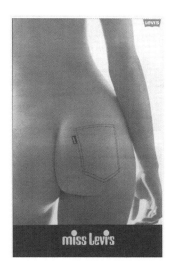

청바지의 대명사(代名詞)라면, 단연 리바이스(Levis)다.

그 리바이스의 광고다. 여성의 뒷부분 특히 엉덩이 부분을 집중 부각시켜 시선을 한 몸에 담고 있다. 여성이 청바지를 입는 가장 큰 이유 가운데 하나는 자신의 몸매, 특히 엉덩이를 예쁘게 보이기 위해서란다. 사실이라면 그에 가장 충실한 광고일 듯싶다.

여성의 탱탱하고 탐스러운 엉덩이를 어필하면서, 그 오른쪽에는 전형적인 청바지 뒷주머니 재봉 형상을 묘사해 이 광고가 결코 성인물이 아닌 청바지 광고임을 각인시키려 무지 애를 쓴다.

'베네통'의 광고

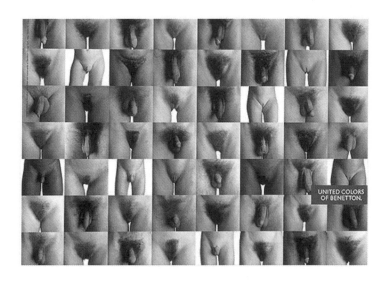

파격적인 광고로 유명한 의류브랜드 베네통(Benetton)의 광고 가운데 하나다.

더 이상 광고 의미에 관한 담론을 불허할 지경이다. 한 마디로 아찔하다. 베네통 광고의 특징은 자신의 제품 자체를 이슈로 하는 것이 아니라, 각종 사회 문제에 초점을 맞추어 사람들의 이목을 집중시킨다.

이를테면, 인종차별, 전쟁, 에이즈(AIDS), 살인 사형수 등을 주제로 여러 충격적인 사진들을 광고로 만들고 있다.

충격적이고 엽기적인 메시지 때문에 사람들의 이목을 집중시키는 것은 분명하나, 그것이 광고 효과를 발휘해 제품 판매로 이어지는지에 대해서는 불투명하다. 하지만 여전히 건재한 걸 보면 효과가 있는 건 분명하다. 아무튼 'United Colors of Benetton'이라 표현한 것도 베네통 다운 발상이다.

'데이빗 팔머'의 광고

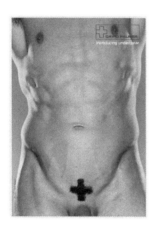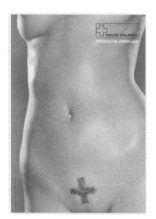

위의 인쇄 광고는 데이빗 팔머(David Palmer)의 속옷(underwear) 광고다.

남녀의 은밀한 부위 노출(露出)이라는 측면에서는 과히 파격적이라 할 만하다. 보일 듯 말 듯한 남녀의 성기는 소비자들에게 또 다른 세계로의 감흥을 불러온다. 예술적이면서도 다소 외설적이라는 평가 내려지기도 하는 광고다.

누가 뭐래도 아이디어 측면에서는 단연 추종을 불허한다. 남녀의 음모를 면도기로 사정없이 밀어 데이빗 팔머의 십자형 브랜드 로그를 만들었다.

"당신들의 아랫도리를 감싸 줄 수 있는 것은 데이빗 팔머의 속옷뿐이다."

라는 강력한 메시지가 보는 이의 온몸을 타고 흐르는 듯하다. 이쯤 되면 외설적이라는 시비보다는 고품격의 예술작품에 가깝다고 해야 옳지 않을까?

'시슬리'의 광고

세계적인 화장품회사 시슬리(Sisley)의 광고다. 우리에게도 익숙하다.

붉은 옷을 입고 스타킹을 신은 한 여성이 보인다. 그녀의 요염하게 벌린 양다리와 붉은 입술 사이로 내민 혀는 이성의 도발을 강렬하게 권유하고 있다. 이를 보다 못한 황소가 날카로운 두 뿔을 세운 채 곧장 달려들 기세다. 위험하다.

이 다음의 일은 더 이상 떠올리고 싶지 않다. 광고 상단엔 작은 글씨로 'see you at sisley com'라고 적혀있다. 시슬리 홈페이지를 방문해달라는 요청이다.

이 광고 외에도 시슬리는 여성의 자위 모습이나 남녀가 뒹구는 모습, 조개를 손가락으로 집는 모습, 여성의 두 가슴을 만지는 모습, 행위(?)가 막 종료된 듯한 헝클어진 모습 등 다양한 성애(性愛)를 광고의 소재로 활용하는 것으로 유명하다.

'현대카드'의 광고

"아버지는 말하셨지. 인생을 즐겨라. 웃으면서 사는 인생, 자 시작이다. 오늘 밤도 누구보다 크게 웃는다(하하하). 웃으면서 살기에도 인생은 짧다. 앞에 있는 여러분들 일어나세요. 아버지는 말하셨지. 그걸 가져라. 그걸 가져라."

"너무 재미있는 노래다." "귀에 착착 달라붙는 게 아주 마음에 든다."등 네티즌들의 열화 같은 평가를 받은 현대카드의 'W Song' 가사다. 아버지가 말한 '그걸 가져라'는 당연히 이 회사 발행 카드를 하나쯤 가지라는 얘기다.

그런 이 회사가 바캉스 시즌에 맞추어 내놓은 것이 위의 광고다. 외국인 남녀 모델이 수영복 차림으로 뒤 엉킨 야릇한 자세는 곧바로 한반도 모양을 형상화하고 있음을 알 수 있다. 언뜻 자극적인 느낌으로 시선을 당기면서도 한편으론 위트가 넘친다. 게다가 두 남녀 모두 살포시 눈을 감고 한반도 모양으로 젖은 모래사장 위에 누워 휴식을 취하는 모습이어서 대한민국 땅에서 여름휴가를 보낼 작정이라면 꼭 필요한 카드임을 은근 슬쩍 부각시키고 있다.

한편, 수영복 차림의 한반도 모양을 순수하게 광고로서만 본다면 아이디어가 단연 주목을 끄는 광고라고 할 수 있으나, '상업주의에 빠져 역사의식을 망각한 자기 비하'라는 비판도 네티즌들로부터 뒤따랐다. 아쉽다. 광고는 그냥 광고로 봐주었으면 하는 게 필자의 생각이다. 평가(비판)는 해당 제품의 시장 매출액을 통해 판가름 나야 옳다.

04

Human Resources Organization

인사조직

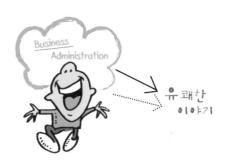

" 인사조직이란 무엇인가?

인간과 조직 "

조직의 최소(最小) 단위는 한 명, 즉 개인(個人)이다. '어떻게 하면 개인에게 잠재된 의욕을 최대한 이끌어낼 수 있을까?'하는 것은 기업 인사 담당자 나아가 경영자의 최대 고민거리다.

인간은 누구인가?

"인간은 인간 사이에서만 인간이다."

유명한 독일의 관념주의 철학자 '피히테(Johann Gottlieb Fichte)'의 말이다. 인간은 사회 속에서만 인간다운 삶을 누릴 수 있다는 인간과 사회와의 관계성을 설파한 것이다. 실제로 '인간(人間, human)'이라는 한자(漢字)의 의미를 풀이하면 '사람에게 서로 의지해가며 살아가는(人) 사람과 사람 사이(間)'란 뜻이 된다.

이러한 인간의 의의나 그 풀이만 보더라도 인간은 분명 사회적 존재다. 그래서 더더욱 홀로 세상을 살아갈 수는 없는 것이 인간이다. 그래서 인간을 '사회적 동물' 이라고 한다. 이 점에서 인간은 벌이나 개미, 아프리카 벌판의 얼룩말 무리와 별반 다를 것이 없다. 강한 맹수의 위협으로부터 벗어나기 위해 사회를 이루고 산다는 것은 이들 동물들과 특별히 구별해야 할 이유가 없기 때문이다.

그러나 인간의 사회생활은 벌이나 개미의 자연적인 사회생활과는 다르다. 동물과 곤충들은 그들의 우두머리인 여왕개미와 같은 위치에 서려고 하지 않고 우두머리의 권력이나 지위를 차지하려고 싸우지도 않는다.

그러나 인간은 다르다. 신분상승과 재력과 권력을 갖기 위해 권모술수, 살육, 아첨과 아부, 뇌물수수 등 온갖 수단과 방법을 다 짜낸다. 그래 인간을 가리켜서 '정치적 동물'이라고도 하는 것이다.

일상생활에서 이런 말도 이따금씩 사용한다.

"저 사람은 인간성이 참 좋다."

타인으로부터 인간성이 좋다는 얘기는 이미 사회라고 하는 조직에서 잘 융합돼 그 구성원들로부터 긍정적인 평가를 받고 있다는 의미다.

이처럼 인간은 다른 사람들과 다양한 형태의 관계를 맺고 서로 의지해가며 살아갈 운명의 사회적 존재인 것이다. 동시에 욕구를 가지고서 그것을 충족시키기 위해 적극적인 행동도 마다 않는 역동적 존재이기도 하다.

인간에 대한 평가는 상반된 두 가지 관점이 존재한다.

▸ 주어진 일 밖에 할 줄 모르는 무책임하고 수동적(受動的)인 존재다.
▸ 매사에 책임감과 적극성을 가지고 일을 처리하는 능동적(能動的)인 존재다.

당신은 어느 쪽에 손을 들어 줄 것인가? 두 가지 관점 가운데 어느 쪽에 지지하느냐에 따라 상대방과의 커뮤니케이션 방법은 완전히 달라진다. 또 어떤 인간관에 입각해 있느냐에 따라 연구 방법론이나 그 이론 체계도 달라진다.

아울러 생로병사(生老病死)는 모든 인간이 예외 없이 거쳐 가야 할 긴 항로(航路)다. 그 항로 도중 인간의 관점은 격랑을 만나면서 수 없이 요동을 친다. '아름다움'에 대한 인간의 관점을 잠시 설명해보자.

조금 유머러스한 내용이긴 하지만 인생이라는 항로 도중 맞닥뜨리는 아름다움에 대한 관점은 이렇게 변화하는 것은 아닐까?

▸ 20대 왈, "S라인은 아름답다!"

▶ 40대 왈, "모든 젊음은 아름답다!"

▶ 60대 왈, "자유로운 활동 자체가 아름답다!"

▶ 80대 왈, "살아 숨 쉬는 모든 것은 아름답다!"

조금 빗나간 비유일 수도 있다. 어쨌든 인간관에 관한 연구는 단순히 '인사조직론'에 한정되지 않고 인문과학이나 사회과학 등에서도 대단히 중요한 테마로 다뤄지고 있다.

조직의 본질

현대사회에서 '조직(組織, organization)'은 매우 중요한 역할을 수행하고 있다. 우리들 일상생활에 다채로운 영향력을 행사하는 기관이나 기업, 단체의 대부분은 조직이라는 모습을 띄고 있다.

가까운 예로 대한민국 정부는 '2원 18부 4처 17청'이라는 조직으로 이루어져 있다. 조직이라는 명칭에 거부감과 먹칠을 한 '조폭(조직 폭력배)' 역시 조직이라는 이름을 앞세우고 당당히 활동한다.

그럼 어째서 조직이라는 형태로 활동을 하는 걸까? 이유야 간단하다. 어떤 일을 추진하는데 있어 한 사람의 힘만으로는 한계가 따른다. 우리 사회의 경제활동에도 수많은 사람들의 교류와 협력이 반드시 필요하다.

싸움도 마찬가지다. 조직이란 형태로 이뤄지는 싸움이라면 개인보다는 훨씬 다양한 노하우를 동원해 효율적이면서도 변화무쌍한 전략을 세우고 실천할 수 있다. 그래서 조직을 만드는 편이 혼자일 때보다 여러 측면에서 유리하다. 범인(凡人)을 비범(非凡)한 사람으로 만들 수 있는 것도 조직이라면 가능하다.

여전히 많은 사람들은 조직의 이미지를 '톱니바퀴'라고 생각한다. 기계 톱니바퀴는 그 가운데 톱니 하나라도 망가지거나 어긋나게 되면 전체 톱니바퀴가 제 구실을 못한다. 조직 또한 구성원들 사이에 일사불란한 협력체계가 갖추어지지 않으면 오합지졸이 될 수 있다. 틀린 얘기는 아니지만, 이게 조직의 전모는 아니다.

조직의 사전(辭典)적 정의는 다음과 같다.

> "다양한 능력을 가진 구성원들이 폭넓은 교류와 상호 협력(커뮤니케이션)을 통해
> 주어진 공통의 목적을 달성하려고 하는 하나의 집합체"

이에 따라 조직은 다음과 같은 세 가지 속성을 띄게 된다.

> ▶ **복수(둘 이상)의 구성원**
> ▶ **상호 교류 및 협력**
> ▶ **공통의 목적 달성에 대한 의욕**

이 가운데 한 가지라도 결핍되어 있다면 그건 이미 조직이 아니다.

다음에 소개하는 기사는 남극세종과학기지의 남극월동연구대 대장(홍성민)의 글이다. 조직이 무엇이고 어째서 필요한지를 너무도 명쾌하게 집어내고 있다.

> "남극세종과학기지의 남극월동연구대는 대장을 포함해 모두 16명인데 고립된
> 환경에서 외부 도움 없이 생존할 수 있는 최소한의 필수 인원으로 구성된다.
>   즉 기지에서 모든 살림살이를 맡는 총무, 대원들의 하루 세 끼 식사를 책임지는
> 주방장과 종합병원장인 의사가 있다.
>   세종기지의 심장인 발전기와 전기 설비를 책임지는 대원이 각 1명씩 있고, 기
> 지에서 필요한 것은 뭐든지 만들어내야 하는 설비대원 2명과 중장비를 정비하고

운영하는 중장비대원 2명이 있다. 그리고 통신대원 1명과 맞교대로 24시간 기
상을 관측하는 기상대원 2명, 연구원 3명 등을 포함해 모두 16명이다."

먼저, 남극월동대는 다양한 역할과 기능을 가진 16명이라는 복수의 구성원으로 이루어
져 있다. 대원들은 각자가 맡은 역할에서 확인할 수 있듯 자신의 역할을 유기적으로 잘 조
화시키며 상호 교류 및 협력이 반드시 필요하다. 이 가운데 누구 한 사람이라도 자기 역할
을 소홀히 한다면 곧바로 다른 모든 구성원들에게 영향을 미치게 된다. 또한 이들은 남극
지역의 해저지형 및 지층탐사, 저서생물·해양생물 채취, 육상지질 및 암석표본 채취, 육상
동식물 분포조사 등 주어진 공통의 목적 달성을 위해 의욕을 불태우고 있다.

그래서 이른 아침 출근을 위해 같은 행선지의 시내버스나 지하철에 올라탄 복수의 사람
들을 가리켜 조직이라 부르지 않는 것은 조직이 갖추어야 할 기본적인 속성이 존재하지
않기 때문이다.

조직의 개념은 비단 기업에 한정되어 있지 않다. 정부나 군대, 학교, 교회, 병원, 유치원,
노동조합, 각종 위원회 등 다양한 곳에 존재한다. 조직은 둘 이상의 사람이 존재함으로써
성립되는 상호 협력 시스템이다.

● 조직의 이미지

조직이란 이름 아래 뭉쳐있는 어느 한 곳을 자르더라도 동일한 목표와 이념이 쏟아져
나올 만큼 철두철미하게 침투되고 배어있는 조직이라면 최상의 조직이다.

" 인간의 다양한 성향!

인간의 본성 "

　　인간의 시력은 날짐승만도 못하고, 개와 비교해 턱 없이 부족한 후각과 청각을 가지고 있으며, 호랑이나 독수리의 날카로운 발톱과 이빨(부리)은커녕 코끼리나 기린과 같은 우람한 덩치도 없다. 그럼에도 불구하고 인간은 만물의 영장이 되었다.

파킨슨의 법칙

　　"관료의 수는 일의 양이나 중요성 여부에 관계없이 일정한 비율로 늘어난다."

　　이것은 영국의 정치학자 '파킨슨(Ceril Northcote Parkinson)'이 사회를 풍자하며 읊은 것으로 현재 '파킨슨의 법칙(parkinson's law)'이란 이름으로 전해오고 있다.

　　이 법칙은 제1법칙과 제2법칙으로 나눠지는데, 그 내용은 다음과 같다.

　　먼저, 제1법칙은 "업무는 그에 할당된 시간만큼 늘어나는 경향이 있다.(Work expands to fill the time available for its completion.)" 본래 한 시간이면 충분한 일도 두 시간에 걸쳐 해도 된다고 하면, 해당 일은 두 시간에 걸쳐 이루어지게 된다.

　　다음으로 제2법칙은, "지출은 수입에 비례해 늘어난다.(Expenditure rises to meet income.)"는 것이다. 다시 말해, 돈은 들어온 만큼 나간다는 의미다.

　　현재 제1법칙이 가장 널리 알려져 있으며, 다양한 논의의 대상이 되고 있어 이 법칙을 중심으로 살펴본다.

　　파킨슨의 법칙은, 업무가 늘어서 사람이 늘어나는 것이 아니라, 사람이 늘어나서 업무가 늘어난다는 것이다. 역설적인 얘기지만 진실을 정확히 꿰뚫고 있다고 하겠다.

파킨슨의 법칙은 행정관청 등지에서 일의 양이나 중요성에 관계없이 조직이 비대화하게 되는 것을 풍자적으로 설명한 법칙이나, 이 제창자인 파킨슨씨는 '회의(會議)'에 대해서도 재미있는 주장을 하고 있다.

회의는 중요한 의제(議題)일수록 토론이 이루어지는 경우가 적고, 지엽적인 의제일수록 출석자가 열심히 논의하는 경향이 있다고 한다.

그 예로 재무위원회 석상에서 거액의 투자를 필요로 하는 원자로 계획의 심의에 소비된 시간이 2분 30초였던 것에 반해, 사무직원을 위한 자전거 주차장 안건에 대해서는 무려 45분이나 토론이 이어졌다고 한다.

더욱이 직장에서의 차와 과자 제공(영국의 관청이나 기업에는 오후에 홍차를 마시는 관례가 있다)에 얼마의 예산을 배분할 지에 대해서는 1시간 15분에 달하는 열성적인 토의가 이어졌다고 한다. 그럼에도 결론이 나지 않아 다음 토의까지 더욱 많은 자료를 준비해 토의하기로 결정이 났다.

토론에서 파킨슨의 법칙이 적용되는 것은, 지엽적인 문제일수록 발언에 대한 책임이 적어 활발한 참가가 가능하다는 점이다.

그와 더불어 지엽적인 문제에 대해서는 많은 사람이 어떤 형태로던 지식을 가지고 있지만, 수준 높은 토론이 되게 되면 참가자가 이해할 수 있는 부분이 적어 모두가 입을 다물게 되는 것도 하나의 원인일 것이다.

이를 통해 알 수 있는 것은, 어떤 의제를 두고서 활발한 토의를 이끌어 내기 위해서는 구체적인 자료를 사전에 배포해 충분히 숙지할 수 있는 시간을 주는 것이 필수적이다.

> "연구가 성공하게 되면 많은 보조금을 모을 수가 있지만, 그 때문에 연구는 할 수 없게 된다."

이 말도 파킨슨의 말이다. 이 법칙이 세상에 알려지기 전까지 그는 거의 무명의 교수였다. 이제 파킨슨 본인도 유명해진 결과 연구를 제대로 할 수 없게 되었음을 자인하는 말인지도 모른다. 아무튼 세상이란 요지경 속이다.

오늘날 행정 개혁에 관한 주장이 끊임없이 제기되고 있다. 대표적으로 관료는 그냥 방치해 두면 자기 증식한다는 것이다. 그리고 증식은 복잡화를 의미하고 복잡화는 부패를 의미한다고 한다. 관료는 부하를 늘리는 일에 열중하거나 서로를 위해 일을 만들기 때문에 일의 중요성과는 무관하게 관료가 늘어간다고 한다.

바로 대기업 병이나 관료조직의 병폐도 파킨슨의 법칙이 지적하는 조직의 속성 때문일지도 모른다.

피터의 원리

"사람은 자신의 책임을 다할 수 없는 무능 수준까지 승진한다."

위의 말은 사회학자 '피터(Laurence J. Peter)'가 계급사회를 꼬집어 표현한 것으로, 현재 그의 주장은 '피터의 원리(peter principle)'라는 이름 아래 활발히 논의되고 있다. 그의 말은 다음과 같이 해석될 수 있다.

- ▶ 유능한 인간은 승진한다.
- ▶ 승진하게 되면 더욱 고도의 직무를 맡게 되므로 현재보다 한층 힘들어지게 된다. 어떤 사람은 그것을 극복하고 새로운 일을 정확히 수행하게 된다. 그러한 사람은 더욱 승진한다.
- ▶ 그러나 어떤 사람이라도 특정 지위까지 승진하면 그 직무가 자신의 능력으로 감당하기 어려워진다. 그러한 상태에 도달한 사람은 더 이상 승진될 수 없으므로 그 지위에 정년까지 머물러 있게 된다.
- ▶ 결과적으로 어떤 지위도 그것을 수행할 수 없는 사람이 차지하게 된다.

인간의 능력은 사람마다 다르다. 그런데 사람은 능력과 관계없이 승진하고 싶어 한다는 점에서 비극은 시작된다. 승진은 현재의 맡은 일을 잘 한 것에 대한 보상의 성격이 크며, 따라서 위로 올라갈수록 일을 더 잘할 가능성은 희박해진다. 결국 조직원들은 자신의 무능력을 입증할 수 있는 수준까지 승진하려는 경향을 보이게 된다. 이것이 바로 피터의 원리다.

"저런 능력으로 어떻게 저 자리에 앉아있지?"

"옛날에는 그렇지 않았는데 승진하고선 왜 저 모양인지 모르겠어!"

조직 주변에서 이 같은 잡음이 흘러나오는 것도 조직에 피터의 원리가 적용되고 있음을 입증하는 사례라 하겠다. 어째든 완벽하게 검증된 것은 아니지만 공감이 가는 내용이다.

피터의 원리는, 관청과 회사, 학교 등의 조직에 있어 해당 부서는 자신의 무능 수준에 도달한 사람들에 의해 채워지고 있다는 것을 명료하게 설명하고 있다.

우리 사회가 제대로 굴러가지 않고 삐걱거림이 많은 것도 피터의 원리 때문일까? '태어날 때부터 무능한 사람도 있지만, 노력하여 무능하게 되는 사람도 있다.'는 말을 어떻게 생각하는가?

리스키 시프트!

"빨간 신호등도 함께 건너면 두렵지 않다."
사람은 집단을 형성하게 되면, 대담해지고 박력이 넘치며 과격하고 편중된 결론이 도출되는 경향이 있다.

A사는 기업 경영과 관련된 의사결정을 사장 혼자서 내리는 이른바 '독재형' 기업이다. 반면에 B사는 관련 담당자들이 함께 모여 신중하게 의사결정을 내리는 '민주형' 기업이다.

그럼 질문이다.

현재 A사와 B사는 모두 국내 인건비 상승으로 인한 채산성 악화를 만회하기 위해 해외투자를 고려하고 있다. 과연 어느 기업이 보다 적극적으로 해외투자에 나서게 될까?

이런 질문에 많은 사람들은 독재형 기업 'A사'를 선택할 것이다. 왜냐하면 사장 혼자서 모든 걸 결정하는 기업이기 때문에 실행이 빠를 것이라는 점에서다.

미국의 심리학자 스토너(J. F. S. Storner)의 실험에 따르면, 여기에 대한 정답은 오히려 민주형 기업 'B사'라고 한다.

일반적으로 '한 사람보다는 두 사람이 두 사람보다는 세 사람이'와 같이 의사결정참가자가 많으면 많을수록 합리적이고 올바른 결론이 도출될 것으로 우리들은 굳게 믿고 있다. 실제로 전 세계 수많은 국가들이 채용하고 있는 민주주의는 그러한 사고를 기반으로 성립된 시스템이다.

그러나 사회심리학의 연구는 그런 결론을 지지하고 있지 않다. 스토너의 연구에 따르면, 집단에서의 논의는 모험적이고 편향된 상당히 위험성이 내포된 결론을 낼 수 있다는 것이다. 이러한 현상을 가리켜 '리스키 시프트(risky shift)'라고 부르고 있다.

그 이유에는 크게 세 가지가 있다.

첫째, 집단으로 토론을 하게 되면 논의가 단순화되고 목소리가 크거나 과격한 의견이 받아들여지기 때문이다.

둘째, 집단 속에서 리더십을 가진 사람은 종종 리스키(risky)한 의견을 가진 경우가 많고 참가자들이 그 의견에 휘둘리게 된다고 한다.

셋째, 집단으로 토론을 하게 되면 '책임의 분산(分散)'이 발생하게 된다.

그런데 재미있는 것은 집단 속에서 이루어지는 모든 의사결정이 반드시 리스키 시프트한 것만은 아니라는 점이다.

다시 말해, 집단 토의 결과는 반드시 위험하고 모험적인 방향으로만 쏠리는 것이 아니라 보다 너무 신중해지거나 안정지향에 빠져 도전정신이 결여된 이른바 위험 회피적인 선택을 하는 경향도 보였다. 이것을 '커셔서 시프트(cautious shift)'라고 부른다.

집단양극화 현상

이처럼 집단적으로 토의를 하는 경우 보다 위험한 방향이든지 아니면 보다 안전한 어느 한 방향으로 결과가 쏠리게 된다. 이런 현상을 가리켜 '집단양극화(group polarization)'라고 한다.

집단양극화는 어째서 일어나는 것일까? 하나는 사고가 강화되기 때문이다. 즉, "○○이기에 찬성합니다."라고 누군가가 말하면 그 의견에 대해서 "역시 올바른 의견입니다."라고 확신이 증가하게 된다. 또 사람은 누구라도 다른 사람들보다 우수하다는 것을 인정받고 싶어 한다. 그 때문에 다른 사람에게 지지 않으려고 한발 더 나아간, 다시 말해 어느 한 쪽으로 쏠린 의견을 제시하는 경향이 있다는 것이다.

결과적으로 집단이라고 하는 것은 명확하면서도 이해하기 쉬운 극단적인 결론을 선호하는 경향이 강하다는 것이다. 여럿이서 의견을 교환하더라도 올바른 의견이 도출된다고는 할 수 없다. 그것은 이른바 지식인이라 할지라도 예외는 아니다. 이른바 집단 속에서의 의사결정은 '양날의 칼'이라는 점을 반드시 명심할 필요가 있다.

" 인재는 얻기보다 쓰기가 어렵다!

동기유발의 중요성

"

"인재는 얻기가 어려운 것이 아니라, 알맞게 쓰기가 어렵다."
적재적소(適材適所)에 활용할 때 비로소 '인사(人事)가 만사(萬事)'가 된다.

뱀장어가 일등

Once upon a time there was a … (옛날 한 옛날에~)

나날이 급변하는 숲속 환경에 대처하기 위해 여기 동물들이 학교를 만들었다.

이들은 달리기, 오르기, 수영, 날기 등으로 짜여 진 커리큘럼을 채택했다. 커리큘럼을 보다 쉽게 관리하기 위해 모든 동물들은 동일한 과목들을 수강하도록 했다.

오리는 수영에 있어선 교사보다도 뛰어났고, 날기에서도 그런대로 통과 점수를 받았으나, 달리기에서는 매우 부진했다. 오리는 달리기에서 낮은 점수를 받았기에 방과 후에도 남아 달리기를 연습해야 했고, 그 때문에 수영 수업은 빠질 수밖에 없었다. 이렇게 달리기 연습에 열중하다 보니 그의 물갈퀴 상태는 악화되어 갔고, 이제는 수영에서조차 겨우 평균 점수 밖에 못 받게 되었다. 그러나 학교에서는 평균성적을 받으면 허용이 되므로 오리 자신을 제외하고는 누구도 그것에 대해 걱정하지 않았다.

토끼는 처음 달리기에 있어서는 최고의 실력이었으나, 수영에 많은 시간을 연습하느라 그만 신경쇠약에 걸렸다.

다람쥐는 오르기에는 뛰어났지만, 날기반의 교사가 땅에서 위로 날아오르게 했기 때문에 좌절감에 빠졌다. 또 그는 지나친 연습으로 경련이 생기는 바람에 오르기에서는 C를 받았고, 달리기에서는 D를 받았다.

독수리는 문제아여서 심하게 훈계를 받아야 했다. 오르기반에서는 독수리가 나무꼭대기에 오르는 데 다른 모든 동물들을 제치고 앞장섰지만, 거기에 도달하는데 있어 자기 방식만을 고집했다.

마침내 학년 말, 수영은 유난히 뛰어나고, 달리기와 오르기, 날기는 조금 하는 이상하게 생긴 뱀장어의 평균 점수가 가장 높아 졸업생 대표가 되었다.

차이점을 소중히 하는 것이 얼마나 중요한지를 레비스(George H. Reavis)는 "동물학교(The Animal School)"라는 우화를 통해 잘 설명해주고 있다.

다시 이야기를 정리해보면, 아래 도표와 같다.

동물학교의 우화가 우리에게 던지는 교훈은 크게 두 가지다.

첫 번째는, 모두 다 잘하려다가는 하나도 제대로 못하는 인재나 조직을 만들어 자신들만의 핵심 역량을 제대로 살려가지 못한다. 동일한 악기 여러 개가 동시에 쏟아내는 소리보다 서로 다른 악기들이 모여 소리를 낼 때 비로소 천상의 화음이 되는 것처럼 개개인이 가진 장점과 특징을 최대한 살려야 증폭현상이 일어난다. 아무런 차이점도 특징도 없는 무미건조한 인재나 구성원이 양산되면 조직은 파국으로 치달을 수 있다.

● 최고의 실력자는 누구?

	오리	토끼	다람쥐	독수리	뱀장어
달리기		○			△
오르기			○		△
날기	×		×	○	△
수영	○ → ×	×			○
결과	낙오	신경쇠약	좌절	불성실 → 낙제	수석 졸업

두 번째는, 해당 조직 내에서 가치도 위상도 가장 미미한 사람이나 영역이 오히려 과대
평가를 받아 조직의 전체적인 역량을 반감시킬 수 있다. 그런 조직이라면 구성원들의
창의력과 잠재력 발휘가 어려워 결국엔 조직의 중추신경이 마비돼 머지않아 무너지
게 될 것이다.

"준마는 하루에 천리를 갈 수 있어도 밭을 갈 때는 소보다 못하다."

이 얘기는 말이나 소 같은 미물이라 할지언정 각각의 장점을 잘 살려 제대로 활용해야
한다는 것이다. 자리나 업무에 가장 적합한 사람에게 해당 임무를 맡겨 자신이 가진 재능을
최대한 발휘할 수 있도록 하는 것이야말로 인사조직의 기본 원칙이다.

동기유발의 필요성

외로워도 슬퍼도 나는 안 울어
참고 참고 또 참지 울긴 왜 울어
웃으면서 달려보자 푸른 들을
노래하며 뛰어보자 애들처럼

1970년대 만들어진 만화영화 '들장미 소녀 캔디'의 주제가가 일전 어느 기업광고 시리
즈에 활용되면서 많은 주목과 향수를 불러일으켰다. 그래선지 지난 2005학년도 대학수학
능력시험의 언어영역 듣기평가에도 이 노랫말이 등장했다.

들장미 소녀 캔디의 노랫말 '참고 참고 또 참지 울긴 왜 울어'처럼 개인이 외롭고 슬프며 스트레스 받을 만큼 조직 내에 방치되거나 처우를 받아선 안 된다. 희망을 잃지 않고 힘차게 맡은 바 업무를 수행할 수 있도록 용기를 북돋아 주어야 한다. 조직 안에서 아이처럼 '웃으면서 달리고, 노래하며 뛰도록' 해야 한다.

지금으로부터 6,500만 년 전 어느 날, 우리 지구상에서 공룡이 사라졌다. 종종 회자(膾炙)되는 지구와 소행성의 충돌 때문이 아니었다. 공룡이 사라질 정도의 엄청난 재앙이라면 오늘날 양서류가 살아남았을 리 만무하다. 소행성 충돌 이전부터 지구에는 엄청난 식생의 변화가 진행됐고, 이에 따른 환경 변화의 스트레스를 견디지 못한 공룡들이 서서히 멸종한 것이다.

지구상 최강·최대 몸집의 둔감한 공룡도 스트레스와의 싸움에서는 패한 것이다. 그렇다면 몸집도 작고 연약한 인간은 스트레스에 더욱 취약하지 않을까? 다행스럽게도 인간에게는 '동기유발(motivation)'이라는 막강한 스트레스 억제 도구가 있다. 신의 축복이다.

경영자인 당신의 취향은 독특하다. 출렁거리는 치마는 왠지 싫다. 흔들리는 면바지도 싫다. 오직 하나, 꽉 끼인 청바지가 좋다. 뭣보다 활동성이 뛰어나 보여 좋다.

그래서 자신의 여비서가 가능하면 청바지를 착용하길 내심 바란다. 입사 초기에는 눈치빠른 여비서의 청바지 출근이 일상화되더니, 점차 그 횟수가 줄어들며 요 근래에는 여비서의 청바지를 본 적이 없다.

참다못한 당신은 여비서를 불러 슬며시 이런 제안을 했다.

"청바지 입고 출근하면, 근평(근무평가) 높게 책정하고 덧붙여 월급도 10% 가량 올려주겠다."(자칫 '성희롱'이라 제소당할 수 있다는 점도 고려해 사용할 것.)

결과는 어떻게 되었을까?

당신은 1년 365일 엉덩이에 짝 달라붙은 청바지의 여비서를 볼 수 있다.

이처럼 여비서의 출렁거리던 치마가 365일 달라붙은 청바지로 바뀐 이유는 뭘까? 사족(蛇足)을 달 필요도 없이 좋은 근평(勤評)과 월급인상 때문이다. 그게 바로 여비서를 움직이게 한 강력한 동기유발 요인이다.

일반적으로 동기유발이란 이렇게 정의된다.

"어떤 목표를 달성하기 위해 높은 수준의 노력을 자발적이고 적극적으로 할 수 있도록 부추기고 끊임없이 행동하도록 하는 심리적 과정의 총칭!"

즉, 거대한 선박의 고(高)마력 엔진처럼 오대양 육대주를 거침없이 나아가게 하는 강력한 의지를 발휘케 하는 것이 바로 동기유발이다.

"당신은 어째서 밥을 먹는가?"
"당신은 왜 이 책을 읽고 있는가?"
"당신은 왜 퇴근 후 어학원으로 달려가는가?"

물론 이러한 행동을 하는 데는 이유가 있기 때문이다.

인간의 행동은 그 행동을 부추기는 어떤 욕구(이유)가 존재하기 때문이다. 그 욕구를 적극적으로 행할 수 있게끔 하는 것이 바로 동기유발이다.

삼성 이건희 회장의 글 "생각 좀 하며 세상을 보자"에는 이런 내용이 등장한다.

"말은 훌륭한 조련사를 만나야 좋은 말이 될 수 있다. 조련사도 그 기술이나 능력에 따라 여러 등급이 있는데, 2급 조련사는 주로 회초리로 말을 때려서 길들이고, 1급 조련사는 당근과 회초리를 함께 쓴다고 한다. 못할 때만 회초리를 쓰고 잘하면 당근을 주는 것이다. 그러나 특급 조련사는 회초리를 전혀 쓰지 않고 당근만 가지고 훈련시켜서 훌륭한 말을 길러낸다고 한다.

이런 사실은 '벤허'라는 영화의 전차 경주 장면을 자세히 보면 알 수 있다. 벤허와 멧살라는 말을 모는 스타일부터 전혀 다르다. 멧살라는 채찍으로 강하게 후려치면서 달리는데 벤허는 채찍 없이도 결국 승리한다. 물론 영화감독이 일부러 그렇게 만들었는지 모르겠지만 그 경주는 한마디로 2급 조련사와 특급 조련사의 경기나 다름없었다. 특히 벤허는 경기 전날 밤 네 마리의 말을 한 마리씩 어루만지면서 사랑을 쏟고 용기를 북돋워 주기까지 한다."

위의 이 회장의 글은 동기유발의 중요성을 더없이 잘 표현하고 있지 않나 생각된다.

돈과 동기유발

> 남자는 자신을 알아주는 주인을 위해 죽는다.
> 반평생 중원을 떠돌아 주군을 만났고, 이제 그를 위해 죽는다.
> 후회가 있을 게 무엇이고, 미망이 있을 게 무엇이랴 만은,
> 허도의 흙을 주군의 토봉에 뿌리지 못하고 가야하는 것이 진정 아프도다.
>
> – 유비의 용장 '위연(魏延)'

세상에 어느 리더가 위연과 같은 충신을 내심 부하로 두길 원하지 않으랴 만은, 그런 부하도 결국은 리더 자신이 만든다는 사실은 어찌 모르는가! 그게 통탄스럽다.

동기유발에 관한 연구결과를 보면, 종업원은 보통 일을 할 때 자기 능력의 약 20 ~ 30% 만을 발휘하지만, 강력한 동기유발이 이루어 졌을 때는 자기능력의 80 ~ 90% 가까이 발휘된다고 한다. 다음 식을 보자.

성과(P) = 능력(A) × 동기유발(M)

- ▶ P : Performance
- ▶ A : Ability
- ▶ M : Motivation

조금 더 쉽게 풀어 설명하면 이렇다.

A와 B 두 사람이 있다. A, B가 가진 각자의 능력은 거의 동일하다. 그런데 연말, 두 사람의 영업 실적을 보면 많은 차이가 존재한다. 그 차이는 다름 아닌 동기유발에서 오는 것이었다.

- ▶ 사원 A : 100(능력) × 50(동기유발) = 500
- ▶ 사원 B : 100(능력) × 70(동기유발) = 700

또 다른 경우를 살펴보자.

사원 C와 D의 능력은 확연히 드러난다. D는 C의 80% 정도의 능력을 가지고 있을 뿐이다. 그런데 연말 두 사람의 영업 실적은 평소의 능력과는 반대의 결과가 나왔다. 그 차이 또한 동기유발에서 오는 차이였다.

> ▶ 사원 C : 100(능력) × 50(동기유발) = 500
> ▶ 사원 D : 80(능력) × 80(동기유발) = 640

이 식이 의미하는 바와 같이 조직 구성원의 능력이 동일하다거나 조금 뒤지더라도 동기유발 여부에 따라 얼마든지 조직의 성과는 높아질 수 있다.

근래 일부 학자들은 성과(P) 공식이 '능력 × 동기유발'이 아닌 '동기유발2 × 능력'으로 표현해 동기유발의 중요성을 더욱 강조하고 있다.

토마스 제이 왓슨 전 IBM 회장은 이렇게 말했다.

"어떤 기업이 성공하느냐 실패하느냐의 실제 차이는 그 기업에 소속되어 있는 사람들의 재능과 열정을 얼마나 잘 끌어내느냐 하는 능력에 의해 좌우된다고 나는 믿는다."

동기유발 이론에서 얘기하는 목표 속에는 개인의 목표와 조직의 목표가 함께 포함되어 있다. 가령 그 양자가 일치된다면, 높은 동기유발은 높은 개인성과(이를테면 만족)로 이어질 뿐만 아니라, 높은 조직성과(이를테면 높은 업적)로도 이어지게 된다.

그러나 개인의 목표와 조직의 목표 사이에 서로 괴리가 존재한다면, 개인 시점에서 본 성과와 조직 시점에서 본 성과 또한 상관관계에 있지 않음을 가리킨다. 이런 조직에 장래성을 기대하기란 어렵다.

경영자들이 가장 쉽게 생각하는 동기유발 수단은 돈(money)이다. 사실 따지고 보면 자본주의 사회에서 돈만큼 강력한 힘을 발휘하는 것도 드물다. 웅장하고 화려한 집, 세련된 외제 자동차, 최고가의 골프회원권, 세계적 브랜드의 의류 그리고 지적이며 섹시한(건강한) 외모의 파트너 등 그래서 종업원들은 직장에 더욱 충실할 것을 다짐한다.

여기서 간과해서 안 될 것은 이것으로 동기유발의 끝이 아니라는 점이다. 인간은 자신이 가진 기본적인 욕구를 충족하기 위해 돈을 벌도록 동기부여가 이뤄진다. 그러나 이런 기본적인 욕구를 채울 만큼 충분한 돈을 번 다음엔 더 많은 돈은 별로 매력적인 것이 못된다.

다른 비(非) 금전적인 보상이 새롭게 요구된다.

대부분의 종업원들은 월급을 그들이 기업에 제공하는 노동에 대한 정당한 '대가'이자 당연한 '권리'라고 생각한다. 그리고 한정된 자원 안에서 비즈니스를 추진하는 기업 입장에서는 매번 월급을 올려줄 순 없다. 그렇다면 경영자는 다른 수단을 강구해야 한다.

그것은 바로 상사로부터의 흔쾌한 칭찬과 격려, 일에 대한 흥미와 만족(보람), 주위 동료로부터의 신뢰, 조직 내의 원활한 커뮤니케이션 등과 같은 금전적 보상 이외의 것들이다.

이러한 요인들이야말로 종업원들에게 진정한 동기유발을 가져다줘 조직 나아가 기업의 발전 및 성장의 원동력으로 작용하게 된다.

" 사람을 움직여야 조직이 산다!

동기유발 이론

"

"일하기 싫으면 먹지도 말라."
우리들은 진정 먹기 위해 일을 하는가?
그게 아니라면 어떤 이유에서 일까?

욕구계층 이론

애 하나 때, "당신의 건강이 우리 집 건강이죠. 보약 드세요."

애 둘 때, "밤새 술 퍼 먹고, 줄 담배 빨아대되는 안 아픈 게 용하지."

애 셋 때, "(콧물을 훌쩍이자) 애들한테 옮기면 죽을 줄 알아~, 콰악!"

근래 인터넷에 떠도는 유머 가운데 '여자의 3단계 변화(감기 걸린 남편을 대하는 태도)' 라는 자못 흥미로운 내용을 가필 수정해 소개했다.

본시 부부(夫婦)란, 서로의 도(道)를 지키고 평생을 반려자로 여기며 살아간다. 부부 사이는 너무도 가까워 촌수로 헤아릴 수 없는 무촌(無寸)이다. 그런 부부 사이지만 아내가 애를 낳고 그 수가 늘면서 남편에 대한 생각도 행동도 조금씩 바뀌는 모양이다. '여자(아내)의 변심은 무죄'라는데 그 반쪽인 남편의 변심 또한 무죄로 봐주면 안 될까? 남편은 무지 억울하다.

인간의 욕구는 다양하며 사람마다 각기 다르다. 더불어 누구든 동일한 목적을 가지고 일을 하고 있지는 않다는 점이다. 그에 따라 조직 관리자는 부하직원들이 가진 각각의 욕구를 정확히 읽어 이들에게 적절한 관리 지침을 내려야 한다.

개인의 욕구와 동기유발 이론으로 가장 널리 알려져 있는 것은 '욕구계층 이론(hierarchy of needs theory)'으로, '매슬로(Abraham H. Maslow)'가 제창한 것이다. 매슬로는 자신의 임상경험에 근거해 아래와 같은 다섯 가지 욕구계층을 인간은 가지고 있다고 했다.

❶ 생리적 욕구(physiological needs)
  >> 인간의 가장 본능적(기본적)인 욕구로 음식, 물, 공기, 배설, 섹스, 운동, 휴식 등에 대한 욕구

❷ 안전 욕구(safety needs)
  >> 안전한 환경과 불확실한 상황을 회피하려는 욕구로 고용 및 노동조건 등에 대한 욕구

❸ 사회적 욕구(social needs)
  >> 사회집단에 소속되기를 원하며, 사랑과 우정, 커뮤니케이션 등을 추구하려는 욕구

❹ 존경 욕구(esteem needs)
  >> 자신의 가치와 자존심을 높이려는 욕구로 승진이나 주위의 인정, 신뢰 등에 대한 욕구

❺ 자아실현 욕구(self-actualization)
  >> 인간이 추구하는 가장 이상적인 단계로 자기 성장과 발전을 도모하려는 욕구

이러한 차원의 욕구 가운데 만족되지 않는 욕구 차원이 존재하며, 그것은 인간 내부에 긴장을 발생시키게 되고 이 긴장을 해소하기 위해 어떤 형태로든 행동을 하게 된다는 것이다. 그러나 행동을 통해 긴장이 해소되면 불만족이었던 차원의 욕구는 만족됨으로써 그 차원의 욕구는 이미 인간 행동에 동기유발을 가져올 힘을 상실하게 된다고 가정한다.

욕구계층 이론의 두 번째 가정은 욕구의 다섯 가지 차원이 각각의 '중요도(prepotency)'에 따라 가장 낮은 단계의 욕구(생리적 욕구)에서부터 가장 높은 단계의 욕구(자아실현의

욕구)까지 아래에서 점차적으로 계층을 형성하고 있다는 가정이다.

인간의 욕구 만족화 행동은 저차원의 욕구에서 출발해 점차 고차원의 욕구로 이행되는데, 그 과정은 다음과 같이 설명되고 있다.

저차원의 욕구가 만족되면 그 욕구의 중요도가 감소되면서 동시에 욕구 계층상의 바로 위 단계 욕구의 중요도가 증가해 이 욕구의 만족화 행동이 새롭게 발생한다는 것이다.

욕구계층 이론은 기업 경영자와 관리자들에게 인간 욕구에 대해 체계적인 접근이 필요하다는 인식을 심어 주었다. 더불어 일정 수준의 욕구 충족 후에도 또 다른 차원의 욕구 충족이 이루어져야 조직이 원활히 작동될 수 있으며, 고차원으로의 욕구를 어떤 식으로 충족시켜갈지에 대한 관리의 필요성이 중요하다는 것을 인지시켜주는 계기가 되었다.

● 욕구계층이론

며칠 동안 아무 것도 먹지 못한 채 배를 주린 이가 다른 이들로부터 존경받고자 하거나 친목도모를 하려는 욕구는 생기지 않는 법이다. 우선적으로 뭔가를 먹어 허기진 배를 채우려 할 것이다. 모성 본능이나 성적 본능도 배고픔 앞에서는 거품처럼 사그라진다. 그래 나온 옛말이 이것이다.

"금강산도 식후경!"

이 이론의 장단점에 대해 소개하면 이렇다. 먼저, 이론이 단순해 역시 이해가 쉽다는 장점을 꼽을 수 있겠다. 단점이라면, 저차원 욕구가 충족되지 못하면 고차원 욕구가 발생하지 않는다는 가정은 다소 비현실적이며, 각 차원의 욕구가 동시에 발생할 수도 있다는 점에서 비판을 받고 있다.

X이론–Y이론

조직 내부를 자세히 들여다보라!

자발적으로 최선을 다해 일하는 성실 근면한 직원이 있는가 하면, 관리자가 잠시라도 한눈을 팔면 곧바로 딴 짓거리를 하는 게으른 직원도 있다. 경영자(관리자)는 이러한 차이를 어떻게 바라보고 조직을 이끌어야 할까?

'맥그리거(Douglas McGregor)'는 앞서 언급한 매슬로의 욕구계층이론에 근거해 'X이론–Y이론(theory X and theory Y)'을 제창하였다.

X이론은 저차원의 욕구(생리적 욕구와 안전의 욕구)에 동기유발 되는 인간의 행동모델이며, Y이론은 고차원의 욕구(존경의 욕구와 자아실현의 욕구)에 동기유발 되는 인간의 행동모델이다.

가령 경영자가 X이론의 관점에 서게 된다면, 그 경영자는 조직의 목적을 달성하기 위해 수동적(受動的)인 구성원들에 대해 적극 개입하고 통제하며, 보상에 대한 위협과 처벌 중심의 '감독의 의한 관리'가 이루어질 것이다.

X이론은 전통적인 경영이념으로 많은 조직에서는 현재도 이 이론에 근거한 관리가 이루어지고 있다. 맥그리거는 관리 체계가 이 이론에 근거하고 있다는 자체가 종업원의 의욕을 저해하는 원인이 되고 있다고 비판하고 있다.

반대로 Y이론의 관점에 서게 된다면, 경영자는 능동적(能動的)인 구성원들에 대해 자기통제와 자아실현 욕구 그리고 잠재적인 능력 개발 중심의 여건 조성이 이루어질 것이다.

맥그리거는 현대의 조직 구성원은 고차원 욕구 충족을 목표로 하고 있다고 가정하며, Y이론에 근거한 조직 정책의 필요성을 주장하고 있다.

이 이론의 한계점은, 경영자가 X이론과 Y이론이라는 가설의 분류만 하였을 뿐 어느 쪽이 종업원의 동기유발에 유리한지에 대한 명확한 판단이 없다는 것이다.

이에 X이론-Y이론의 논리적인 결함을 보완한다는 취지 아래 '오우치(William Ouchi)' 교수가 주창한 'Z이론'이 있다. 이 이론은 일본기업들이 가진 경영방식(J타입)의 장점을 미국기업들이 가진 경영방식(A타입)의 장점과 절충하고자 하는 내용이다.

● X이론과 Y이론의 특징

X 이론	Y 이론
▶ 종업원들은 선천적으로 일하기 싫어하고 가능한 일을 회피하려고 한다. ▶ 종업원들은 책임감이 결핍되어 있으며 야망이 없으며 무엇보다도 안전을 추구한다. ▶ 일을 시키기 위해서는 지시, 강압, 위협 등의 수단을 동원해야 한다.	▶ 종업원들에게 있어 일은 놀이나 휴식과 같이 자연스러운 것이다. ▶ 종업원들은 적절한 조건만 갖추어지면 책임을 받아들일 뿐만 아니라 적극적으로 책임을 수용하려고 한다. ▶ 종업원들은 자신이 헌신한 목표를 달성하기 위하여 스스로 통제하고 관리한다. ▶ 종업원들은 잠재력을 가지고 있다. 적절한 조건 아래에서는 상상력과 창의력을 작업에 적용하고자 한다.
위와 같은 가정 아래 경영자의 임무는 종업원을 강제하고 통제하는 것이다.	위와 같은 가정 아래 경영자의 임무는 종업원의 잠재력을 개발하고 공통의 목적을 위하여 잠재력을 발휘하도록 돕는 것이다.

출처) McGregor(1980).

동기-위생 이론

"너 윤서 사랑하지?"

"아~니!"

"그럼, 미워하는 구나?"

"……."

사실 '사랑'의 반대는 '미움'이나 '증오'가 아니라 '사랑하지 않는 것'이다.

불쾌한 일과 환경은 직장에 대한 불만을 증폭시킨다. 하지만 그런 불쾌요인을 배제하고 쾌적한 직장환경을 만들게 되면 종업원이 보다 일에 적극성을 가지고 참여하느냐 하면 반드시 그렇지 만은 않다. 인간의 동기유발 구조는 훨씬 복잡하다.

동기유발의 고전적 이론 세 번째는 '허즈버그(Frederick Herzberg)'의 '동기-위생 이론(motivation-hygiene theory)'이라 한다. 허즈버그는 동기유발과 직무만족의 원인을 조사한 결과 다음과 같은 두 가지 요인이 존재하며, 양자는 서로 독립되어 있다고 주장했다.

● 동기유발 요인

동기유발 요인이 충족되면 만족하게 되고(satisfaction), 충족되지 못하면 만족하지 못한다(no satisfaction)고 한다. 승진, 달성, 승인, 직무 자체, 책임, 성장 등이 동기유발 요인의 대표적 요인이다.

● 위생 요인

위생 요인이 충족되지 못하면 불만족하게 되고(dissatisfaction), 충족되면 불만족이 사라진다(no dissatisfaction). 회사의 방침과 경영, 감독, 작업조건, 감독자와의 관계, 급여, 개인생활, 동료와의 관계, 부하와의 관계, 신분보장 등이 위생 요인의 대표적 요인이다.

이러한 주장을 바꿔보면, 가령 만족요인이 충족되더라도 그것은 불만족을 해소하는 걸로 종료되지는 않으며, 마찬가지로 불만족이 해소되더라도 충족을 얻을 수 있는 건 아니다.

경영자는 위생 요인을 체계적으로 정비해 직무불만을 제거함과 동시에 동기유발 요인을 더욱 배려함으로써 직무에 대한 개인의 동기유발을 최대한 끌어낼 수 있어야 한다.

● 사랑과 미움의 관점

사랑 ⇔ 미움 ➡ 사랑 ⇔ 사랑하지 않음 / 미움 ⇔ 미워하지 않음

전통적 관점　　　　동기-위생 이론 관점

이 이론의 장점이라면, 욕구계층 이론을 좀 더 현실적인 측면에서 바라보고 있어 현실 경영에 대한 접목이 보다 쉽다는 것이다. 단점으로는, 종업원 개개인의 차이를 무시하였다는 점과 개인의 욕구를 이원화시킨다는 것은 비현실적이라는 비판을 받고 있다.

동기유발 이론은 고전적(古典的)인 것과 현대적(現代的)인 것으로 구분되는데, 앞에서는 고전적인 이론 몇 가지만을 소개했다. 고전적 이론(욕구계층 이론, X이론-Y이론, 동기-위생 이론 등)은 1950년대에 등장한 것으로 치밀한 조사연구의 성과라기보다는 각 연구자들의 다양한 경험에 근거해 직관적인 논의가 많다는 점이 특징이다.

ERG 이론

'ERG 이론(ERG theory)'은 매슬로의 욕구계층 이론을 '알더퍼(C. Alderfer)'가 수정, 보완한 것이다. 이 이론은 다음과 같은 세 가지 수준의 욕구를 가정하고 있다.

- ▶ **존재**(Existence)
- ▶ **관계**(Relatedness)
- ▶ **성장**(Growth)

ERG 이론이라고 하는 이름은 위의 세 가지 차원의 알파벳 머리글자에서 따온 것이다. 그리고 매슬로와 마찬가지로 욕구에는 계층성이 존재한다고 가정하고 있으나, 각 욕구 수준이 활성화되는 과정은 매슬로보다도 훨씬 복잡하다.

이를테면, '성장(G) 욕구'를 충족시키지 못하는 조직의 구성원은 그 아래 단계인 '관계(R) 욕구'에 매달리게 된다.

가령, 한 종업원이 승진에 매번 누락되었다고 하자. 마침내 그 종업원은 직무를 통해 승진하기란 어렵다는 것을 알고는 누군가에게 줄을 서고 편을 가르는 처세술에 더 신경을 쓰는 경향을 보인다.

이러한 욕구마저 제한을 받게 되면 최저 단계인 '생존(E) 욕구'에 집착한다. 비슷한 입장에 처한 사람들과 뭉치고 때로는 과도한 임금 상승을 요구하는 등 생존을 위한 극한투쟁에 나선다는 것이다.

　이러한 ERG 이론은 매슬로 욕구계층 이론의 수정판으로 그와 비교했을 때 저차원적인 욕구가 충족되면 상위욕구로 이행할 뿐만 아니라, 좌절(frustration)되면 회귀(regression)하기도 한다는 점, 그리고 두 가지 이상의 욕구가 동시에 나타날 수도 있다고 한다.

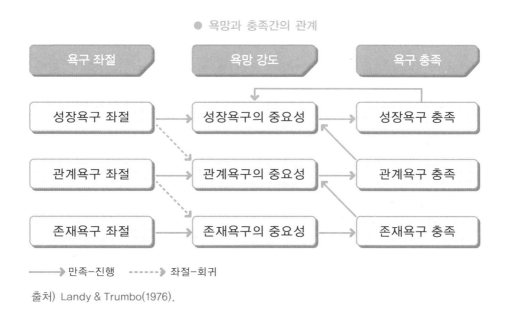

● 욕망과 충족간의 관계

출처) Landy & Trumbo(1976).

성취동기 이론

면접관의 첫 번째 책무!
"성취욕구가 높은 지원자를 우선적으로 선발하라."

　'맥클리랜드(David McClelland)'는 매슬로의 다섯 단계 욕구계층 이론 가운데 상위 욕구만을 대상으로 세 종류의 욕구로 나누었는데, 이러한 욕구가 인간행동의 80%를 설명한다고 했다. 모두 오늘날의 조직에서 대단히 중요시되는 욕구들이다.

▶ 성취욕구(needs for achievement) : 경쟁자 또는 내재적 기준을 능가하려는 욕구
▶ 권력욕구(needs for power) : 타인을 통제하거나 하는 등의 영향력을 행사하려는 욕구
▶ 소속욕구(needs for affiliation) : 친분관계를 유지하려는 온정적 욕구

'성취동기 이론(achievement motivation theory)'은 세 가지 욕구 가운데서도 특히 성취욕구에 연구 초점이 맞추어져 있다. 여기서 말하는 성취욕구란 '탁월한 기준과 경쟁하려는 행위(behavior toward competition with a standard of excellence)'라 할 수 있다.

이 이론에는 수준간의 계층성이 전제되어 있지 않다. 이 점이 맥클리랜드의 성취동기 이론의 큰 특징이다.

▶ 성취욕구가 강한 사람은 책임감이 무겁고 피드백이 있으며 중간 정도의 위험이 있는 직무 상황을 선호한다.
▶ 성취욕구가 강한 사람이 반드시 훌륭한 경영자가 되는 것은 아니다.
▶ 권력욕구와 소속욕구가 강한 사람은 경영자로서의 성공 확률이 높다.
▶ 종업원들의 성취동기는 훈련과 교육을 통해 높일 수 있다.

성취동기 이론이 암시하는 바는, 기업이 목표달성을 위해서는 처음부터 성취욕구 수준이 높은 구성원을 선발하거나 기존 구성원의 성취욕구 수준을 향상시켜야 한다는 것이다.

개인별로 지배적 욕구가 다를 수 있다는 맥클리랜드의 생각은 매슬로의 고정된 욕구단계보다 더 타당성이 있는 것으로 평가받고 있다. 다만, 획득된 욕구가 지속적으로 유지될 수는 없다는 점에서 이 이론이 갖는 한계점이라 하겠다.

공정성이론

보너스 날의 사무실 풍경.
"이게 뭐냐~, 동료 김 대리보다 적잖아. 내가 얼마나 열심히 일했는데…?"
"우와~, 엄청 많네! 솔직히 일도 별로 안했는데."

'공정성 이론(equity theory)'은 다양하게 존재하지만, 그 가운데서도 가장 널리 알려진 것은 '아담스(Stacey Adams)'가 주창한 이론이다. 이 이론은 사회적 비교이론의 하나로 다른 사람들과 비교해 자신이 공정한 대우를 받고 있다는 지각(자각)을 중요시하는 이론이다.

즉, 자신이 기울인 노력에 대한 보상이 적절한가를 판단할 시 절대적인 기준 뿐만 아니라, 다른 사람과 비교해 나온 상대적 기준도 중요하게 감안한다는 점이다. 이 이론의 기본 가정은 두 가지다.

▶ 인간이 불공정성(갭, 불화음)을 느끼게 되면, 그것을 해소하려고 하는 동기가 발생한다.
▶ 불공성정의 인지가 크면 클수록 동기의 강도는 높다.

이처럼 인간의 동기유발은 그 개인이 인지한 불공정성(inequity)을 해소하고자 하는 에너지라고 공정성이론에서는 주장하고 있다.

이 경우 불공정성이라는 것은, 어떤 사람이 인지한 자신의 투입-산출(input-outcomes) 비율과, 그 사람이 인지한 타인(이를테면 동료)의 투입-산출 비율을 비교해 불균등한 경우를 말한다.

또 투입(input)이라는 것은 개인이 조직에 대하여 행하는 공헌을 의미하고(연령, 성별, 교육수준, 기술경험, 노력의 정도, 작업시간 등), 산출(outcomes)이란 개인이 투입의 보상으로써 조직으로부터 받게 되는 보수를 의미(급여, 승진, 성취감 등)한다.

● 공정성 vs 불공정성

$$\frac{\text{자신의 산출물}}{\text{자신의 투입물}} = \frac{\text{타인의 산출물}}{\text{타인의 투입물}} \Rightarrow \textbf{공정성 (적절한 보상)}$$

$$\frac{\text{자신의 산출물}}{\text{자신의 투입물}} < \frac{\text{타인의 산출물}}{\text{타인의 투입물}} \Rightarrow \textbf{불공정성 (과소 보상)}$$

어떤 종업원이 직무 노력에 대한 급여 비율이 동료의 급여 비율과 동일하지 않다고 느낄 때, 그 사람은 그 불공평을 해소하기 위해 자신 및 타인의 투입-산출을 왜곡시키거나 변경함은 물론 변경하도록 행동에 나서며 이것마저도 불가능하면 일을 그만두는 행동까지 한다. 즉, 불공정성 해소를 위해 적극 나선다는 것이다.

이 이론은 공헌과 보수의 절대적인 크기만이 아니라, 상대적 크기의 의미에 대해서도 주목하고 있다. 경영자는 보상을 통해 종업원들에게 동기유발을 이끌어 낼 수 있지만, 그 보상이 공정하게 집행되었다는 것을 종업원 스스로 인식할 수 있도록 해야 한다. 경영자에 부여된 의무이기도 하다.

이상과 같이 동기유발에 관한 고전적 및 현대적 이론들을 몇 가지 짚어보았다.

경영자들이 가장 쉽게 생각하는 동기유발 수단은 돈(money)이다. 사실 자본주의 사회에서 돈만큼 강력한 힘을 발휘하는 것도 없다. 하지만 그 효과(동기유발)는 오래가지 못한다. 그리고 오래 유지시킬 수도 없다. 한정된 자원 안에서 사업을 추진하는 기업이 매번 임금을 올려줄 순 없다. 그렇다면 다른 수단을 강구해야 한다.

종업원들에게 직무 자체에 대한 흥미와 만족, 그리고 도전정신을 불러일으키는 것이다. 이러한 자극(刺戟)이야말로 진정한 동기유발을 불러올 수 있다.

" 조직구조의 다양한 모습!

조직구조의 이해 "

알프레드 챈들러 왈, "조직은 전략에 따른다."
　기업이 꿈꾸고 있는 것(전략)을 합리적이며 동시에 효율적으로 실행할 수 있는 '조직
구조'를 설계해야 한다.

조직구조의 역할

조직구조(organizational structure)란, 분업(分業)과 조정(調整)의 기본적인 틀을 결정하
는 것이며, 조직의 골격을 표현하는 것이기도 하다.

또한 조직구조는 작업 분담과 역할을 결정하고 지휘 및 명령 체계를 어떻게 할 것인지,
정보전달은 어떻게 이루어지는지, 개별 종업원들의 직무 규정은 어떻게 구성할 것인지 등
을 결정한다.

일반적으로 기업의 규모가 커지면서 그 기업이 취급하는 제품과 서비스의 수가 늘게 되
면 기존의 조직구조를 벗어나 새로운 조직구조로의 변신을 꿈꾼다.

그러나 실제 조직은 훨씬 복잡해 조직구조를 결정하는 데에는 그 기업의 문화나 풍토,
기술력 등을 종합적으로 평가해 결정하게 된다.

더불어 일단 조직구조를 결정했다고 하여 그 상태로 계속 밀고나가는 것이 아니라, 환경
변화에 발맞춰 끊임없이 변신을 시도해야 한다.

오늘날 기업들이 취하고 있는 조직의 형태는 크게 '기능별 조직', '사업부제 조직', '매트

릭스 조직', 'SBU'로 나눌 수 있다. 각 조직 형태의 특징과 장단점에 대해 살펴보기로 하자.

기능별 조직

'기능별 조직(functional organization)'은 원재료 구입, 부품생산, 생산·조립, 판매 등 주요 직능을 단위로 그룹화 하여 편성한 것이다. 쉽게 얘기해, 제조라면 제조, 판매라면 판매라고 하는 기능으로 특화되어 있으므로 기술적인 노하우와 전문지식이 축적되기 싶다. 이 조직은 직능별 편성을 통해 전문적인 인재를 집중적으로 배치할 수 있으며, 전문화의 장점을 최대한 발휘할 수 있다는 점이 특징이다.

또 지시나 통제 등에 상하관계가 명확한 중앙집권적 관리가 이뤄진다는 특징도 가지고 있다. 때문에 리더의 명령에 따라 조직이 일사분란하게 움직일 수 있으며, 자원을 집중 이용할 수 있어 규모의 경제성을 누릴 수 있다.

다만, 경영 환경의 변화가 적고 소규모 기업일 때는 적합하지만, 기업 규모가 커지고 다각화하여 여러 시장 분야에 진출하게 되면, 부문 간의 조정과 협조 체계가 곤란해지는 단점을 가지고 있다.

이를테면, 특정 제품에 원인불명의 문제가 발생하였을 경우 제조와 판매가 서로 분리되어 있으므로 대응에 시간이 걸리거나 책임 소재가 불분명해지는 문제점 등이 있다.

● 기능별 조직

사업부제 조직

'사업부제 조직(divisional organization)'은 제품별, 지역별 혹은 고객별로 사업부가 편성되어 있으며, 이러한 사업부를 최고 관리조직인 중앙 본사가 총괄 관리하는 분권적 조직 구조이다. 특정 제품에 관한 제조에서 판매까지의 모든 기능을 일괄적으로 담당한다.

각 사업부는 각각의 가격과 생산량을 자주적으로 결정할 권한을 가지고 있으나, 동시에 스스로 생산한 제품 판매를 통해 이익 획득의 책임을 가진다. 그리고 사업부별 업적에 근거해 평가를 받게 된다.

다시 말해, 각 사업부는 일정 부분 독립적인 생산과 판매 단위를 가지고 있으며, 이익 책임단위(profit center)로써 운영된다. 어떤 문제가 발생하였을 시 책임 소재가 분명해 재빨리 대응할 수 있다.

문제점으로는 사업부 사이의 지나친 경쟁의식과 비협조, 사업부별 중복 부서로 인한 자원 낭비 등을 지적할 수 있다. 따라서 전사적 관점에서의 조정(control)이 원활히 운영·유지될 수 있도록 해야 한다.

● 사업부제 조직

매트릭스 조직

'매트릭스 조직(matrix organization)'은 1960년대 미국의 우주항공 산업에서 처음으로 채용된 조직이다. 기능별 조직의 장점은 최대한 살리고 단점은 보완하며 동시에 프로젝트 관리에 대한 요구도 만족시키려는 조직이다.

쉽게 말해, 기업이 급속한 시장 환경과 기술혁신에 봉착한 경우, 기존의 기능별 조직으로는 대응에 한계가 있어, 기능별 조직의 기본 틀만 남긴 채 프로젝트 형태의 관리를 도입하려는 것이다.

이 조직의 장점으로는 자원을 효율적으로 배분할 수 있으며 시장의 새로운 변화에 융통성을 가지고 접근할 수 있다는 점이다.

그러나 이 조직은 한 사람의 부하직원에 여러 명의 상사가 존재하기 때문에 이중권한 구조가 발생해 조직 내의 통제와 질서가 다소 혼란스러울 수 있다는 결점을 가지고 있다. 즉, 두 명의 상사가 서로 상반된 지시를 하였을 경우 부하직원은 자신의 상사가 누구인지 혼란 상태에 빠질 수 있다. 더불어 이중적인 권한관계로 인해 권력투쟁으로 이어질 수 있으며 관리자 수 증가로 관리비용이 증가할 수 있다.

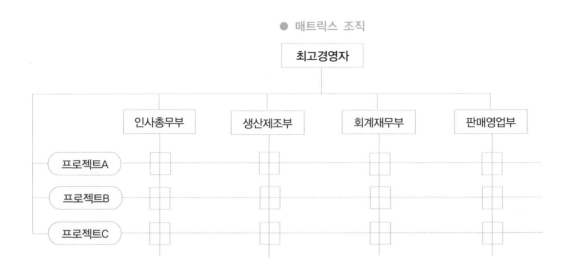

● 매트릭스 조직

SBU 조직

오늘날 대기업의 기본적인 조직구조는 기능별 조직 내지는 사업부제 조직을 채용하고 있는 경우가 많으나, 이들 조직을 기본 골격으로 하면서도 시장 및 기술 환경의 급속한 변화에 대응하기 위해 전문적인 인재를 일시에 각 부문으로부터 선발해 프로젝트팀(project team)을 편성하거나 '전략적 사업단위(SUB, Strategic Business Unit)'를 구성하기도 한다.

SBU는 종래 사업부제 조직의 한계를 극복하기 위해 1970년대 초반 GE가 최초로 도입한 조직 형태다. 사업부 사이에 겹치는 니즈(needs)와 사업부를 넘어서 발생하는 니즈에 대응할 수 있는 전략을 책정, 추진해 나가는 조직이 SBU다. 기업의 필요에 따라 조직구조를 유연하게 바꾸어 가는 것이 그 특징이다.

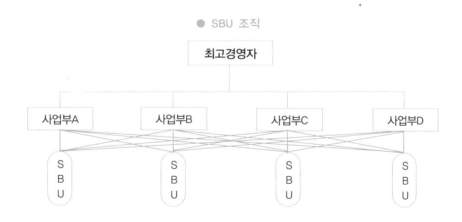

● SBU 조직

몸집이 비대한 대기업일지라도 소단위로 나누어 얼마든 조직구조의 변신이 가능하다. 이제는 유연성 있는 조직만이 살아남는다. 우리 기업에 적합한 조직구조를 찾아 적용하기 위해서는, 우선 현재 시장 환경과 경영전략, 조직의 목표와 구성원의 면모 및 역량 등을 면밀히 검토할 필요가 있다.

" 권력의 원천은 어디일까?

권력의 출발점 "

대한민국의 정치권력은 어디서 나오는 걸까?

① 대통령 명령에 의해
② 국회의원의 결의에 의해
③ 헌법과 법률의 규정에 의해

헌법 제1조 제1항 대한민국은 민주공화국이다. 제2항 대한민국의 주권은 국민에게 있고, 모든 권력은 국민으로부터 나온다. 그래서 정답은 ③번이다.

권력의 원천

"충청도에 '떡고물 효자'가 생겨나고 있다."

몇 해 전, 행정수도와 아산신도시 건설 등 정부의 대형 국책사업으로 떠들썩할 무렵, 한 신문 기사의 소제목이다.

개발계획으로 급등한 부동산을 처분하거나 거액의 보상금 지급을 앞두고 부모로부터 텃밭과 집터를 판 목돈을 챙길 요량으로 명절 때만 간간이 얼굴을 내밀거나 아예 몇 년 동안 좀체 모습을 보이지 않던 이른바 불효자들이 고향집에 몰려들어 때 아닌 문전성시를 이루고 있다는 것이다.

이를 경영학적으로 풀어 설명해보자.

사람들은 어째서 리더의 명령에 순종하며 때로는 존경에 마지않는 것일까? 사실 그것은 리더가 가진 다양한 권력(power)의 존재 때문이다.

리더의 권력은 리더 자신이 소유하고 있는 에너지의 양(부모가 가진 부동산)과 같다고 생각하면 된다. 권력을 부모가 가진 부동산의 규모라고 본다면, 리더십은 가지고 있는 부동산을 필요할 때 필요한 만큼 처분(보상)하는 것에 비유될 수 있다.

리더십을 발휘하려고 해도 권력이 없으면 사람들은 따르지 않는다. 아무리 부모라도 자식에게 물려줄 재산이 하나도 없으면 자식으로부터 따돌림 당하는 것이 서글프지만 요즘 세태다.

반대로 권력이 있더라도 리더십이 제대로 발휘되지 못하면 혼란만 가중된다. 부동산을 처분(보상)한 후 자식이나 사위들에게 잘 못 배분해 가족들 간에 마찰이나 갈등을 야기해서는 곤란하다. 그래서 자식들에게 재산을 나누어 줄때도 부모는 배분의 묘미를 잘 살려야 한다. 잘 못했다간 주고도 팽(烹)당할 수 있다.

실제로 노부모를 냉방(冷房)에 방치해 죽게 만든 패륜아가 일전 언론에 보도된 적이 있었다. 그 이유는 재산문제로 인한 형제간의 갈등이 원인이라니 허탈하다.

아들들이 처음부터 불효자였던 것은 아니지만, 재산문제 때문에 노부모와 여러 차례 갈등을 겪으면서 성격이 극단적으로 변했다고 하니 더욱 허망하다.

흔히 권력이라고 하면 가진 힘으로 상대를 굴복시키거나 하는 강제적인 이미지를 떠올리는 사람들이 많다. 하지만 이게 권력의 전모(全貌)는 아니다.

권력은 이렇게 정의된다.

"특정 영역에서 어떤 행위자가 다른 행위자의 행동에 영향을 미치는 능력!"

이것은 강제로 복종시키는 힘을 떠올리기 십상이나 반드시 강제적으로 복종시키는 힘만은 아니다.

왜냐 하면 제아무리 리더가 강력한 권력을 가지고 있어도 관련 집단의 수용(受容)이 없다면 리더십은 발휘될 수 없다.

심리학자 '프렌치(J. R. P. French)'와 '레이븐(Bertram H. Raven)'은 사람들이 리더의 명령과 지시에 따르며 복종하게 되는 근거를 다음 여섯 가지 권력의 존재 때문이라고 지적했다.

① 보상적 권력
② 강제적 권력
③ 합법적(지위·직급) 권력
④ 인간적(호감) 권력
⑤ 전문적(지능·능력) 권력
⑥ 정보적 권력

사람이 따르는 이유 6가지!

● 보상적 권력(reward power)

권력의 첫 번째 기반은, 상대방에게 얼마만큼 보상을 할 수 있을지 여부로 결정된다. 즉, 상대방에게 필요한 보상을 지니는 경우에 가지게 되는 권력이다. 예컨대, 회사 안에서 상사는 강력한 인사권을 가지고 있기에 부하는 상사의 지시를 따르게 된다. 상사의 인사고과에 따라 부하의 연봉이나 승진에 큰 영향을 미치게 되므로 부하는 상사를 추종해 손해를 볼 것이 없다는 생각에서다.

보상의 크기에 따라 그 효과는 달라진다.

사장A 왈, "이번 건만 잘 성공시키면 부장으로 승진은 물론, 연봉도 1,000만원 올려 주겠네."
사장B 왈, "이번 건만 잘 성공시키면 성과급으로 10만원 주겠네."

사장A와 B의 보상적 권력의 크기는 분명 다르다.

보상이라고 하면 연봉인상이나 승진, 스톡옵션 등 금전면의 보상만을 생각하기 쉽지만, 부하의 행동을 인정하고 칭찬, 호감, 더 많은 책임감 부여 등도 강력한 보상적 권력을 발휘한다. 또한 이미 배불러 연신 배 두드리는 사람에게 음식은 보상이 되지 못하며, 다른 곳이나 다른 사람에게서는 얻기 힘든 희소성(稀少性)을 가진 보상일수록 권력은 더욱 강력해진다.

● 강제적 권력(coercive power)

두 번째 권력의 기반은, 리더로부터의 불안감과 위협이다. 즉, 상대방이 자신의 요구를 따르지 않았을 경우 그를 처벌하거나 불이익을 줄 수 있는 능력이나 위치에 있으면 권력을 가지게 된다.

상사가 자신의 명령과 지시를 따라하지 않는 부하에게 이렇게 강압적으로 얘기했다고 치자.

"너는 해고다."
"한번만 더 실수하면 지방으로 좌천이다."

부하 직원은 해고와 좌천이 두려운 나머지 상사의 명령에 적극 따르게 될 것이다.

굉장히 화난 목소리를 내거나 고함을 지르며 꾸중을 하는 것도 강제적 권력이라 할 수 있다. 부하 직원은 이를 두려워하거나 불안감을 가지기 때문에 리더의 지시에 따르게 된다.

흥분해 냅다 고함을 지르거나 하게 되면 상대방이 불쾌감을 가질 수도 있으나, 항상 조용조용 논리 정연한 얘기만 한다고 효과가 있는 것은 아니다. 회사를 무단으로 이탈하거나 지각하거나 업무 원칙을 어기는 등 극히 기본적인 근무태도와 기강을 올바로 세울 때 강제적 권력은 효과를 발휘한다.

유념해야 할 점은, 강제적 권력은 어디까지나 다른 사람이 당신에 대해 강제적 권력을 행사할 수 있는 존재라 인식(수용)하고 있을 때 비로소 그 효과가 발휘된다. 아무에게나 그랬다간 따귀 맞거나 미친놈 취급받기 십상이다.

● 합법적(지위·직급) 권력(legitimate power)

세 번째 권력의 기반은, 어떤 영향이 합법적이라고 가치부여가 될 때 비로써 발생하는 권력이다. 즉, 상대방에게 자신의 지시에 따르도록 하는 사회적으로 인정된 권한을 가지고 있을 때 합법적 권력이 발생한다.

지위와 직급이 높으면 높을수록 합법적 권력도 커진다. 회사라고 하는 조직 안에서는 평사원보다 대리, 대리보다는 과장, 과장보다 부장, 부장보다 이사와 사장에게 합법적 권력이 존재한다고 볼 수 있다.

　합법적 권력은 특수한 문화적 가치나 안정된 사회구조로부터 파생될 수도 있지만 많은 경우 집단에서 대표로 선출되든가 합법적으로 조직 내 직위에 임명됨으로써 가질 수 있다.

　또 사회적 지위가 높으면 어떤 조직에서든 권력을 발휘할 수 있느냐 하면 반드시 그렇지는 않다. 어떤 VIP라도 도로에서 교통경찰의 지시를 거부할 수는 없다. 대한민국 땅에서는 유감스럽게도 잘 먹히지 않는 얘기지만. 교통경찰관의 경우 한 계급 높은 이를테면 의경(잎사귀 1개)이라면 순경(잎사귀 2개)의 권력이, 순경이라면 경장(잎사귀 3개)의 권력이, 경장이라면 경사(잎사귀 4개)의 권력이 훨씬 크다.

　이는 해당 조직과 집단이 부여하는 권력이 합법적 권력이기 때문이다. 그래서 해당 조직이나 집단 속에서는 수용되지만, 그 이외에의 구성원에게는 수용되지 못한다. 과거 경찰을 '똥파리', 전경을 '짭새'라고 폄하해 부른 게 대표적이다.

　한편으로 리더가 합법적 권력에만 지나치게 의존하게 될 경우, 해당 조직과 집단을 벗어났을 경우 더 이상 리더가 아니라는 점이다. 원숭이는 나무에서 떨어져도 원숭이지만, 합법적 권력에 근거한 리더는 해당 직책에서 내려오는 순간 소시민이 되고 만다. 이따금 정치를 그만둔 이들이 허무하다고들 하는데, 바로 이 경우에 해당되지 않나 생각된다.

　어떤 회사의 부장이라는 직책을 가지고 있을 경우, 그 내부에서는 부서장으로서 상당한 권력을 발휘할 수 있으나, 퇴직하게 되면 권력은 부장이라는 직책과 함께 사라지고 만다.

　그동안 굽실거리던 협력업체 사람들마저 무시한다. '너하고는 거래 끝났다.'는 것이다. 그래서 합법적 권력은 해당 조직으로부터 부여된, 이른바 임시로 차용(借用)한 권력이라고 할 수 있다.

● 인간적(호감) 권력(referent power)

　네 번째 권력의 기반은, 호감과 존경이다. 세상을 움직이는 것은 남자지만 그 남자를 움직이는 것은 연약한 여자란 말이 있다. 그럼 여자에겐 어떤 권력이 있기에 육중하고 힘이 쎈 남자를 자유자재로 호령하는 걸까? 여기에는 특정 조건이 따른다.

　즉, 남자가 여자에 대해 호감을 갖거나 존경을 하거나 신세를 지거나 대단히 친밀한 경우여야 한다.

'베게머리 송사!'

한번 쯤 들어본 말이다. 사시사철 같은 요 깔고 이불 덮고 자는 남편에게 아내의 한 마디는 세상에서 더 없이 떨쳐버리기 힘든 지엄한 명령이요 권력이다.

인간적 권력이라고 해도 너무 확대해 해석할 필요는 없다. 부하는 당신의 말과 행동 속에서 인간적(호감)인 권력을 느끼게 된다. 당신의 언행을 조금 달리하는 것만으로도 지금 당장 발휘될 수 있는 권력이다.

밀린 잔업을 처리하기 위해 밤늦게까지 남아 있는 직원을 발견한 부서장이,

"자네, 참 수고가 많아."

라고 다독거리거나, 급한 일을 부하 직원에게 부탁한 경우라면,

"정말 고마워. 자네 아니었으면 큰 일 날 뻔 했어!"

라는 말만으로도 인간적 권력이 발휘될 수 있다. 틀림없이 다음번에도 그 부하 직원은 당신의 부탁이라면 밤을 꼬박 새워서라도 처리하게 될 것이다.

또 직원들의 블로그를 직접 방문해 따뜻한 댓글을 남겨주는 이른바 '블로그 경영'도 인간적 권력엔 도움이 된다. 마구 쪼면 권력이 생길 것 같지만 그렇지 않다.

조직 내 상사와 부하 직원 간 갈등의 시발점으로 '빨간펜 상사'가 자주 거론된다. 퇴근 무렵 빨간색 펜 하나를 달랑 들고 와 부하 직원이 애써 작성한 서료에다 이리저리 붉은색 도배질만 잔뜩 해주곤 곧바로 퇴근해 버리는 상사를 일컫는다. 지시만 할 줄 알았지 정작 상사 본인은 아무 일도 하지 않아 부하 직원들의 원성만 날로 쌓여간다. 이런 상사에게 인간적 권력이 존재할리 만무하다.

인간적 권력 가운데는 관계적(커넥션) 권력도 포함되어 있다. 중요한 지위·입장에 있는 사람과의 관계는 커넥션 권력으로 작용한다. 많은 사람들은 사회적으로 영향력이 있는 사람으로부터 호감을 가지고 싶어 하고 혹은 그들과 교류를 하는 것이 도움이 될 수 있다는 생각을 하기 때문이다.

● 전문적(지능 · 능력) 권력(expert power)

다섯째 권력의 기반은, 일정 테두리 안에서 전문지식과 높은 기술이다. 이는 상대가 자신보다 특정 분야에서 탁월한 기술이나 지식을 가지고 있다고 믿기 때문에 발생하는 권력이다.

직무에 없어서는 안 될 전문지식과 높은 기술을 리더가 가지고 있다고 인식되면 사람들의 행동에 영향을 줄 수가 있다. 어떤 경우 전문적 권력이 발생하는지 비근한 사례를 들어 보자.

전문적 권력은 상사로부터 부하직원, 선배로부터 후배라는 관계에만 한정돼 작용하는 것은 아니다. 컴퓨터 사용법을 잘 모르는 부장이 신입사원에게 사용법을 알려달라고 하는 것은 흔한 일이다. 평소 부하 직원에게 입이나 턱 끝으로 이래라 저래라 지시만 내리던 부장도 이때만큼은 신입사원의 지시를 고분고분 따르게 된다. 이 경우 전문적 권력은 신입사원이 가지게 된다.

또 특정 분야의 전문가라거나 교수, 의사, 변호사 등 일부 사회지도층 인사들도 전문적 권력을 발휘한다.

이를테면, 국내 경영학 분야의 거두로 불리는 한 교수가 TV에 출연해 "이번에 나온 정부의 ○○정책은 기업을 죽이는 엄청난 실책입니다."라고 발언을 했다면 어떻게 될까? 이를 지켜보고 있던 사람, 특히 기업 경영자나 투자자들은 놀라 큰 소동을 벌일 지도 모른다.

● 정보적 권력(information power)

정보적 권력의 기반은, 많은 사람들이 인정하는 정보를 소유하고 있거나 정보원(情報源)을 알고 있는 것에서 출발한다. 이 정보적 권력은 앞서 언급한 전문적 권력과 대단히 흡사한 것이다. 다른 점이라면 반드시 자기 자신의 전문성은 높지 않아도 된다는 것이다.

'토고'란 나라를 기억하는가? 물론 잘 알고 있을 것이다. 하지만 우리의 2006년 월드컵 16강 상대국이 아니었다면, 이 나라는 여전히 우리에겐 미지의 국가로 남았을 확률이 높다.

이 토고에 새로운 공장을 건설하려고 한다. 그러나 현지에 관한 정보가 전혀 없다. 토고 정부의 규제는? 관세는? 환율은? 리스크는? 환경문제는? 건설 예정지는? 어느 것 하나 분명한 것이 없다. 이럴 때 토고나 그 정부와 손이 닿거나 정보를 가진 사람이 있으면 특급 대우를 받게 될 것이다. 이 때 정보는 권력의 원천이 된다.

이 경우 실제로 토고 정보에 정통하느냐 그렇지 않느냐는 큰 문제가 아니다. 정보를 가지고 있는 인물이라고 다른 사람들로부터 인식되면 정보적 권력은 발생한다. 또 정보원을 소유한 사람과 어떤 커넥션이 있다고 인식된 경우에도 권력은 발생한다. 그래 이따금씩 '청와대'를 파는 사기 사건이 불거져 나오는 것이다.

지극히 소시민인 당신이 주변 사람들에게 이런 말을 했다.

"내일 큰 눈 오는데 등산은 취소하는 게 좋겠어."

누구하나 믿으려 들지 않는다. 하지만 이런 경우라면 반응은 180도 달라진다.

"아침 일기예보에 따르면, 내일 눈이 많이 온다고 하던데, 등산은 중지하는 게 좋겠어."

이렇게 되면 당신의 지적은 기상예보관의 발언과 동등한 정보적 권력을 가질 수 있다. 그 결과 사람들은 당신의 말을 믿고 따르게 된다. 내일 등산은 물론 중지다.

권력을 조합하라!

앞서 언급한 여섯 가지 권력을 모두 가진 신(神) 같은 사람이나 조직은 없다. 가장 효율적인 권력은 개인의 전문성에 근거한 권력과 개인의 호감과 존경, 친밀감에 근거한 권력이라 하겠다. 반면에 가장 비효율적인 권력이라면 강제력과 보상에 근거한 권력일 것이다.

프렌치와 레이븐은, 조직의 상황과 조직을 구성하는 사람들의 '성숙 정도'에 따라 여섯 가지의 권력 효과가 서로 다르다고 언급했다.

성숙도가 높은 조직·전문집단

보상적 권력
강제적 권력
합법적(지위·직급) 권력
인간적(호감) 권력
전문적(지능·능력) 권력
정보적 권력

성숙도가 낮은 조직·전문집단

화살표 방향처럼 조직과 집단의 성숙도에 따라 권력이 변화를 하게 된다.

이를테면, 건설현장과 같이 일당을 받는 근로자가 대다수인 직장이라면, 통념상 조직으로써 다소 미성숙하다고 할 수 있다. 따라서 합리적이고 예의 바른 언어로 통솔하기보다는 완력(강제적 권력)으로 통솔하는 것이 보다 쉽게 근로자들을 움직일 수도 있다.

LG카드는 국내 M&A(인수 및 합병) 사상 최대 금액인 약 7조 3,000억원에 신한금융지주에 매각되었다. 여기에는 쓰러져가던 LG카드를 살린 CEO의 공로를 그냥 지나칠 수 없다. 매각이 발표되던 날 CEO는 감개무량한 나머지 한 마디 던졌다.

"망한 회사의 CEO는 조폭 두목처럼 생각하고 행동해야 합니다."

다음으로 일당(보상적 권력)이다. 일당을 기준으로 근로자는 작업 현장을 선택한다. 더불어 현장 감독이나 지휘자의 직책을 가진 자(합법적 지위를 가진 사람)의 마음에 들려고 하는 것도 중요하다. 왜냐 하면, 현장 감독이 작업 배분을 하기 때문이다. 동일한 일당을 받는다면 힘든 일보다는 다소 편한 일을 하고 싶어 하는 것이 인지상정이 아니겠는가!

한편, 비교적 전문적 지식이 필요한 재무나 회계 부문의 조직이라면, 전문적 권력과 정보적 권력이 효과를 발휘한다. 전문적인 재무지식이 없다면 회사의 막대한 자금을 효율적으로 운용할 수 없기 때문이다.

이러한 여섯 가지 권력 가운데 하나만 특정인들에게 인식되고 수용되는 것은 아니다. 가령 회사 사장이라면, 합법적 권력의 크기는 그 회사 안에서는 단연 최고다. 나아가 사장이 가진 고유 기술이 회사 업적과 크게 관련되어 있다면 전문적 권력까지 발휘할 수 있다.

업계 내에 거대한 인적 네트워크(커넥션)를 가지고 있다면, 정보적 권력도 가질 수 있다. 또한 사장이 부지런하고 덕망도 갖추고 있으면 인간적 권력도 부가된다. 뛰는 말에 나는 날개 다는 격이다. 결국엔 이러한 권력이 시너지 효과를 낳게 된다.

이런 현상은 사장이 아니더라도 얼마든지 가질 수 있다. 직책이 없더라도 후배를 잘 돌봐 준다거나 하는 사람은 그 후배들로부터 사랑과 존경을 받게 된다. 여기엔 인간적 권력이 발휘된다. 부하직원의 이야기를 잘 들어주고, 작은 일에도 칭찬을 아끼지 않으며, 부하직원의 행동을 인정해주게 된다면 보수적 권력이 발휘될 수 있다.

실제로 우리 사회의 각종 조직에서 합법적 권력은 갖고 있지 않음에도 비공식적 리더로써 해당 구성원들에게 많은 권력(영향력)을 발휘하는 경우가 적지 않다.

조직으로부터 부여된 권력은 합법적 권력에 한정된다. 그 이외는 누군가로부터 부여되는 것이 아니라 자기 스스로 만들고 창출하는 권력이다.

일찍이 '토플러(Alvin Toffler)'는 저서 "권력이동(Powershift)"에서 다가올 미래의 변화를 누가 통제할 것인가의 문제를 다루고 있는데, 권력이 단순히 개인, 기업, 국가에서 다른 곳으로 이동하던 기존의 형태와는 달리, 권력 본질 자체가 변화하면서 궁극적으로는 지식 정보 계층으로 대체된다는 사실을 주창했다.

즉, 세계가 산업화 시대에서 정보화 시대로 옮겨가면서 사회를 통제하는 권력의 원천이 과거의 물리적 힘과 돈에서 컴퓨터(IT)로 대표되는 지식으로 급속히 진행되고 있다는 것을 지적한 것이다. 어쩌면 우리들은 이미 그 권력의 지배 아래 놓여 있는지도 모른다.(김광희 (2007) "부자들의 경영학 카페"를 가필 수정.)

" 리더와 리더십은 어떤 관계?

리더와 리더십

"

　　오케스트라를 이끄는 지휘자는 정작 아무 소리도 내지 않는다. 오케스트라 구성원들로 하여금 소리를 얼마나 잘 내도록 하는가에 따라 자신의 능력이 가늠될 뿐이다. 이처럼 구성원들에게 내재된 잠재력을 일깨워 결실을 맺도록 하는 것이 바로 리더십이다.

리더십 이론

　　"어린 것이 외국물 먹었다는 이유 하나로 낙하산 타고 윗자리로 날아와?"

　　"뭐하나 제대로 갖춘 게 없는 놈이, 지 부모 잘 만나 저 자리에 앉아 있잖아!"

　　"에잇, 더러워서! 능력이라곤 눈곱만큼도 없는 놈이 손 잘 비비더니 승진했잖아!"

　　이런 비난의 목소리는 기업의 인사이동 철이면 어김없이 흘러나오는 항변이다. 하지만 이런 '배알'이 뒤틀리는 항변이 종업원들의 입에 공공연하게 떠돈다면, 한 마디로 해당 조직에 적신호(赤信號)가 들어온 것이다. CEO나 인사 담당자는 긴장해야 한다.

　　손자병법에 이르기를 "상하(上下)가 같은 욕심을 가지면 반드시 이긴다!"는 말이 있다. 이런 지적을 기업에 적용하면 경영자와 종업원 사이의 굳건한 단결이 기업의 미래를 좌우한다는 의미다. 이는 종업원들의 이익과 기업의 비전을 하나로 엮을 때에만 가능한 일이다. 이런 이유로 리더의 역할은 더 없이 중요하다.

　　세습이나 아부가 아닌 순순하게 자신의 능력을 통해 리더가 되기 위해서는 어떻게 해야 할까? 우직하게 일에만 몰두하다 보면 어느 순간 리더가 되어 있을까? 아니면 주위 상사나 부하의 눈치도 적당히 보아가며 요령껏 처신을 하다 보니 리더의 자리에 올라앉게 된 것일까?

일반적으로 리더십 결정요인에는, '자질이론', '상황이론', '추종자 중심이론'의 세 가지 대표적 이론이 존재한다.

● 자질이론(trait theory)

이 요인은 무엇보다 타고난 리더의 개인적 자질을 강조한다. 한 마디로 리더는 애초부터 자질을 가지고 태어났다는 논리다. 이를테면, 리더의 추진력과 지구력, 결단력, 설득력, 책임감, 지적·기술적 능력과 같은 우수한 능력이 리더십의 결정요인이라고 보고 있다.

종종 특정인을 지칭하며 "저 사람 능력은 처음부터 타고났다!"라고 하는 경우, 이 이론에 가까운 리더라 하겠다. "8척 장신에다 기골이 장대하다."거나 "매서운 눈매에 카리스마가 있다", "주위에 사람을 끌어들이는 매력이 있다."는 말들로 대표될 수 있겠다.

● 상황이론(situational theory)

특정인이 처해 있는 환경이나 상황적 특성이 리더십을 결정짓는다는 것이다. 즉, 리더십은 그가 소속된 조직의 목표와 성격, 그 조직에 속한 사회 및 문화적 성격 그리고 피지도자의 기대와 욕구 등의 산물이라는 것이다.

단적으로 이런 논리와 일맥상통할 듯싶다. "난세(亂世)가 영웅을 낳는다."

최근 새롭게 재조명이 이루어지고 있는 이순신 장군이나 영국 수상 처칠을 예로 들어보자. 이들에게 임진왜란이나 제2차 세계대전이 없었다면 오늘날과 같이 과연 영웅으로 자리매김할 수 있었을까? 전적으로 아니라고까지는 할 수 없겠지만, 영웅(성웅)이라는 추앙까지 받기는 어려웠을 지도 모른다.

일찍이 천하에 재난이 없으면 성인도 그 능력을 발휘할 수 없다고 했다. 난국이라고 하는 시대 상황이 이들을 민족의 영웅, 2차 대전의 영웅으로 만들었던 것이다.

● 추종자 중심이론(follower theory)

특정인을 추종하는 사람의 태도나 능력에 리더십이 달려 있다고 본다. 우리의 정치 상황을 떠올려보면 쉽게 이해가 된다. 대한민국 근대 정치사를 논할 시 '3김(三金) 시대'를 뺀다면 이른바 '팥이 빠진 붕어빵'이다. 3김 가운데 2김은 이미 최고통수권(대통령)자리를 경험했고, 남은 1김은 오래전 '일인지하 만인지상(一人之下 萬人之上)' 자리를 거쳐 정계에 영향력을 행사하다 뇌물수수에 휘말려 정계를 떠남으로써 3김 시대가 사실상 막을 내렸다.

사실 3김 시대를 비난하면서도 그 체제가 오랫동안 유지되었던 것은 지역적으로 나누어진 선거풍토를 추종자들이 강하게 고수하면서 자신들의 생각을 적극 반영하려 했기 때문이다. 그런 측면에서 보자면 지역감정의 책임은 3김을 적극 지지한 지역민이나 그 출신들에게도 분명 있다. 또 3김은 이런 풍토(지역감정)를 적극 받아들여 그들의 시대를 여는데 결정적인 계기로 활용했다.

● 통합이론(interaction theory)

앞서 제시한 리더십의 결정요인들에 문제가 전혀 없는 것은 아니다. 먼저, 자질이론의 경우에는 여전히 과학적 토대가 빈약하다는 점이다. 다음으로 상황이 리더를 낳는다면 동일 상황에서 리더가 되지 못한 사람들은 어떻게 설명할 것인가? 또 추종자 중심이론 또한 리더의 자질이나 상황 등을 무시하고서는 리더에 대한 올바른 설명은 불가능해 진다.

결국, 리더란 어떤 특정 요인에 의해 결정되는 것이 아니라 여러 가지 변수, 이를테면 리더의 개인적 자질(trait), 그가 처해 있는 상황(situation), 그를 지지하는 추종자(follower)의 상호작용을 통해 결정된다.

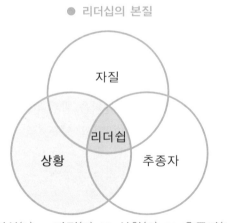

● 리더십의 본질

리더십(L) = 자질(T) × 상황(S) × 추종자(F)

최악의 리더

'유능한 관리자'란 일반적으로 어떤 특징이나 행동을 하는 사람을 지칭하는 걸까?

밤낮 가리지 않고 성실하게 일만 하는 사람일까? 주변을 살피며 눈치껏 일 처리를 하는 사람일까? 그것도 아니라면 대체 어떤 사람일까?

독일 최고의 명장이라고 불리는 '폰 만슈타인(Erich Von Manstein)'은 '훌륭한 병사와 그렇지 못한 병사'를 다음의 네 가지 타입으로 나누고 있다.

> ► **근면하고 유능한 타입**
> ► **근면하고 무능한 타입**
> ► **게으르고 유능한 타입**
> ► **게으르고 무능한 타입**

일반인들의 예상과는 달리 만슈타인은 이 가운데 '게으르고 유능한 타입'을 고위 간부로써 가장 적합한 타입이라고 했다.

'근면하고 유능한 타입'도 물론 훌륭한 병사이기는 하지만, 이 타입은 참모 타입이어서 일군을 지휘할 만한 기량은 아니라고 했다.

● 독일의 명장 폰 만슈타인

또 한 가지 재미있는 사실은 '근면하고 무능한 타입'을 최악의 타입으로 지목하고 있다는 점이다. 그리고 '게으르고 무능한 타입'은 그냥 두어도 별다른 피해를 야기치 않으므로

'근면하고 무능한 타입'보다 낮다고 보았다.

결국, 리더는 똑똑하고 부지런한 사람보다는 '똑똑하되 조금은 게으른 사람'이 적격이라는 것이다. 우리의 예상을 한껏 벗어난 평가다.

그 이유는 이렇다. 똑똑하고 부지런한 리더는 모든 일을 동료나 부하들의 의견보다는 자신의 판단에 의지하는 경향이 강하고, 동료나 부하들의 의견은 항상 자신의 생각에 미치지 못한다고 생각한다. 그래서 다른 사람들을 일방적으로 설교하려 들거나 면박을 주는 행동을 조직 내에서 내비치곤 한다.

동료나 부하들의 의견과 행동은 항상 무시되어 구성원들은 자신의 의견이나 적극적인 행동을 스스로 자제하게 된다. 그리고 일방적 설교조의 연설에 익숙하게 되고, 대충 업무를 처리하여 보고하면 "똑똑한 분께서 어련히 알아서 하시겠지…"하는 수동적인 업무 자세만 남게 된다. 이렇게 되면 그 조직의 미래는 뻔하다.

그러나 똑똑하되 조금은 게으른 리더는 혼자서 모든 일을 처리하지 않고 보다 많은 권한을 주위의 동료나 부하들에게 위임해가며 효율적으로 일을 추진하려 한다. 대신에 보고를 받거나 회의 등을 통하여 동료나 부하직원들의 잘못된 정책이나 보고 등에 대해 현명한 방향성을 제시해준다.

또 여기에 머무르지 않고 당사자에게 더 많은 것을 생각하여 정리케 함으로써 개인의 학습과 조직학습을 유도한다. 자연히 동료나 부하들은 그를 존경하게 되고, 그로부터 많은 영향을 받게 된다. 이런 타입이야말로 모든 조직이 추구하는 이상형의 리더가 아닐까 생각된다.

물론 위와 같이 모든 사람들의 성향을 칼로 무 자르듯 이분법적으로 나누어 생각할 수는 없다. 그러나 조직 내에서 참된 리더란 어떤 모습이며, 그 역할이 무엇인가에 대해서는 많은 시사점을 던져주고 있다.

" 인간은 왜 오류를 범하는가?

프로스펙트 이론 "

물을 마시다 문득 사슴은 물위에 비친 자기 모습을 바라본다. 아름답고 우뚝 솟은 뿔에 한동안 넋을 잃는다. 그럴 즈음 피골이 상접한 자신의 다리를 보곤 수치심을 느낀다. 어느 날 들판에서 풀을 뜯던 사슴은 숲속에서 자신을 향해 다가오는 사자 한 마리를 발견한다. 사슴은 빠른 다리로 날렵하게 사자를 따돌리며 안전한 숲속으로 도망을 친다. 하지만 울창한 숲속에서 사슴의 뿔은 나뭇가지에 걸려버리고 만다. 뒤따라오던 사자는 날카로운 발톱과 이빨로 단숨에 사슴의 숨통을 끊었다.

– 이솝우화

인지적 오류

우리 삶의 순간순간은 의사결정의 연속이다. 인간이 의사결정을 하는 데 있어 문제가 되는 것은 컴퓨터와 같이 빠르고 정확하지 못하다는 점이다. 덧붙여 인간에겐 어떤 사물이나 현상에 대해 장님 코끼리 만지기 식으로 밖에 인식할 수 없는 부분이나 영역이 다수 존재한다. 누구에게나 자신이 가진 지식과 경험에는 한계가 있기 때문이다.

지식이나 경험의 부재로 인해 발생한 오류라면 일정 부문 이를 수용하고 납득할 여지는 있다. 하지만 전후관계만 간단히 따져보면 금방 시시비비가 가려지는 의사결정에서도 잦은 오류가 발생된다는 사실이다. 가장 대표적인 것이 바로 '인지적 오류(cognitive biases)'이다.

인지적 오류란 사람들이 의사결정을 할 때 정보를 인지적(認知的)으로 처리하는 과정에서 발생하는 오류이다. 이를테면, 동일한 사안을 두고서 사람들이 완전히 상반된 의사결정을 한다는 것이다.

　"600명의 사람들을 죽음으로 몰아넣을 것으로 예측되는 특수한 아시아의 질병이 갑작스레 발생했다. 이 질병을 치료하기 위해 보건당국은 두 종류의 대책을 제시했다. 이 대책의 과학적 추정치는 다음과 같다. 당신이라면 어느 쪽의 대책을 선택하겠는가?"
　이러한 질문과 함께 '포지티브 프레임(positive frame) 조건'을 먼저 제시했다.

> ▶ 대책 A : 만약 이 대책을 채택하면 환자 가운데 200명은 확실하게 살 수 있다.
> ▶ 대책 B : 만약 이 대책을 채택하면 600명의 환자 모두 살 가능성은 1/3이고,
> 　　　　　 모두 살지 못할 확률은 2/3이다.

이번에는 '네거티브 프레임(negative frame) 조건'을 제시했다.

> ▶ 대책 C : 만약 이 대책을 채택하면 환자 400명은 죽을 것이다.
> ▶ 대책 D : 만약 이 대책을 채택하면 아무도 죽지 않을 확률은 1/3이고,
> 　　　　　 600명 모두 죽을 확률은 2/3이다.

　위에 제시한 질문들은 심리학자인 '트버스키(Amos Tversky)'와 '카네먼(Daniel Kahneman)'이 주창한 '프로스펙트 이론(prospect theory)'에 등장하는 내용들이다.
　그들의 실증연구에 따르면, 이러한 질문을 받았을 때 72%의 사람들은 대책A를 선택하였고, 나머지 28%는 대책B를 선택했다고 한다. 사람들은 모든 환자 가운데서 1/3을 살릴 수 있다는 가능성보다는 200명을 살릴 수 있다는 확실성을 더 좋아하는 것으로 나타났다.
　반면에 네거티브 프레임 조건의 경우, 응답자들의 반응은 앞과는 정반대로 나왔다. 대책C를 선택한 사람은 22%이었으나, 대책D를 선택한 사람은 78%에 달했다.
　즉, 사람들은 포지티브 프레임 조건과 같이 이득(gain, 긍정적인 어휘) 측면이 강조된 표현의 경우에는 대부분의 응답자들은 위험(리스크) 회피적인 대책A를 하지만, 네거티브 프레임 조건과 같이 손실(loss, 부정적인 어휘) 측면이 강조된 표현의 경우에는 대부분의 응답자들은 위험(리스크) 추구적인 대책D를 선택하는 경향을 보였다.

사례연구

금년 H자동차 회사는 작년 실적을 두 배나 넘어서는 엄청난 매출액을 기록하고 있었다. 이에 고무된 종업원들은 연말에 지급될 상여금에 비상한 관심을 가지고 있었다. 그러한 종업원들의 기대감과는 달리 K사장은 상여금을 조금이라도 절약해 내년도 신규설비 투자로 돌리고 싶어 했다. 사장은 여러 날 묘책을 강구하다 마침내 기발한 상여금 배분 방식을 떠올렸다.

먼저 상여금이 든 봉투A와 봉투B를 제시해 이 둘 가운데 하나를 종업원들이 선택하도록 한 것이다.

> ▶ 봉투 A : 봉투에는 상여금 800만원이 들어있다.
> ▶ 봉투 B : 봉투에 85%의 확률로 1,000만원이 들어있으나,
>   15%의 확률로 봉투엔 1원도 들어있지 않다.

만약 당신이 H사의 종업원이라면 다음 두 개의 봉투 가운데 어느 쪽을 선택하겠는가?
신기하게도 H사 대부분의 종업원들은 '봉투A'를 선택했다.

그로부터 3년 후, 유가(油價) 급등과 국내 경기불황이 겹치면서 H사는 전년도를 크게 밑도는 최악의 매출액을 기록했다. 어림잡아 수천억에 달하는 적자였다. 게다가 당분간 호전될 기미는 없어 대대적인 종업원 명퇴라는 구조조정이 불가피한 듯 보였다. 이에 K사장은 노조와의 타협을 통해 구조조정 대신에 근래 몇 년 동안 지불한 상여금 가운데 일부를 종업원들로부터 돌려받아 회사 운용자금으로 활용하기로 했다.

이때도 K사장은 기발한 아이디어를 종업원들에게 제시했다. 제안A와 제안B를 제시하고는 이 둘 가운데 하나를 종업원들이 선택하도록 한 것이다.

> ▶ 제안 A : 회사에 상여금 800만원을 돌려줘야 한다.
> ▶ 제안 B : 회사에 85%의 확률로 1,000만원을 돌려줘야 하지만,
>   15%의 확률로 단돈 1원도 돌려주지 않아도 된다.

어떻게 된 일인지 이번엔 '제안B'를 대부분의 H사 종업원들이 선택했다.

위 상황들은 트버스키와 카네먼의 프로스펙트 이론을 필자가 새롭게 각색한 것이다. 사실 이 문제의 기대치(期待值)를 생각한다면 정답(선택)은 모두 반대(逆)가 되어야 한다.

우선, 봉투A와 봉투B 가운데 어느 하나를 선택하는 전자의 경우를 보자. 가령 봉투B를 선택하게 된다면, '1,000만원 × 0.85 = 850만원(평균)'을 받을 수 있다. 그러나 봉투A를 선택하면 800만원밖에 받지 못해 50만원 손해다.

그럼에도 대부분의 사람들이 봉투A를 선택하는 이유는 무엇일까? 인간은 이익(gain)의 영역에서는 이익을 확정짓고 싶어 한다. 다시 말해, 이익이 명확한 쪽을 선택해 위험(리스크)을 회피하려는 경향이 있다.

다음으로 제안A와 제안B 가운데 어느 하나를 선택하는 후자의 경우를 살펴보자. 제안A를 선택하게 된다면 800만원만 회사에 되돌려주면 되지만, 제안B를 선택하게 된다면 '1,000만원 × 0.85 = 850만원(평균)', 즉 50만원이나 더 많은 돈을 돌려주어야 한다.

하지만 손실(loss)의 영역에서는 인간은 불확실한 것을 더욱 좋아한다. 즉, 손실이 예상되는 상황에서는 불확실 쪽을 선택하는 위험 추구적인 경향을 가진다.

또한 위 문제에 제시된 금액이 1,000만원이 아닌 1만원이거나 1억원이라고 한다면 선택은 또 달라질 수 있다. 더불어 한 번으로 끝날 것인지 아니면 수차례에 걸쳐 반복적 제시가 이루어질 것인지 여부에 따라서도 선택은 바뀔 수 있다.

이상과 같이 정보의 제시 형태에 따라 인간(소비자)은 하늘과 땅 차이만큼이나 다른 반응을 보이게 된다. 즉, 동일한 내용을 상대방에게 어떻게 풀어 전달하느냐에 따라 그 반응은 달라진다는 것이다.

이런 문제도 한 번 생각해 보자.

당신은 갑자기 집안 문제로 1,000만원이 필요하게 되었다. 그래서 떠올린 것이 현재 가지고 있는 주식A와 주식B 가운데 하나를 파는 것이다.

▶ 주식 A : 이전 2,000만원에 구입했으나, 현 시가는 1,000만원인 주식
▶ 주식 B : 이전 500만원에 구입했으나, 현 시가는 1,000만원인 주식

자, 당신은 급전 1,000만원을 마련하기 위해 주식A와 주식B 가운데 어느 쪽을 내다 팔

것인가?

이 경우 많은 사람들은 '주식B'를 팔게 된다고 한다. 500만원이나 올라 곱절의 이익을 냈다는 만족감도 있을 것이고, 오를 만큼 올랐지 않을까하는 평가도 한 몫을 했으리라.

사실 정답은 양쪽 주식의 시가(時價) 모두 1,000만원이므로 어느 쪽의 주식을 팔든 상관은 없다. 굳이 이론적으로 접근하자면 주식A가 아닐까 생각된다. 주식의 가치가 어느새 반토막이 났다면 여기엔 필시 그럴만한 이유가 있을 것이고, 때문에 단시일에 원상회복은 어렵다고 보아도 과언은 아니다.

중요한 것은 주식A와 주식B의 가치를 장기적인 관점에서 보고 판단하는 것이다. 애초 얼마에 샀는지는 그리 중요하지 않다. 그러나 인간은 손실에 대해서는 민감하게 반응한다. 손해를 보지 않겠다는 심리 때문에 결국 구입 당시의 금액에 휘둘리게 되는 것이다. 가장 합리적이고 현실적으로 행동할 것 같은 인간이 정보의 제시 형태에 따라 완전히 비합리적이고 비현실적인 인간으로 돌변하는 것이다. 참으로 인간의 행동은 미지 세계다.

의사결정과 오류

"해군에 입대하면 뉴욕 시민으로 있을 때보다 사망률이 낮아집니다."
군(軍)이라면 목숨을 건 전쟁터가 연상돼 입대를 꺼려하는 젊은이들에게 군인이 생각
보다 위험한 직업이 아니라는 이미지를 심기 위한 미 해군의 광고 문구다.

심각한 오류(誤謬)나 왜곡(歪曲)을 발견했는가? 뉴욕 시민의 사망률을 높이는 것은 노약자와 유아들이다. 반면, 해군에는 피 끓는 건장한 젊은이들만 모여 있으니 자연히 사망률은 낮을 수밖에 없다. 미 해군이 가진 위험성을 제대로 알리기 위해서는 입대하는 젊은이들과 비슷한 연령대의 건장한 사회 집단과 비교했어야 옳다.

지난달 수원의 한 아파트 단지에서는 24평의 소형아파트 2채, 32평의 중형아파트 1채, 45평의 대형아파트 3채가 거래되었는데, 그 가격은 각각 2억과 4억, 7억원이었다. 그래 이 아파트 단지의 평균 거래가는 4억 8,333만원이다. 그러던 것이 이번 달에는 24평 7채, 32

평 1채, 45평이 1채 거래되면서 그 가격은 각각 3억, 5억, 8억원에 이루어졌다. 그에 따라 이번 달의 평균 거래가는 3억 7,778만원이다. 소중대형 아파트 모두 1억씩 올라 거래되었는데 평균 가격은 1억 이상 하락했다. 어째서 이런 일이 벌어진 걸까? 게다가 이대로 언론에 보도라도 된다면 어떻게 될까? 사실 얼마든 가능한 일이다.

이건 어떨까? 고속도로를 규정 속도(100km/h)로 달리는 자동차들은 시속 150km 이상으로 달리는 과속 자동차들보다 더 많은 교통사고를 일으킨다고 한다. 그렇다면 가급적 규정 속도를 위반한 채 과속으로 자동차를 모는 것이 교통사고 예방에 도움이 된다는 것일까?

또한 외국의 한 통계에 따르자면, 결핵환자 가운데 많은 사람들이 산악 주변에서 사망한다고 한다. 이러한 결과는 산악기후의 어떤 조건이 결핵균의 증식을 도와 환자의 병을 악화시켰기 때문일까?

위의 교통사고 문제인데, 대부분의 운전자들은 규정 속도 전후로 자동차를 운전하기 때문에 많은 사고가 그 속도 범위 내에서 일어나는 것은 지극히 당연한 일이다.

다음으로 결핵 환자의 사망도 같은 맥락에서 볼 수 있다. 산 속이나 그 주변의 환경은 결핵 환자의 요양에 좋기에, 자연스레 많은 환자들이 모여들게 된다. 그래서 산 속이나 그 주변은 다른 도심지역보다 결핵 환자가 많게 되고, 그 가운데 사망하는 결핵 환자 수도 다른 지역보다 높을 수밖에 없다.

앞서 프로스펙트 이론에서 꼬집고 있는 인간의 인지적 오류나, 단순 통계로 인한 왜곡된 정보나 통계적 사고의 결여는 자칫 기업의 중대한 의사결정마저 흐리게 만들 수 있다. 위험을 회피해야 하는 상황에서 무리하게 위험을 추구하거나, 반대로 위험을 무릎 쓰고서라도 앞으로 치고 나가야 할 상황에서 위험 회피적 의사결정을 내리게 된다면 조직의 운명은 풍전등화(風前燈火)가 될 것이다.

가랑잎이 눈을 가리면 큰 산이 보이지 않고, 솜이 귀를 틀어막으면 우렛소리가 들리지 않는다. 왜곡된 정보나 통계는 사람들이 믿고자 하는 것을 곧바로 가져다주기에 더욱 힘을 받는지도 모른다. 그래서 왜곡엔 인간을 유혹하는 강력한 힘이 숨어 있다.

" 인재(人財)와 경쟁우위!

항우와 유방

"

아무리 좋은 전략이라도 회사가 올바른 인재 기용을 통해 전략에 활기를 불어넣지 않으면 죽은 전략이나 다름없다. 허풍에 불과한 요란한 구호나 설명회 등은 잊어 버려라. 조직은 누가 중요한 사람인지 안다. 새로운 전략은 이런 중요한 사람들이 이끌어 갈 때만 성공을 거둘 수 있다.

– 잭 웰치의 '위대한 승리'

조직과 인재

오늘날 많은 중국인들은 자신들의 오랜 역사 가운데 가장 격렬했던 싸움의 하나로 '초한전(楚漢戰)'을 꼽는다.

그만큼 초한전은 극적인 기승전결과 더불어 애닲은 싸움이었다는 역사가들의 평가도 이를 뒷받침한다. 또한 여기에 등장하는 주인공은 서초패왕 항우(項羽)와 한고조 유방(劉邦)이 중국대륙의 통일을 위해 자신들의 모든 명운을 내걸고서 벌인 싸움이기도 하다.

중국 난세 영웅들의 훌륭한 지혜와 지모를 담은 "지전(知典)" (렁청진)에서 이르기를, 유방을 항우와 비교했을 때 아래 여섯 가지가 모자랐다고 한다.

- ▶ **명성의 부족**
- ▶ **세력의 부족**
- ▶ **용맹의 부족**

▶ 인의의 부족
▶ 신의의 부족
▶ 군졸에 대한 사랑의 부족

　　이러한 관점에서도 유방은 항우에 대해 절대적 열세였으나, 그 한편으로 항우가 따르지 못하는 한 가지 장점을 가지고 있었다.

　　그것은 바로 인재를 등용할 줄 안다는 점이었다. 유방의 수하에는 유능한 장수들이 늘상 구름같이 모였고, 모사(謀士)들 또한 숲처럼 가득했다 전한다.

　　즉, 유방이 천하통일을 이룰 수 있었던 것은 부하 개개인의 능력에 맞는 역할 분담과 적재적소(適材適所)에 인재를 배치하고 이를 효과적으로 활용하는 용인술(傭人術)을 지적하지 않을 수 없다.

　　화원위엔의 저서 "권력"에도 지전의 평가와 흡사한 대목이 나온다.

　　"자신의 장점으로 다른 이의 단점에 맞선다면 성공하지 못할 까닭이 없다. 유방은 다른 사람의 머리를 이용하는 데 능했고 항우는 칼과 창을 드는 실제의 싸움에 능했다. 결론적으로 보면 유방의 지혜가 항우의 힘을 앞섰다고 할 수 있다."

● '삼현'의 역할 분담

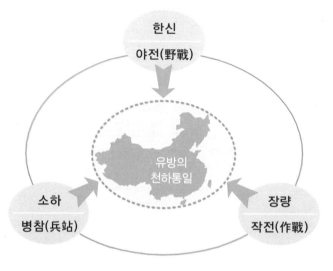

유방이 당시 거칠 것이 없던 천하의 항우를 제압하고 중국을 통일할 수 있었던 것은 다른 사람의 머리 즉, '한의 삼현(三賢) 혹은 삼걸(三傑)'이라 불리는 유능한 인재들의 등용이었다.

둘러싸인 군막 안에서도 천리 밖의 싸움을 승리로 이끌게 하는 전략이라면 '장량(張良)'을 따를 자 없었고, 최전선에 나가 적을 무찌르는 데는 '한신(韓信)'만한 사람이 없었으며, 싸움에 필요한 군수물자의 체계적인 보급이라면 '소하(蕭何)'와 같은 인물이 없었다고 유방은 이들을 격찬했다.

일전에 삼성그룹 이건희 회장은 신경영 선포식에서 "한 명의 천재가 만 명을 먹여 살린다."는 이른바 '천재론'을 제기했다. 그로부터 2주 뒤 이번엔 LG그룹 구본무 회장이 "한두 사람의 천재보다 훌륭한 최고 경영자를 육성하는 게 더 중요하다."는 이른바 'CEO 육성론'을 제기해 세간의 이목을 끌었다.

그 덕분인지 일반인들에게도 "핵심인재 한 명이 수십만 명을 먹여 살린다." 거나 "핵심인재가 기업의 경쟁우위를 좌우한다." 등 핵심인재와 관련된 구호들에 대단히 친숙하다.

두 회장이 주장하는 구호는 다르지만 결국 인재의 필요성과 중요성을 강조하고 있다는 점만은 정확히 일치하고 있다.

이전 "초우량기업(Global Exellent Company)"의 저자 '피터스(Tom Peters)'도 사업 수행 과정에서 가장 우선 시 해야 할 것은 인재라고 주장한 바 있다.

모두들 왜 이처럼 인재의 중요성을 강조하고 있는 것일까?

기업 경영에 있어서 경쟁우위(competitive advantages) 확립을 가능케 하는 원천은 바로 인재, 즉 인적자원(human resource)이기 때문이다. 특히, 그 가운데서도 창의력으로 무장된 소수의 핵심인재(core personnel)라 하겠다.

향후 조직의 성장과 발전을 견인할 핵심인재의 확보는 기업의 생사와도 직접적으로 관련된 대단히 중요한 문제이다. 이에 기업들은 핵심인재의 확보를 위해 가진 역량을 모두 쏟아 붓고 있다.

흔히 전문성이 뛰어나고 고도의 기술을 지닌 사람을 가리켜 인재(人材)라고 한다. 이러한 인재는 기업의 장래를 짊어진 소중한 자산인 만큼 '인재(人財)'라고 표현해도 과언은 아닐 듯하다.

야전의 달인 '한신(韓信)'

한의 삼현 가운데 일반인들에게 가장 널리 알려진 인물은 바로 한신이다. 그는 회음(淮陰) 출신으로 한나라 고조 유방의 천하통일에 지대한 공헌을 한 명장이다.

젊은 시절 한신은 특별한 재주도 없었고, 집안 또한 가난해 이곳저곳을 떠돌아다니며 부랑자나 다름없는 걸식생활을 하고 있었다. 그럼에도 불구하고 허리에는 항상 큰 칼을 차고 다녔다고 한다. 이는 어쩌면 한신의 내적인 성숙함이 외적인 자존심으로 표출된 것이 아닐까 생각된다.

이러한 모습을 본 주변의 시정잡배들이 어느 날 한신에게 시비를 걸어왔다.

"칼을 찬 네 모습이 그럴 듯한데, 어디 똥배짱이라도 있으면 그 칼로 나를 내리쳐보시지! 그럴 수 없다면 내 가랑이 밑으로 기어 빠져 나가렴!"

한신은 순간 분노가 끓어올랐으나, 이러한 잡배들과의 싸움에 목숨 걸기 위해 지금껏 자신을 다듬어 온 게 아니라고 곧바로 마음을 바로 잡곤 아무 대꾸 없이 가랑이 밑을 엉금엉금 기어나갔다.(韓信忍跨下之辱)

이 모습을 지켜보고 있던 구경꾼들은 박장대소를 하며 한신을 비웃었다고 한다. 그러나 한신은 큰일을 이루겠다는 목표가 있었기에 그 치욕적인 순간을 인내하며 비켜나갈 수 있었다.

한 순간의 과시욕이나 체면과 같은 사사로운 감정에 휘둘리지 않고 다가올 미래를 위해 자신을 가다듬고 있었던 것이다. 참을 인(忍)자를 보면 '칼날 인(刃)'다가 '마음 심(心)'으로 되어 있는데, 참는다는 것은 마음속에 칼을 품고 있는 것이지 결코 무서워 그 장소를 회피하는 것이 아니다.

한신은 본시 항우 수하에 있었던 인물이다. 그러나 항우가 그의 재능을 몰라주자 불만을 품고 다시 유방 수하로 들어간 인물이다. 하지만 여기에서도 한신은 제대로 평가를 받지 못하게 된다. 유방 또한 그를 거들떠보지 않았던 것이다.

그러한 정황 속에서 한신이 출세가도를 걷게 된 배경에는 소하(蕭何)의 공이 컸다. 그의 적극적인 설득으로 대장군에 오르게 되고 이를 계기로 한신의 잠재되었던 역량이 비로소 빛을 발하게 된다.

한신에게 있어 항우든 유방이든 진정으로 자신을 인정해 줄 수 있다면, 사실 주인은 누구이든 상관이 없었다.

요즘말로 자신의 재능을 인정해 주고, 하고자 하는 일을 할 수 있도록 적극 배려해주며, 그에 상응하는 보수를 기꺼이 지불하는 리더나 조직, 기업이라면 어디에라도 흔쾌히 충성을 맹세할 수 있다는 이야기다.

한신과 유방의 인물 됨됨이를 엿볼 수 있는 유명한 일화가 전해온다. 하루는 유방이 한신을 불러 이렇게 물었다.

"짐은 얼마나 많은 군대의 장수가 될 수 있겠는고?"
"폐하께서는 10만 군대를 지휘할 수 있는 인물이십니다."
"그럼, 한신 자네는 어떠한가?"
"많으면 많을수록 좋습니다.(多多益善)"
"그런 자네가 어째서 짐의 군대 장군으로 있는고?"
"폐하께서는 병사의 장수가 아니라 장수(將帥)의 장수이십니다."

평소 한신의 능력을 유방은 높이 샀으나, 천하통일 후 그러한 능력은 유방으로 하여금 한신에 대한 경계심으로 바뀌는 단초를 제공했다. 위의 일화 또한 영특한 한신에 대한 유방의 경계심의 발로라 하겠다.

천하통일 이듬해 한신은 항우의 맹장(猛將)이었던 종리매(鍾離昧)를 숨겨주다 체포돼 유방 앞에 끌려 나갔다. 유방의 추궁에 비통한 듯 내뱉었다.

"토끼가 모두 사라지니 이를 사냥하던 개가 삶아지고 하늘 높이 나는 새가 다하니 좋은 활이 창고에 처박힌다. 적국을 물리치고 나면 지혜로운 신하는 버림받는다고 하더니 한나라를 세우기 위해 분골쇄신한 내가 이번엔 고조에게 죽는구나."

항우는 그간 한신의 크나큰 공로를 생각해 죽이지는 않고 좌천시켜 버린다. 그러던 어느 해 유방이 출정한 사이 태후 여씨(呂氏)는 한신을 처형해버리고 만다. 부부간의 이심전심(以心傳心)은 아니었을까!

이후 한신을 비롯해 많은 한나라 개국 공신들은 유방에 의해 하나둘씩 제거되었다. 한결같이 토사구팽(兎死狗烹)의 길을 간 것이다.

병참의 달인 '소하(簫何)'

소하는 한신과 마찬가지로 유방을 도와 천하통일을 달성한 개국 공신의 한 사람이다. 원래 그는 진나라의 유능한 관리였으나, 유방의 거사에 참가해 주로 역내를 관리하면서 양식과 군수품의 보급, 조달 등 병참을 담당했다. 수 십 만의 유방 군사를 한 번도 굶기지 않았을 정도로 보급의 달인이었다고 한다.

소하의 면모를 한 눈에 알 수 있는 유명한 이야기 하나가 전해온다. 유방이 함양(咸陽)에 제일 먼저 도착을 했을 때, 소하는 재물은 일체 거들떠보지 않고 곧바로 진나라의 문서며 법령을 챙겼다고 한다. 이것이 후일 한나라의 국가 경영에 큰 도움이 되었음은 두말할 나위도 없다.

앞서 언급하였듯 한신을 등용토록 진언한 사람은 소하였다. 그에 얽힌 일화 하나를 소개해 보자.

한신이 항우 밑에서 도망쳐 멀리 유방을 찾아와 한나라 군에 가담하게 된다. 어느 날 승상(丞相, 왕을 보좌하여 정치를 행하는 최고 관직)인 소하의 눈에 띄어 병법 등에 관한 이야기를 나누던 중에 높은 평가를 받게 된다.

그 후 소하의 추천으로 식량관(食糧官)으로 일하게 된다. 한신은 그 일을 성심성의를 다해 수행하였으나, 여기에 만족하지 못하고 결국 한나라를 탈출하게 된다. 다른 나라에서 자신의 보다 큰 야망을 펼치려 했던 것이다.

한신이 도망친 것을 보고 받은 소하는 급히 그의 뒤를 쫓아갔다. 그리고 밤이 되어서야 겨우 따라잡아 다시 한번 유방에게 추천하겠다는 약속을 하고서야 한신을 데려온다.

한편, 유방은 소하까지 도망쳤다는 말에 몹시 낙담하고 있던 차에 소하가 한신을 데리고 돌아오자 한편으로는 반갑기도 하고 다른 한편으로는 괘씸하게 여겨졌다.

그래서 유방은 "어째서 도망을 갔느냐? 대답 여하에 따라서는 처벌하겠다."고 버럭 화를 냈다. 그러자 소하는 "도망친 것이 아니라 도망간 사람을 붙잡으러 다녀왔습니다."하고 대답했다.

유방은 의아해하며 "지금까지 많은 병사와 장수가 도망을 가도 뒤쫓지 않았거늘, 도대체 누구를 그렇게 뒤쫓았단 말이냐?"하고 다시 물었다.

이에 소하는 다음과 같이 대답했다.

"그 자는 다름 아닌 한신입니다. 일반 병사나 장수라면 얼마든지 보충할 수 있지만, 한신만은 국사무쌍(國士無雙)입니다. 폐하께서 한나라 왕의 지위로 만족하신다면 한신이 없어도 상관이 없습니다. 그러나 항우와 싸워 천하를 통일할 생각이시라면 한신을 대장군으로 임명하셔야 합니다."

유방은 소하의 의견을 받아들여 한신을 대장군으로 임명한다. 그 후 한신은 국사무쌍이란 이름에 걸 맞는 커다란 활약을 펼침으로써 유방의 천하통일에 지대한 공헌을 하게 된다.

참고로 위에서 언급한 '국사무쌍'의 '국사'란 나라 안에 가장 우수한 인재를 가리키며, '무쌍'이란 감히 견줄 수 있는 사람이 없다는 의미다. 한 마디로 최고의 칭송임에 틀림이 없다.

이처럼 소하는 자신에게 주어진 책무를 철저히 수행하면서도 다른 한편으로 사람을 분별할 수 있는 탁월한 안목이 있었던 것이다.

그래서 항우를 무너뜨리고 천하를 통일한 유방이 최고의 개국 공신에 서슴지 않고 소하를 거론할 정도였다. 실제로 소하가 없었다면 유방이 천하통일이라는 대업을 달성할 수 없었을 지도 모른다.

이러한 평가를 둘러싸고 신하들 사이에서 불만이 불거져 나왔다.

"한 번도 싸움터에 나간 적이 없고, 오로지 책상 앞에서 계책만을 가다듬은 주제에 우리보다 높은 지위에 앉을 수 있단 말인가?"

이에 유방은 신하들을 이렇게 꾸짖었다.

"너희는 사방으로 도망치는 사냥감을 쏘아 죽인 것에 지나지 않는 것으로, 말하자면 개의 역할을 충실히 수행했을 뿐이다. 소하는 너희 목에 걸린 목걸이(밧줄)를 쥐고 지시했다. 즉, 인간의 역할을 충실히 수행한 공로다."

유방은 그렇게 소하를 치켜세움으로써 논공행상에 불만을 가진 신하들이 더 이상 입을 열지 못하도록 했다.

삼국시대 촉한(蜀漢)의 정치가 제갈공명(諸葛孔明) 역시 장수를 중용할 때 용맹스런 인물보다는 계략이 뛰어난 장수를 최고로 쳤다. 전투가 다가오면 어떤 장수를 어떻게 쓸 것인가에 몰두했는데, 중요 전투 시마다 용맹스런 장비(張飛)보다 지략을 겸비한 관우(關羽)를 선봉에 내세운 것도 이유가 있었던 것이다.

작전의 달인 '장량(張良)'

삼현 가운데 마지막 한 사람인 장량 역시 한나라의 개국 공신이자 선견지명을 가진 유방의 책사였다. 장량은 참모로써 항상 유방 옆을 지키며 기지에 넘치는 치밀한 전략을 구사해 항우 타도에 지대한 역할을 한다. 제갈공명이 '중국 역사상 최강(最强)의 군사(軍師)'였다면, 장량은 '최고(最高)의 군사'로 불리어 지고 있다.

그는 본시 조부와 부(父)가 모두 재상을 지낸 한(韓)의 명문 귀족 출신이었다. 이 때문에 한을 멸망시킨 진(秦)에 대해 좋지 못한 감정을 가지고 있었으며, 언젠가는 대가를 치르겠다는 야심을 품고 있었다.

후대의 사가들은 장량을 이따금 삼국지의 제갈공명과 비교하는데, 장량이 유방을 받들어 천하통일을 달성하도록 한데 반해, 공명은 '천하삼분(天下三分)의 계(計)'를 펼치면서도 유비(劉備)에게 천하통일을 안겨주지는 못했다. 결과적으로 본다면 장량이 주군에게 천하통일을 안겨주었다고 하는 점에서 공명보다 한 수 위라는 평가도 가능하다.

평소 장량은 몸이 약해 한 번도 전쟁터에 나섰던 적은 없었지만, 논공행상(論功行賞)이 이루어질 때면 유방은 "군막 안에서 전략을 세워 천리 밖 싸움을 승리로 이끈다."고 언급, 항상 장량의 공적을 높이 평가했다고 한다.

사마천의 사기(史記)에는 "그의 실적을 볼 때 강건한 용모의 남자를 상상하였으나, 초상화를 보았는데 미녀와 같았다."고 기록하고 있다.

유방을 도와 한나라를 건국한 공신 가운데 유방에게 죽음을 당하지 않은 사람은 장량이 유일하다. 장량을 제외한 대부분의 공신들은 불행히도 토사구팽의 운명을 가야만 했다.

작전의 달인 장량만큼은 고관대작이란 권세와 속세에 대한 미련을 훌훌 털어버리고 낙향했기 무사할 수 있었다. 그 치열했던 초한전을 승리로 이끈 치밀한 전략가답게 마지막엔 자신을 위해 절묘한 묘수(妙手)를 둔 것이다.

THINKING

보이는 대로 믿으면 될까?

뇌의 착각

'보이는 것만, 느끼는 것만 믿어라!'
그럼, 뇌(腦)가 기억을 가져오다 일으키는 착각 때문에 생기는 '데자뷔(기시감)'는 어떻게 설명해야 할까?

보이는 것만 믿기?

이진경의 "철학과 굴뚝청소부"에는 이런 글이 등장한다. 손으로 무릎을 탁하고 칠만큼 깨달음이 있는 내용이다.

여러분 가운데 자기 얼굴을 모르는 분 있습니까?
예상대로, 아무도 없군요. 그럼 다시 질문 하나 하지요.
여러분 중에 혹시 자기 얼굴을 직접 본 사람 있습니까?
역시 아무도 없군요. 그런데 아무도 자기 얼굴을 본 적이 없다면서,
어떻게 모두 다 자기 얼굴을 알고 있다고 생각하시는 건가요?

자기 자신에 관한 한 자신이 가장 잘 안다고들 말한다. 하지만 어느 날 자신이 부재된 가운데 이뤄진 자신에 대한 평가를 보고는 대부분 사람들은 입을 다물지 못한다. 평소 자신이 알고 있는 '나'라고 하는 인간에 대한 평가와는 너무나도 괴리가 있기 때문이다. 즉, "내가 그런 인간으로 밖엔 안 비춰지는 구나!" 하면서 말이다.

근래 TV의 모기업 광고 가운데 "보이는 것만 믿어 세요"라고 하는 문구가 나온다. 유감스럽지만, 정말로 보이는 것만 믿는다면 우리네 세상은 제대로 돌아갈 수 있을까? 한 마디로 아니오(No)이다.

우리들이 어떤 사물을 처음 눈으로 대하면서 느낀 것에 대해 절대적인 가치를 부여해서는 안 된다. 그렇게 되면 우리들 눈으로 본 것은 모두 옳다고 여길 수 있다. 인간이 오만과 독선에 쉽게 빠지는 것은 모두 이 때문이다.

아래 그림을 보자. 우선적으로 얼굴선이 가냘픈 여성 눈에 들어온다. 그 다음엔 코가 유난히 긴 남성이 섹스 폰을 연주하고 있는 모습이 보인다. 보는 이에 따라서는 섹스 폰 연주자가 먼저고, 그 다음에 여성 얼굴이 보일 수도 있다.

각종 예시

이번엔 몇 가지 질문을 던져본다. 아래에 제시한 질문에 대해 답해 보자.

❶ 두 부메랑 가운데 어느 쪽이 더 길까?

- ①번 부메랑
- ②번 부메랑

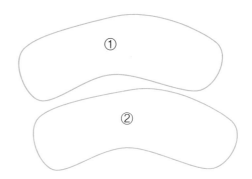

❷ 두 그림 중앙에 있는 원(점)은 어느 쪽이 더 클까?

      − 왼쪽 원
      − 오른쪽 원

❸ 두 화살표 가운데 어느 쪽이 더 길까?

①   ②

      − 화살표 ①
      − 화살표 ②

❹ 수직선(①)과 수평선(②) 가운데 어느 쪽이 더 길까?

      − 수직선 ①
      − 수평선 ②

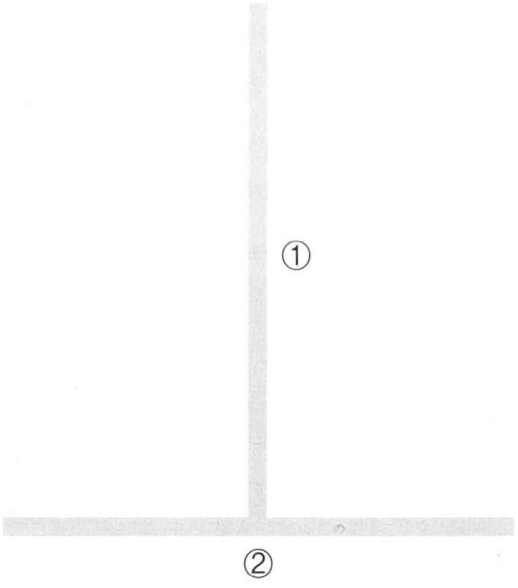

①

②

❺ 직선 AB(①)와 BC(②) 가운데 어느 쪽이 더 길까?

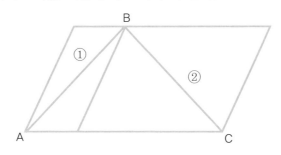

　　－ 직선 AB(①)
　　－ 직선 BC(②)

　이미 눈치를 채겠지만, 위 다섯 가지 물음의 정답은 모두 그 크기나 길이가 '동일'하다는 것이다. 이러한 문제들은 인간의 '착시(optical illusions)' 현상이 불러일으키는 대표적인 오해 가운데 하나다. 착시란 주위 배경이나 다른 것의 영향으로 어떤 물체가 실제와 다르게 보이는 현상을 말한다.

　착시 현상에 관해서 몇 가지 사례를 더 들어보기로 하자. 다음 그림은 에셔(Escher)의 상대성(relativity)이라는 1953년 작품이다. 현실 세계에선 결코 존재할 수 없는 신비한 그림이다.

그림을 자세히 보라. 웅장한 그리스식의 건물이 한 눈에 들어온다. 그런데 자세히 보면 어딘가 이상하다. 물레방아 뒤로 놓여있는 복도를 따라가다 보면 어느새 그 위층에 올라와 있다. 또 그 곳에서 아래로 물이 떨어지면서 물레방아가 돌아가고 있다. 그러면서도 각종 기둥들은 공간적 위치관계를 잘 표현하고 있다. 이와 같이 우리들은 한 가지 것을 동시에 다른 것으로서 지각하면 곤란을 겪게 된다. 때문에 이 그림이 갖는 세계가 우리들을 혼란 시키는 것이다.

아래 그림엔 지구상에서 가장 큰 동물 코끼리가 보인다. 그런데 뭔가 어색한 느낌이 든다. 다리 쪽이.

코끼리의 다리를 유심히 살펴보라. 당연히 네 개의 다리가 있어야 하나 보기에 따라서는 네 개, 다섯 개, 아니 여섯 개로도 보인다. 이게 정말 코끼리 맞아? 몇 개의 다리가 정답일까?

또 다른 문제다. 아래 그림을 보자. 언뜻 보기에는 어여쁜 숙녀의 모습이 먼저 들어온다. 그런데 조금 관점을 달리하게 되면 이 그림에는 세 명의 사람이 존재한다.

그림 왼쪽에는 소녀의 왼쪽 얼굴이 보인다. 이번엔 소녀의 턱을 코라고 본다면 웬 할머니의 옆모습이 눈에 들어온다. 마지막으로 오른쪽을 향하고 있는 대머리에 콧수염을 한 남자도 보인다. 그래서 합계 세 명의 모습이 이 그림에 들어있다.

가령 맨 처음 소녀의 얼굴이 보인다고 한 사람이나, 할머니 또는 콧수염의 남자가 보인다고 한 사람은 제각기 자신의 관심이나 성향, 경험 등을 토대로 해석했기 때문이다. 이러한 인간의 성향도 정확한 판단이나 합리성 등을 저해하는 주 요인 가운데 하나다.

다음 그림 중앙에 있는 원을 보라. 정원(正圓)이 아닌 다소 왜곡된 모습의 원이 보인다. 하지만 실제로는 왜곡된 것이 아니라 정원이다. 다만 주위 배경, 즉 직선 때문에 왜곡돼 보일 뿐이다.

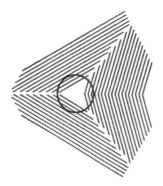

다음 글자들을 읽어 보자. 좌에서 우로 읽어보면 영문자 A, B, C가 보인다. 이번엔 위에서 아래로 읽어 내려가면 아라비아 숫자 12, 13, 14로도 읽을 수 있다.

이 문제는 좌에서 우로 읽거나 혹은 위에서 아래로 처럼 읽는 패턴을 달리하면 동일한 글자임에도 서로 다른 'B' 또는 '13'으로 읽을 수 있다는 것을 확인시켜주고 있다.

이처럼 동일한 형태라도 알파벳이나 아라비아 숫자는 주위, 전후의 문맥에 따라 지각하는 사람에게 마음속 확신이 생겨 완전히 다른 형태로 보이는 것이다.

아래 두꺼운 합판이 보인다. 합판은 합계 몇 개일까? 왼쪽에서 보면 네 개의 합판 단면이 보인다. 그 반대쪽인 오른쪽을 보면 세 개의 합판이 보인다. 그래서인지 맨 위의 합판 한 개와 맨 아래의 합판 한 개만이 제대로 된 합판처럼 보인다. 그렇다면 제대로 된 합판은 합계 두 개란 말인가?

사각형의 중심을 향해 선이 그어져 있다. 그리고 그 중심에서 점차 커지는 몇 개의 사각형이 있다. 어쩐 일인지 사각형들은 모두 직선이 아닌 것처럼 보인다. 하지만 이러한 선들은 왜곡되지 않은 한결같이 직선이라는 사실이다. 믿지 못하겠다면 자라도 대고 직접 선을 그어 대조해 보라.

이제 마지막이다. 다음 그림을 보고 있노라면 흰점이 검은 점으로 비춰졌다가 다시 보면 사라지는 현상이 여기저기에서 계속된다. 분명 검은 점은 어디에도 그려져 있지 않음에도 말이다. 신기하다.

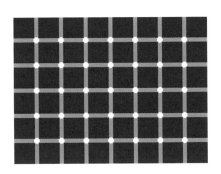

지금도 보이는 것만 믿어야 할까? 보이는 것 가운데 일부는 분명 잘 못된 것이 존재하는데도? '때론 보이는 대로 믿어라!'가 합리적인 것은 아닐까.

우리들이 경영학을 제대로 배워 이를 실천에 옮겨야 하는 이유 가운데 하나는 인간이 매사에 합리적이지 않다는 점 때문이다. 의사결정자들이 범하는 판단착오에 따른 비합리적 선택을 막아 최대한 합리적 선택이 가능하도록 해야 한다. 그래야 기업과 같은 거대한 조직이 올바른 방향으로 나아갈 수 있기 때문이다.

왼쪽 그림의 중간에 있는 점 1개를 20초간 바라본 후 하얀 벽을 10초간 바라보라. 뭐가 보이는가? 또한 오른쪽 그림에서는 뭐가 느껴지는가?

05

P roduction M anagement

생산관리

" 생산관리는 왜 필요할까?

생산관리의 개념

"

생산관리의 지상과제!
　첫째, 질 좋은 제품을
　둘째, 저렴한 가격으로
　셋째, 단시간에 생산하는 것이다.
최근엔 우리 삶에 '친환경적'이라는 명제가 추가되었다.

적용 분야

기업 경영에 있어 '생산관리(生産管理)'가 차지하는 비중은 실로 크고 중요하다. 그럼에도 일부 생산 담당자를 제외하곤 일반인들이 그 내용을 접할 기회는 사실상 전무하다.

생산현장을 접한 것이라야 학창시절 수학여행이나 산업시찰이라는 명목으로 엄청나게 거대한 조선소(造船所)를 타고 온 관광버스로 잽싸게 한 바퀴 돌거나, 자동차 컨베이어라인 일부를 먼발치에서 수박 겉핥기식으로 바라본 게 전부다.

몇 가지를 더 꼽아보자면, TV를 통해 제철소의 펄펄 끓는 용광로나 불꽃이 사방으로 튀는 용접작업, 한 치의 오차도 허용되지 않는 반도체 조립라인, 여종업원들의 민첩한 손놀림이 빛을 발하는 조립작업 등과 같은 것들이다.

이런 이유로 곧바로 생산이나 그 현장을 얘기해도 머리에 그려지는 이미지는 지극히 단편적이거나 대단히 거시적인 것들뿐이다.

또한 생산관리라고 하면 대기업이나 중소기업 공장에서나 필요로 하는 일들로 오해하기 십상이다.

　　젖소나 닭, 돼지를 기르는 데에도, 식당에서 음식을 만들어 판매하는데도, 우리 집을 짓는 데에도, 농부가 벼농사를 짓는 데에도 생산관리 지식은 필요하다.

　　시골 농부나 주방 요리사가 아무 의식 없이 쌀을 수확하거나 음식을 만들어 내는 것 같아도 그 내면 세계를 자세히 들여다보면 고도의 생산관리 기법이 곳곳에 숨쉬고 있다.

　　농부는 "금년에는 날이 더워 병충해가 심하고 가뭄으로 벼 생장에 필요한 수분이 제대로 공급되지 못할 것이다."라는 자체 평가를 근거로 벼 수확 감소를 예측한다. 요리사는 "광우병으로 소고기 소비가 급속히 줄고 있으며 사회의 웰빙(well-being) 붐으로 건강식이 인기를 끌고 있다."는 소비 동향을 파악하곤 건강식에 주목한다. 그리고선 자신들에게 맞는 대응책과 이를 실천할 독자적인 경영계획을 세우게 될 것이다. 이러한 경영 계획이 바로 '생산관리'다.

생산관리의 성격!

　　생산관리는 조금 투박한 이름 탓인지 무겁고, 딱딱하며, 거친 장면 등이 스쳐지나갈 만큼 일반인들에게는 낯선 분야다. 사실 '생산'이라고 하는 어감만 하더라도 먼저 '노가다(土方)'를 연상하는 이들이 많다.

　　생산관리를 제대로 이해하기 위해선 먼저 '생산(生産)'이 무엇인지 짚고 넘어갈 필요가 있겠다.

단적으로 생산이란, 생산요소(노동력, 원재료, 설비, 기계 등)를 투입해 보다 높은 부가가치를 산출하는 일련의 과정이다.

포스코(POSCO)와 같은 제철회사로부터 구입한 철판을, 현대자동차와 같은 자동차회사가 사내에 보유한 프레스 기계를 활용해 자동차 보디(차체)를 만들고, 그 외 각종 부품들을 조합해 완성자동차를 만드는 일련의 과정이 '생산'이다.

흔히 '생산'이라는 말 대신에 '제작'이나 '제조'라는 말로 대신하곤 하는데 분명 동의어(同義語)는 아니다. 사실 생산이라는 말에는 이를 담당하는 한 인간의 심오한 철학과 튀는 창의력이 담겨져 있다.

제작 및 제조, 즉 물건을 만든다는 의미의 '작(作)'과 '조(造)'는 이미 정해진 것을 규정에 따라 수동적으로 만들어 가는 기술을 가리킨다.

그러나 생산은 '생(生)'이란 글자가 의미하듯 '새로운 것', '색다른 것', '살아 움직이는 것'을 '산(産)', 즉 '창출', 혹은 '탄생'시키는 것을 말한다. 다시 말해, 세상에 존재하지 않는 무언가를 만들어 내는 것이 바로 생산인 것이다.

이처럼 생산에 대한 시각이나 접근은 어떤 정해진 틀에 따라 수동적으로 이루어지는 것이 아니다. 인간의 능동적인 사고를 기반으로 끊임없이 아이디어를 부가하고 증폭시키는 창의적 행위로 보아야 한다.

한편으로 자동차나 에어컨, 컴퓨터 등 완제품을 생산하는 기업은 무엇보다 이 제품을 구입한 고객이 만족감을 가질 수 있도록 해야 한다. 그 전제조건으로는 일정 수준 이상의 품질과 가격 그리고 고객에 대한 납기일을 반드시 지켜야 한다.

즉, 'QCD'를 잘 실행할 수 있어야 한다. 생산관리는 바로 QCD를 실천에 옮기는 관리기법이기 때문이다.

> ▶ 품질(Q : Quality) → 고객이 요구하는 수준 이상의 제품을 생산
> ▶ 원가(C : Cost) → 불필요한 낭비를 제거해 적정 원가로 생산
> ▶ 납기(D : Delivery) → 필요할 때 필요한 양만큼 생산

QCD를 위해서는, 먼저 고객이 필요로 하는 적정한 품질의 제품을 제공하기 위한 노력

(품질관리)과, 불필요한 낭비를 없애 최대한 원가를 절감하려고 하는 노력(원가관리), 정해진 납기일까지 제품을 고객에게 전달하기 위한 노력(납기관리)이 필수적이다.

결국, 생산관리란 일정 수준의 품질과 수량의 제품을, 소정의 기일까지 생산하기 위해, 기업의 자원(노동력, 기계설비, 원자재 등)을 경제적으로 운용하고 생산 과정에서 발생하는 다양한 돌출요인에 효과적으로 대응해 가는 관리자(생산자)의 철학인 담긴 정교한 활동이라 할 수 있겠다.

● 효율적인 생산관리

카레와 생산관리

요즘 아이들에게 인기가 높은 음식 세 가지를 들면, 카레, 햄버거, 스파게티가 아닐까 한다. 이 가운데 '카레'의 제조 과정을 들어 생산관리를 설명해보자.

먼저, 카레의 주재료는 카레가루나 그 스틱, 양파, 당근, 소고기 등인데, 이 재료를 활용해 카레의 '생산 프로세스'를 살펴보기로 하자.

❶ 양파와 감자 당근을 같은 크기로 잘라 볶는다.
❷ 소고기나 돼지고기도 함께 넣어 볶는다.
❸ 뜨거운 물을 적당히 부어 끓인다.

④ 감자가 익었다 싶으면 카레 덩어리(가루)를 넣는다.
⑤ 꿀이나 우유 등을 취향에 맞게 넣어 다시 끓인다.
⑥ 반나절 정도 숙성시켰다 먹으면 더욱 고급스러운 맛이 난다.

위와 같은 카레의 생산 프로세스가 순서에 맞게 잘 이루어질 때 비로소 깊은 맛의 카레가 완성되는 것이다. 물론 이러한 과정 중에 필요한 가열도구나 도마, 프라이팬, 식칼, 접시 등과 같은 도구(집기)의 선정도 카레를 만드는데 빠져서는 안 될 중요한 요소이다. 이 또한 생산관리의 영역이다.

근래에는 생산능력보다 판매능력이 크고, 판매능력보다 개발능력이 우수한 쪽이 경쟁력이 있다고 한다. 그렇다고 해서 생산능력이 저평가 되거나 무시되는 일이 있어선 곤란하다. 란 한 국가의 기반은 제조업에 있고, 그 제조업의 경쟁력은 생산능력에서 찾을 수 있는 것이다. 또한 생산능력은 치밀한 생산관리에서 나온다.

세계적인 컨설팅기업 'BCG'는 일전에 우리들을 향해 이런 얘기를 꺼냈다.

"서비스업만으로는 1인당 소득 2만 달러를 달성하는 데 필요한 수출 증가를 기대할 수 없다. 제조업(製造業)에 더욱 초점을 맞춰야 한다. 최근 일부에서 '한국이 선진국으로 가기 위해 서비스 산업의 비중을 높여야 한다.'는 주장이 나오고 있으나 이는 잘못된 생각이다. 서비스업 발전이 제조업 발전을 보완하는 방향으로 이뤄지는 것이 바람직하다."

BCG의 지적은 '서비스천하지대본'이 마치 우리 경제의 선진화인 냥 얘기하는 일부 지식인들에게 대단히 현실성을 지닌 조언을 한 셈이다.

" 병목현상을 철저히 막아라!

제약이론과 전체 최적
"

대한이 왈, "회의 시작시간은 누구에 의해 결정될까?"
한준이 왈, "회의실에 가장 늦게 도착한 사람!"
대한이 왈, "딩동댕~ (정답)"

제약이론(TOC)의 개념

우리의 출퇴근길은 여전히 최악이다. 도로가 이처럼 극심하게 막히는 것은 운전자들의 이기주의가 가져온 교통사고도 큰 몫을 하지만, 도로 자체가 가진 구조적 요인 또한 무시할 수 없다. 3차선 도로가 갑자기 2차선 도로로 좁아지거나 다른 도로와의 합류지점 주변 도로가 특히 심하다.

이러한 현상은 한 마디로 도로 곳곳에 '병목(bottleneck)'이 존재함으로써 발생하는 것들이다. 도로만이 아니다. 병목은 사회 곳곳에 존재하면서 원활한 흐름을 방해한다. 기업 경영에 있어서도 결코 예외일 수는 없다.

그래서 어떻게 하면 병목, 즉 보틀넥 부분을 해소시킬 수 있을지가 기업 경영의 중요한 과제가 되고 있다.

즉, 보틀넥의 처리능력이 공장전체의 처리능력을 좌우한다. 기업들은 자신들이 안고 있는 보틀넥이 어느 부분이며 이를 어떻게 극복해 처리능력을 높일지 사전에 충분한 검토가 필요하다.

일반인들을 대상으로 쓰인 소설 "The Goal"은 1984년 발매 당시 독자들의 반향은 놀라울 정도였다고 한다.

다양한 업종과 계층의 사람들로부터 혹시 자신의 회사가 모델이 아니냐는 문의가 이어졌다고 한다. 그와 함께 소설의 내용처럼 따라 하였더니 자신의 공장 문제가 해결되었다는 의견도 적지 않았다.

이 소설의 핵심 내용인 '제약이론(TOC, Theory Of Constraints)'은, 이스라엘 출신으로 미국에서 활동 중인 물리학자 '골드렛(Eliyahu M. Goldratt)' 박사가 제창한 이론이다. TOC는 생산관리의 한 수법이지만, 그 기본적인 사고는 생산 외에도 일반 사회나 비즈니스 분야 등에서 응용할 수 있다.

골드렛은 "공장의 생산성이라는 것은 그 보틀넥 공정(제약요인)의 능력 이상으로는 절대로 향상되지 않는다."고 하는 원리를 주장한 것이다.

생산프로세스에서는 어떤 공정이 제약이 되어 전체의 생산에 영향을 미친다. TOC에서는 생산프로세스에 걸친 이 제약을 규정하고 그것을 개선함으로써 전체의 능력을 높이는데 목표를 둔다. 생산프로세스를 구성하는 모든 공정의 능력을 최대화하여 전체의 능력을 높이려고 하는 종래의 사고와는 다른 방식이 바로 TOC의 특징이라 하겠다.

이를테면, 여기에 다섯 단계의 공정을 거쳐 완성되는 생산프로세스가 있다. 각 공정에 걸친 시간 당 생산능력은, 공정①이 70개, 공정②가 60개, 공정③이 30개, 공정④가 60개 공정⑤가 50개라고 하자.

이 생산프로세스의 제약요인은 분명 공정③에 있다. 가령 종래의 업무개선처럼 시간 당 10개를 더 많이 제조할 수 있도록 각 공정의 생산능력을 높였다고 해도, 공정①②에서는 재고가 쌓이고, 공정④⑤에서는 생산능력의 잉여가 해소되지 못한다.

즉, 공정①②와 공정④⑤의 생산능력을 아무리 향상시켜도 제약요인인 공정③을 개선하지 않는 한 공장 전체의 생산능력은 향상되지 않는다. 뒤집어 얘기하면, 각 공정에 대한 개선 노력을 공정③에 집중하게 되면 그 만큼 공장 전체의 생산능력이 향상된다는 것을 의미한다.

기업의 생산성 향상을 위해서는, 공정③과 같은 보틀넥을 찾아내 소요 시간을 단축할 수 있도록 해야 하고, 그것이 불가능하다면 다른 공정과의 관계를 적절하게 다시 설정하는 방법을 찾아내야 한다.

TOC는 이러한 제약요인의 발견이 프로세스 개선의 출발이 된다. 그리고 이것을 시작으로 다음과 같은 순서로 전체의 생산능력을 높여간다.

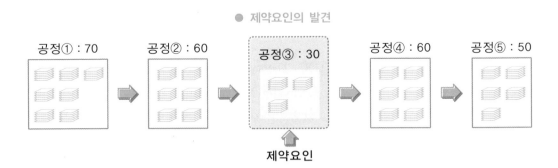

● 제약요인의 발견

근래 생산 현장에서 'TOC'는 화두가 될 만큼 세계적인 기업들이 이를 도입해 많은 성과를 올리고 있다. 포드는 자동차전자사업부에서만 1억 달러의 재고를 줄였고, P&G는 이 기법을 적용해 6억 달러 상당의 재고 감소 효과를 거두었으며, 루슨트는 납기준수율 100%를 달성하면서 1년 만에 수익을 600% 향상시키기도 했다. 현재 TOC는 생산, 물류만이 아니라 마케팅, 판매, 회계, 인사 등으로 확대 적용되고 있다.

생산 프로세스 개선

제약요인을 발견하였다면 이것을 개선해 철저히 활용하는 방법을 생각한다. 이를테면, 앞서 거론한 공정③만을 시작 전과 종료 후, 각각 1시간씩 생산시간을 연장하는 방법 등이 여기에 해당한다.

다음으로 다른 공정을 제약요인에 종속시키도록 관리한다. 공정③에서 아침이나 저녁에 시간을 연장해 조업하더라도 여전히 제약요인이 존재한다는 점은 변함이 없다. 그래서 공정①과 공정②에서는 여분의 중간 재고를 쌓아두지 않도록 공정③의 속도에 맞추어 생산을 조정하는 것이다.

나아가 다음 단계에서는 제약요인을 보다 개선해 능력강화에 힘쓴다. 가령 공정③의 생산능력을 1시간 당 40개로 끌어 올릴 수 있다면 아침과 저녁 1시간의 연장 조업과 더불어 공정②와 공정④와 동등한 생산능력을 실현할 수 있게 된다.

이렇게 하여 더 이상 제약요인이 사라진다면, 다른 제약조건(예를 들면 공정⑤의 50개)을 끄집어 내 발견한 제약요인에 대해 앞서 언급한 것과 같은 방식을 취한다.

이처럼 TOC는 다음과 같은 계속적인 개선을 통해 생산 프로세스 전체의 능력을 높여가게 된다.

1 제약요인을 찾아낸다.
2 제약요인을 개선하고 철저히 활용한다.
3 다른 공정을 제약요인에 종속시킨다.
4 제약요인을 더욱 개선해 능력을 향상시킨다.
5 새로운 제약요인을 찾아내 위와 동일한 작업을 실시한다.

누가 뭐래도 21세기는 로봇(robot)의 시대다. 어느 자동차 공장에 생산효율이 대단히 높은 로봇을 도입하게 되었다. 그 결과 공장 자체의 생산성이 크게 높아졌다.

그러나 시점을 자동차 공장 전체로 확대하게 되면, 그것이 부분 최적에 지나지 않는 다는 것을 알 수 있다. 즉, 공장에서 아무리 빠른 속도로 자동차를 생산하더라도 물류 체계가 제대로 정비되어 있지 않다면 자동차 공장 창고에 완성 자동차만 가득 쌓여가게 될 것이다.

나아가 자동차 대리점, 그리고 해당 영업소에 이르는 과정에도 보틀넥이 존재하게 된다. 그러한 문제점들이 해결되지 않고서는 진정한 의미의 생산성 향상이 달성되었다고 할 수 없다.

이처럼 TOC 사고의 본질은 원자재 공급에서 생산, 물류, 판매, 서비스에 이르기까지 모든 기업들이 개혁의 대상이 될 수 있다.

다른 말로 표현하면, SCM(Supply Chain Management)의 구축이다. 실제로 TOC는 SCM의 이론적 기반이 되었다고 한다.

결국, TOC란 조직의 목표를 달성하는데 제약이 되는 요인을 찾아 집중적으로 개선함으로써 시스템 전체의 최적화를 달성하는 프로세스 중심의 경영혁신 기법이다. 여기서의 제약이란 설비 용량 부족, 인력 부족, 시장 상황, 부적절한 회사의 정책 및 프로세스 등 생산성 향상을 저해하는 요인들을 말한다.

너무도 당연한 얘기처럼 들리지만, 실제 생산현장에서는 조직별, 공정별, 개인별처럼 각 단위별로 개선활동과 설비투자가 이루어짐으로써 별다른 사업효과를 발휘하지 못해 귀중한 자원이 낭비되는 경우가 허다하다.

근래 생산 현장에서 'TOC'는 화두가 될 만큼 세계적인 기업들이 이를 도입해 많은 성과를 올리고 있다. 포드는 자동차전자사업부에서만 1억 달러의 재고를 줄였고, P&G는 이 기법을 적용해 6억 달러 상당의 재고 감소 효과를 거두었으며, 루슨트는 납기준수율 100%를 달성하면서 1년 만에 수익을 600% 향상시키기도 했다. 현재 TOC는 생산, 물류만이 아니라 마케팅, 판매, 회계, 인사 등으로 확대 적용되고 있다.

TOC는 기존의 경영 패러다임이 '부분(部分) 최적(最的)'에서 '전체(全體) 최적'으로 전환하는 소중한 계기가 되었다. 더불어 이러한 사고는 기존의 많은 경영자들에게 의식 개혁의 촉진제로 활용하기에 충분했다.

부분 최적에서 전체 최적으로!

'C, H, O, N, P, S, Ca, Mg, K, Fe'

단순한 알파벳의 나열이 아니다. 식물 생장에 반드시 필요한 원소 열 가지다.

19세기 독일의 식물학자인 '리비히(Justus von Liebig)'는 10원소 가운데 어느 한 가지라도 부족하면 비록 다른 원소들이 충분하더라도 그 식물은 부족한 한 가지 원소 때문에 제대로 생장하지 못한다는 것을 발견했다.

구성 원소	필요량	공급량	공급률
질소 (N)	100	60	60%
칼륨 (K)	40	10	25%
철 (Fe)	2	2	100%

식물의 생장은 필요량보다 가장 부족한 하나의 원소에 영향을 받는다. 그래서 위 표의 식물은 가장 낮은 공급률을 기록하고 있는 칼륨(K) 때문에 생장은 25%에 거치게 된다.

다시 말해, 식물의 생장은 어떤 조건이 다 충족되더라도 결국엔 가장 부족한 조건에 맞춰서 생장이 결정된다는 이론이다.

우리 인간도 별반 다르지 않다. 아무리 많은 비타민을 공급한다할지라도 비타민A를 공급받지 못한다면 야맹증에, 비타민B를 공급받지 못한다면 각기병에 걸릴 수 있다. 나머지 비타민(C, D, E)의 공급 과잉은 아무런 의미를 지니지 못한다. 그래서 편식은 금물(禁物)이다.

지난 제45회 사법시험 제2차 시험의 커트라인은 42.64점이라고 한다. 합격점을 훨씬 상회하는 평균 53점을 맞고도 한 과목이 39.5점을 맞아 과락(40점 미만)으로 떨어진 수험생이 있는 반면, 모든 과목에서 아슬아슬하게 과락선을 넘긴 수험생이 합격한 경우도 있다고 한다. 과락을 맞은 수험생은 무려 전체의 81.9%에 이른다고 해 그 어렵다고 하는 사법시험도 리비히의 법칙이 지배하는 모양이다.

부분 최적의 집합은 전체 최적이 되지 못한다. 가장 낮은 부분이 다른 부분의 뒷다리를 잡아 오히려 전체 수준을 끌어 내린다. 부분 최적에서 전체 최적으로 전략 패러다임을 바꾸어야 한다.

전체 최적과 도요타

일전 일본의 한 컨설팅 대표는 오늘날 일본 도요타 자동차 성공의 많은 부분을 전체 최적에서 찾으며 이런 지적을 한바 있다.

"도요타에는 용접부터 조립을 거쳐 마지막 라인가지 700개 공정이 있는데, 이들 공정 간에 모두 균형을 맞춘 것이 도요타가 지난 40년 동안 한 일이다. 용접 공정에서부터 마지막 공정까지 15시간 내에 완성할 수 있도록 철저히 관리해 왔다.

전체 최적이란, 각 부문 각 공정마다 전문가를 두면 일이 안 된다는 의미이며, 예컨데 하나의 공정을 60초로 만들어야 한다고 결정을 내렸는데, 어떤 전문가가 나서서 우리 공정은 3분이 필요하다고 주장한다면 공정 간에 재고가 생길 수밖에 없다.

이로 인해 발생되는 공정 간의 재고는 최악의 사태이며, 그렇게 되면 아무리 회사가 열심히 해도 그 회사는 가장 시간이 많이 걸리는 공정의 제약을 받을 수밖에 없다.

더불어 전체 최적을 지향하기 위해서는 공정 간의 균형을 맞춰야 하고, 공정 간에 물건을 기다리거나 하는 이른바, 부가가치를 창출하지 못하는 것들은 모두 배제되어야 한다."

새삼 전체 최적이 얼마나 중요한지를 도요타의 성공은 잘 입증하고 있다. 우리 기업들이 진정 귀담아 들어야할 내용이 아닌가 생각된다.

"'도요타웨이'의 베일을 벗기다!

도요타 생산방식의 검증

"

"도요타는 목표를 절대 개인에게 주지 않고 그룹에게 부여한다. 100엔이 드는 일을 50엔으로 하는 일은 개인은 못하지만 팀은 할 수 있다."

– CulMan 컨설팅 CEO 와까마츠 요시히토

도요타의 핵심역량

도요타 공장에 가면 이런 구호를 접할 수 있다.

'For the People of the World.' (세상 사람들을 위하여!)

도요타의 2005년도 매출액은 무려 21조 369억 엔에 달했다. 일본 상장기업 가운데 매출액이 20조 엔을 돌파한 곳은 도요타가 유일하다. 이어 2007년 3월로 마감한 2006년 회계연도 매출액은 23조 9,000억엔(원화로 환산하면 약 19조원)을 기록, 7년 연속 사상 최대치를 갈아치우는 기염을 토했다.

영업이익은 같은 기간 2조 2,000억엔(18조원)에 이른다. 매달 1조원 이상의 영업이익을 남긴 셈이다. 참고로 현대·기아차그룹의 2006년 매출액은 93조원이었다. 나아가 과거 70여년 동안 자동차 판매 제왕으로 군림해왔던 미국의 GM을 제치고 도요타가 처음으로 2007년 1분기 세계 자동차 판매량 1위에 등극해 미국의 자존심을 구겨놓았다.

● 도요타 생산방식에 불가결한 5가지 포인트

① 인원삭감은 가급적 억제한다.
　　〉〉 장기고용을 보장하지 않으면 개선 의욕은 생기지 않는다.

② 전임부대(專任部隊)를 만들어 끊임없이 현장을 체크한다.
　　〉〉 일시적으로 끌어 모은 팀(team)으로는 오래가지 않는다.

③ 책임자는 사장이다.
　　〉〉 톱(top)의 추진 의욕을 명확히 보여줌으로써 개혁에 일체감을 가지도록 한다.

④ 실패는 '짜야할 고름'이라고 미래지향적으로 받아들이다.
　　〉〉 과거의 문제점이 이제야 불거져 나왔을 뿐이라고 생각한다.

⑤ 업적으로 직결되지 않는 노력도 평가한다.
　　〉〉 눈앞의 숫자에만 시선을 빼앗기지 말고, 스스로 개선하는 문화를 육성한다.

출처) Nikkei Business(2004.4.12).

　세계적인 자동차전문가 도쿄대학의 '후지모토(藤本隆宏)' 교수는 저서 "능력구축경쟁(能力構築競爭)"에서 일본자동차산업이 강한 이유는, '심층(深層) 경쟁력' 때문이라고 주장하고 있다.

　기업의 경쟁력에는 고객이 직접 관찰하고 평가할 수 있는 제품 가격과 내용, 납기 등 '표층(表層) 경쟁력'과, 고객이 직접 평가할 수 없는 생산성과 제조품질, 생산 리더타임 등 '심층 경쟁력'으로 나눠진다.

　능력구축경쟁이란, 이 심층 경쟁력을 최대한 발휘해 경쟁 기업을 물리치기 위해 혼신의 힘을 쏟는 것인데, 바로 도요타가 '능력구축경쟁'의 대표적인 성공 사례라는 것이다. 더불어 이러한 경쟁력이 존재했기에 10년 동안 계속된 버블경기에도 흔들림 없이 도요타를 비롯해 일본기업들이 국제경쟁력을 높여갈 수 있었다는 것이다.

　작금 도요타의 경쟁우위는 아주 특별한 '3가지 핵심역량'에 근거하고 있다.

　그 역량의 첫 번째는, 상호 신뢰와 철저한 협력을 바탕으로 한 도요타의 '노사문화(勞使文化)'다. 무려 50년 이상에 달하는 경이적인 무파업(無罷業) 행진이 도요타에서는 계속되고 있다. 연례 행사마냥 파업이 전개되는 국내 자동차업계와는 비교 대상이 되질 못한다. 신뢰를 기반으로 하는 도요타의 노사문화는 경쟁 기업들이 쉽게 흉내 낼 수 없는 핵심역량임에 틀림없다.

핵심역량 두 번째는, 카이젠(개선)과 도요타 생산방식(TPS)으로 대표되는 '도요타웨이(Toyota way)'를 거론하지 않을 수 없다. 그 가운데서도 '카이젠'은 개선(改善)의 일본식 발음으로, 단기간의 급격한 개혁이 아니라 서서히 점진적으로 끊임없이 문제점들을 밝혀내 올바로 고쳐나간다는 의미를 지니고 있다.

"마른 수건도 짠다!"

우리 정서엔 너무 삭막한 구호임에 분명하나, 이것은 도요타의 카이젠 철학을 대변하는 상징어로 정착된 지 오래다. 개선이라면 모방은 가능하지만 카이젠은 쉽게 모방하기 어려운 도요타 그들만의 핵심역량인 셈이다.

핵심역량 마지막은, '종신고용(終身雇用)'이다. 이것은 국내 자동차업계는 물론이고 세계 어느 나라 자동차업계에서도 따라하기 힘든 도요타만의 독특한 고용 시스템이다. 도요타는 매년 100억 달러대의 순이익을 창출하고 있으면서도 노조가 한발 앞서 임금동결을 제안한다. 물론 우리 정서로서는 이해하기 힘든 부분이다. 이에 회사 측은 답례로 종신고용을 보장해주고 있다. 부럽기 그지없는 노사문화다.

● 도요타 생산방식의 핵심역량

핵심역량1
원만한 노사문화

TPS의 핵심역량

핵심역량2
도요타웨이

핵심역량3
종신고용

국내 모 자동차회사 경영진이 한 조찬강연회에서 이런 얘길 끄집어냈다.

"이제는 우리 노조도 스스로 임금 동결을 선언할 때가 됐다."

그러자 이에 반발한 노조 왈,

"임금동결 공개선언 요구는 노조에 대한 정면 도전이며, 결코 좌시하지 않겠다."

이게 우리 노사관계의 현실이다. 우리 사회는 당장 앞서가는 도요타 생산방식을 배우기에 앞서 1951년 이래 노사분규란 말이 사라져버린 도요타의 노사관계를 우선적으로 배우는 게 도리일 듯하다.

도요타 생산방식(TPS)

> 종종 "도요타의 강점은 현장에 있다."고 할 만큼 도요타 생산방식은 철저한 현장주의를 추구한다. 그것은 삼현주의(三現主義), 즉, '현지(現地), 현물(現物), 현실(現實)'이라는 키워드를 통해서도 확인할 수 있다.
> 어떤 문제가 발생하였을 경우, 생산 '현장에서' '현물을' '현실적으로' 관찰하고 보다 정확한 의사결정을 내리게 된다.

도요타 생산방식은, JIT(just in time)과 자동화(自働化, automation with a human touch)라고 하는 두 가지 수법(手法)을 기본 축으로 발전해 왔다. 그러나 도요타 생산방식의 본질은 수법이 아니라, 알고 보면 도요타에서 녹(祿)을 먹고 있는 사원들의 사고와 행동 그 자체에 있다.

그래서 일종의 생산방식이라고만 인식하고 접근하는 한 도요타라고 하는 세계적 기업의 본질을 이해하기란 어렵다. 한 마디로 도요타 생산방식이란 도요타의 기본 사상에 근거한 관점과 사고방식이라 하겠다. 단순히 자동화 기계를 사용하거나 제시된 매뉴얼에 맞춰 자동차를 조립·생산한다면 그것은 도요타 생산방식의 본질을 벗어나는 것이다.

도요타 생산방식에서는 라인 부문, 즉 생산을 담당하는 작업자에게 카이젠 권한과 의무를 부여하는 생산방식을 취하고 있다. 도요타의 진수는 작업자 한 사람 한 사람에게 자신이 맡은 작업 방법에 대한 문제점을 발견하고, 해결하고, 카이젠하는 기회를 부여해 자신의 능력을 최대한 발휘할 수 있도록 하고 있다. 게다가 스스로 더 이상 카이젠할 요소가 사라지면 불안해지는 것이 도요타의 조직문화이기도 하다.

'닛케이 비즈니스(Nikkei Business)'가 펴낸 "도요타는 어디까지 강할까?"라고 하는 책에는 이런 구절이 등장한다.

> "도요타 생산방식은 제조 시스템만을 가리키는 것이 아니라, 그 이상으로 도요타의 경영전반에 걸쳐 침투된 철학이기도 하다. 전 세계 도요타 맨의 몸 안에 박혀있는 DNA인 것이다. 이 DNA는 "부단한 노력을 통해 자신을 높여나가는 의사"라고 이해할 수 있다. 제품의 질을 높이고, 고객 마음속 깊이 만족을 느끼도록 하기 위해 자신을 갈고 닦는다. 이것은 쉽지 않고 험난하며 고통을 필연적으로 동반하게 된다. (중략)
>
> 항상 보다 나은 것을 쫓는 자세가 얼마나 인간의 성장에 있어 중요한지를 이해하고 그것을 자신의 일에 응용할 수 있게 되었다.
>
> 왜냐하면, 하나의 작은 성공은 다음번 개량을 위한 출발에 지나지 않으며, 더 좋은 방법은 없는지, 카이젠할 수 있는 곳은 더 없는지, 끊임없이 추구하기 때문이다. 이런 부단한 노력을 사원의 성취감, 삶의 보람, 기쁨으로 바꾸는 점이 도요타와 다른 시스템의 결정적인 차이라 하겠다."

지금껏 우리들은 도요타 생산방식하면, 탁월한 생산 시스템에 기인하는 것쯤으로 생각하고 있었으나, 실상은 오랜 기간 도요타맨 개개인에게 뿌리내린 카이젠 철학(DNA)이 시발점임을 확인할 수 있다.

일본의 자동차전문가는 도요타 생산방식을 꿰뚫고 있는 한 지도자로부터 다음과 같은 얘기를 들었다며 그 내용을 이렇게 소개하고 있다.

"도요타 생산방식의 강점은 무엇일까? 초급자는 재고가 적은 것이라고 생각한다. 중급자라면, 문제를 외부로 부각시켜 생산성 향상, 품질 향상을 강제하는 메커니즘이 포함되어 있는 것이라고 답한다. 그러나 상급자는 어떤 대답을 할까. 문제를 부각시켜 해결해가는 작업을 반복하는 가운데 더 이상 문제가 없는 상황에 불안해져 모두가 열심히 문제를 찾기 시작하는 것이다.”

이 전문가는 이런 얘기도 했다.

“몇 만의 사원이 이른바 문제 해결 중독(中毒)에 걸려있는 상태. 그것이 바로 도요타의 탁월함이다.”

‘부가가치를 높이지 못하는 여러 현상과 결과’를 가리켜 도요타 생산방식에서는 낭비라고 규정짓고 있으며, 이러한 낭비를 없애는 것(the absolute elimination of waste)이 무엇보다 중요하다고 지적한다. 그 7가지 낭비란 이런 것들이다.

❶ **과잉생산의 낭비(waste of overproduction)**
　　〉〉 지나치게 많은 생산

❷ **대기로 인한 낭비(waste of time on hand (waiting))**
　　〉〉 부품 공급이나 작업 종료까지의 대기

❸ **운반의 낭비(waste in transportation)**
　　〉〉 불필요한 이동이나 운반

❹ **가공 그 자체의 낭비(waste of processing itself)**
　　〉〉 불필요한 공정이나 처리

❺ **재고로 인한 낭비(waste of stock on hand (inventory))**
　　〉〉 필요 수준 이상의 누적

❻ **동작의 낭비(waste of movement)**
　　〉〉 가치를 창출하지 못하는 활동

❼ **불량제품으로 인한 낭비(waste of making defective products)**
　　〉〉 모든 종류의 재작업

추가적으로 위의 7가지 낭비를 개선하지 않는 것을 가리켜 '8번째 낭비'라고도 한다. 다시 말해, 얼마든지 카이젠이 가능한 조직과 모니터링 시스템을 갖추고 있음에도 이를 활용하지 못하는 낭비라는 것이다. 고개가 절로 끄덕여 진다.

이와 같은 낭비를 철저히 배제하기 위해서는 '눈에 보이는 관리'가 무엇보다 중요하다. 낭비는 보이지 않으면(인식되지 않으면) 줄일 수가 없기 때문이다. 이를 위해서는 5S가 중요하다고 한다.

여기서 말하는 5S란, 다섯 가지 단어의 일본어 첫 발음이 전부 S인 탓에 5S로 부르게 된 것이다. 모두 관리의 중요성을 강조하고 있는 말들이다.

1. **정리**(整理)
2. **정돈**(整頓)
3. **청소**(淸掃)
4. **청결**(淸潔)
5. **규율준수**(躾)

도요타 생산방식은 직접적인 품질향상과 원가절감이라고 하는 단순 성과만을 목적으로 하지는 않는다. 오히려 불필요한 낭비 배제라고 하는 과정 중시에 더 많은 무게를 두고 있는 것이다.

● 도요타를 100으로 했을 시 현대의 생산성(2005)

항 목	현대자동차
근로자 1인당 생산대수	53.9
1인당 매출액	34.0
1인당 영업이익 HPV(총 투입시간/총 생산대수)는 2004년 기준이며, 값이 적을수록 생산성이 높다	32.2
대당 생산시간	160.0

출처) 현대자동차.

지나치게 성과만을 중시하게 되면, 성과가 제대로 도출되지 못할 경우는 운이 나빠 그렇다고 치부해 노력을 게을리 하게 된다. 반면에 낭비 배제라고 하는 노력을 기준으로 판단하게 된다면 성과가 높을 때와 그렇지 못할 때의 차이는 있어도 장기적으로는 최대의 성과를 창출할 수가 있기 때문이다.

　'필요한 부품을, 필요한 시간에, 필요한 수량만큼 공급' 한다는 도요타 생산방식의 핵심 이념은 오늘날 국경과 업종을 넘어 각종 기계, 가전제품 등과 같은 제조업은 물론이고 유통업, 외식산업, 서비스산업 등에서도 널리 도입되어 활용되고 있다.

" 뜨거운 감자, PL법!

제조물책임법 "

"미국 기업들이 소송에 멍들어 경쟁력을 잃고 있다. 의회가 나서 기업을 보호할 법을 만들어야 한다. 미국 기업들이 각종 소송과 그에 대비한 보험에 드느라 다른 나라 기업들에 비해 불리한 상황에 있다."

– 부시 미 대통령

고양이털 전자레인지로 말리기!

"한 할머니가 자신의 고양이를 목욕시킨 후 털을 건조시키기 위해 전자레인지에 넣고 돌렸다가 고양이가 죽은 사건이 벌어졌다. 할머니는 평소 그토록 애지중지하던 고양이가 죽은 게 너무 슬픈 나머지 전자레인지 회사를 상대로 소송을 제기했다. 어째서 '살아 있는 동물을 전자레인지에 넣으면 위험하다'는 주의표시를 하지 않았느냐고. 마침내 할머니는 소송에서 승소해 수억 원의 배상금을 챙겼다. 이 사건이후 전자레인지에는 '고양이를 건조시키지 마시오.'라는 주의를 표시하게 되었다."

위의 얘기가 실화(實話)인지 아니면 누군가 일부러 지어낸 것인지 분명치 않지만, 오래 전부터 인터넷 등에 떠돌면서 PL법의 까다로움을 대변하는 사례로 빈번하게 회자되고 있다. 경우에 따라선 소송대국 미국이라면 얼마든지 있을 법한 얘기처럼 비치기도 한다.

　　다만, 만약 이런 일이 실제 판례(判例)라면, 향후 전자레인지 회사는 '고양이를 건조시키지 마시오!'라는 주의표시만으로 간단히 마무리 될 사안은 아니다. 필자의 짐작컨대 위 얘기는 누군가 PL법의 중요성을 부각시키는 가운데 지어낸 것이 아닌가 생각된다.

　　"사장님, 큰일 났습니다. 소비자가 또 소송을 제기했습니다."
　　"뭐라고? 고양이에 대해서는 이미 주의표시를 했잖아!"
　　"그런데 이번에는 애완견입니다."
　　"아니, 고양이는 하면서 애완견은 왜 표시를 안했어?"
　　"죄송합니다."
　　"고양이와 개, 다람쥐, 새, 악어 등도 새로 주의표시를 추가하도록 해!"
　　"악어는 커서 전자레인지에 못 들어갑니다."
　　"알았으니까, 표시나 해. 소비자가 어떤 일을 저지를지 누가 알아!"
　　"예~에"
　　그리곤 잠잠해지는가 싶더니 며칠 후.
　　"큰일 났습니다. 또 소송입니다."
　　"뭐야 이번엔. 어떤 동물인데?"
　　"동물이 아니라, 소비자가 전자레인지를 밟고 올라서다 그만 미끄러져 허리를 크게 다쳤습니다."
　　"허~ 참, 전자레인지를 왜 밟고 올라가? 전자렌지가 무슨 디딤돌이야! 이봐, 생각나는 것은 모조리 매뉴얼에 주의표시를 하도록 해."
　　"예, 알겠습니다."

　　일주일 후 발간된 이 회사의 전자레인지 매뉴얼에는 다음과 같은 주의표시가 추가되었다.

　　▶ 주의 1. 전자레인지 위에 올라서지 마시오.
　　▶ 주의 2. 물속에서 사용하지 마시오.
　　▶ 주의 3. 먹을 수 없습니다.

▶ 주의 4. 베개로 사용하지 마시오.

▶ 주의 5. 난방 도구로 사용하지 마시오.

▶ 주의 6. 코드를 목에 두르지 마시오.

▶ 주의 7. 도어에 성기가 끼지 않도록 주의하시오.

▶ 주의 8. 장난감으로 사용하지 마시오.

　　등등.

"생각나는 것은 모두 표시하다보니 매뉴얼이 이렇게 두꺼워졌습니다."

"할 수 없지 뭐! 소송 당하는 것 보다야 백번 낫지, 안 그래?"

전화번호 책 두께의 엄청난 매뉴얼을 만들고서야 겨우 PL의 법망으로부터 벗어나는 가 싶었다.

"큰일 났습니다. 또또 소송입니다."

"뭐야, 그렇게 주의표시를 했는데…?"

"그게 말입니다. 선반 위에 올려둔 매뉴얼을 소비자가 집으려다 그만 머리 위에 떨어지는 바람에 머리에 큰 부상을 입었답니다."

"……"

결국 이 회사는 매뉴얼에 또 한 가지 주의표시를 추가해야 했다.

"이 매뉴얼을 높은 곳에 보관하지 마시오."

이상의 얘기는 내용 전개상 조금 유치했을 수도 있으나, PL법으로 인한 최악의 경우를 상정하며 필자가 지어낸 것이다.

소비자 주권과 기업의 생사

대량생산 및 대량소비 사회가 이젠 소비자의 주권마저 위협하려 든다.

헌법에서 보장하는 소비생활과 소비자보호법상의 소비자권익은 많이 향상되었으나, 여전히 결함 제품이나 부정·불량 제품의 범람, 폭리·가격조작, 허위·과장 광고 등으로 인한 소비자의 생명·신체 또는 재산에 대한 피해는 나날이 증가하고 있다.

또 소비자에게 제공되는 제품은 날로 고기능화, 복잡화되면서 제조업자와 소비자 사이에 정보 입수와 위험회피 능력에 커다란 격차가 생기면서 소비자는 제조업자에게 제품의 안전성을 의존할 수밖에 없으며 그 정도는 심화되고 있다.

이러한 현실 아래 결함제품으로 인한 소비자의 생명·신체 또는 재산에 발생하는 피해를 어떻게 방지하고 구제하여야 할 것인가는 소비자 정책에 있어서 가장 중요한 과제로 등장하게 되었다.

결함 제품으로 인한 피해는 생명·신체 또는 재산에 대한 피해이며, 그 피해는 다발성과 광범위성 그리고 심각성을 그 특징으로 하고 있다.

따라서 생명·신체에 직접적인 피해를 주는 품목에 관해서는 행정규제의 강화를 통해 피해 발생을 사전에 방지하는 것이 최선책이지만, 일단 피해가 발생한 경우에는 이에 대한 세부적인 구제책도 마련해야 한다.

물론 결함 제품으로 인해 피해를 입은 소비자는 현행 민법상의 계약책임이나 불법행위 책임 등으로 그 피해에 대한 손해배상을 청구할 수는 있다. 그러나 이러한 법리는 사업자와 소비자와의 대등(對等)한 지위를 전제로 구성되어 있으므로 비대등(非對等)한 관계에서 발생하는 소비자 피해를 구제하는데 효과적이지 못하였다.

시장에는 항상 '정보의 비대칭(information asymmetry)'이라는 현상이 존재하기 때문이다. 즉, 소비자는 상대적으로 제품에 대해 해당 기업보다는 정보를 많이 가지고 있지 않아 그만큼 하자를 입증하기가 어렵다.

그래서 결함 제품으로 인한 소비자 피해 구제에는 한계가 있었다. 이러한 문제점들을 극복하고자 마련된 것이 PL법이다.

PL법의 정의

제조물책임(PL, Product Liability)이란, 결함 제품으로 인해 소비자 또는 제3자의 생명·신체상, 재산상의 손해가 발생한 경우 제조자·판매자 등 그 제조물의 제조·판매의 일련 과정에 관여한 자가 부담하여야 하는 손해배상책임을 말한다. 제조물책임은 국내에서도 이미 법률로 제정되어 있는데 그것이 '제조물책임법(PL법)'이다.(2000.1.21, 법률 6109호) 지난 2002년 7월 1일부터 시행되고 있다.

배상청구기간은 손해가 발생하고 배상해야 할 사람이 누구인지 확인한 날로부터 3년 이내, 제조물이 공급 된지 10년 이내다. 단, 신체의 피해가 금방 드러나지 않는 잠복한 기간이 존재하면 손해 발생일로부터 10년이다. 국내 PL법은 생산이 아니라 공급시점 기준이어서 법 시행 전 출하 제품은 민법의 적용을 받는다.

BBC 방송에 따르면, 미국 맨해튼 법원은 커피전문점인 스타벅스에서 커피메이커가 폭발, 커피물과 찌꺼기가 손에 튀어 2도 화상을 입은 한 여인에게 350만 달러(약 35억원)를 지급하도록 판결했다고 전한다.

또 다우코닝은 1943년 설립된 '코닝'이 실리콘을 개발한 뒤 제품화를 위해 '다우케미컬'과 제휴하면서 50대 50의 합작기업으로 출발해 50년 이상 호황을 누렸다. 그러던 것이 1998년 유방확대수술 재료인 실리콘 이상으로 부작용을 호소하는 고객이 생겨나면서 PL소송으로 인한 비용부담(배상금 32억 달러)으로 파산신청을 하는 수모를 겪어야 했다. 이처럼 두렵고 황당한 것이 PL법이다.

PL법의 도입으로 인해 과실책임 → 결함책임(엄격책임)으로 법리 전환에 따라 과거, 소비자가 입증해야하는 제조자의 과실여부가 제품의 결함 존재, 결함과 손해와의 인과관계의 입증으로 전환되고, 아울러 제조자는 제품에 결함이 없음을 입증해야하는 부담이 가중되게 되었다.

세계적으로 30여개 국가에서 이미 PL법을 시행하고 있다. 미국의 경우는 가장 빨리 도입하였는데 1960년대 이후 사업자의 과실책임에서 엄격책임으로 책임법리를 재구성한 판례법으로 이 제도가 확립되었다.

유럽에서는 1968년 이후 제조물책임의 통일입법을 위한 검토가 이루어져 1975년 7월에 '제조물책임에 관한 EC 지침'이 채택되었다. 영국은 1987년 5월에 제정되어 1988년 3월부터 시행되고 있으며, 독일은 1989년 12월 제정되어 1990년 1월부터 시행되고 있다. 현재는 모든 EU 가맹국이 이 지침을 기본으로 한 PL법을 입법화하고 있다.

또한 이웃나라 일본에서도 이미 1994년 6월에 PL법을 입법하여 1995년 7월부터 시행되고 있는 상태다. 일본의 경우 PL법 도입 이후 소비자들의 소송 건수가 시행 전보다 두 배 이상인 1,000건을 넘어서고 있을 만큼 소비자들의 의식 또한 높아가고 있다. 중국 역시 1993년 2월 제정되어 1993년 9월부터 이미 시행되고 있다.

주요 특징

PL법의 가장 큰 특징 가운데 하나는 피고(제조메이커나 판매업자)의 과실이 있는지 없는지 여부에 관계없이 제조물에 결함이 있음을 근거로 하여 피고가 원고(피해자, 소비자)에 대해 민사상의 배상책임을 지도록 정한 법률이다.

다시 말해, 제조물의 결함에 의하여 소비자(고객)가 피해를 입었을 경우 민법에서는 고의 또는 제조업자에게 과실이 있음을 소비자 측에서 입증을 해야 했으나, PL법에서는 제품의 결함과 피해에 인과관계가 있으면 기업(음식점)은 고의나 과실에 관계없이 책임을 져야 한다는 것을 규정한 법률이다.

풍선을 가지고 놀던 아이가 있다.

한참 풍선을 불다 너무 팽창된 나머지 그만 풍선이 터져버렸다. 이것으로 사건이 종말이 되었으면 좋았으나, 풍선이 터지면서 그 가운데 몇 개의 파편이 아이 입속으로 들어가면서 기도를 막아 아이가 숨지는 끔찍한 일이 벌어졌다고 하자.

이 경우 풍선회사로서는 아이가 자사의 풍선을 가지고 놀다 예기치 못한 안타까운 사건으로 숨지는 사건이 벌어지긴 하였으나, 그 아이에 대해 특별히 과실(過失)을 범한적은 없다. 때문에 도의적(道義的)인 책임은 있을 수 있으나 법적인 제재는 존재하지 않았다.

그러던 것이 PL법이 제정되면서 제조사의 책임 범위가 바뀌었다. 즉, '과실 책임주의'에서 '무(無) 과실 책임주의'로 법리 전환이 이루어진 것이다. 풍선 회사는 풍선을 판매할 시 비닐봉지나 '일정 이상의 힘으로 불면 터질 수 있으니 주의하시오.'라는 등의 경고문을 삽입해야 한다. 이런 경고를 게을리 하다 위와 같은 사고가 터지면 풍선회사는 엄청난 배상을 물어야 한다.

결함의 정의

PL법에서 얘기하는 결함(缺陷)이란, '제조·설계 또는 표시상의 결함이나 기타 통상적으로 기대할 수 있는 안전성이 결여되어 있는 것'을 지칭하며, 이러한 결함은 몇 가지로 나누어진다.

● 제조상의 결함

제조업자의 제조물에 대한 제조, 가공상의 주의 의무의 이행 여부에도 불구하고 제조물이 원래 의도한 설계와 다르게 제조, 가공됨으로써 안전하지 못하게 된 경우를 말한다.

● 설계상의 결함

제조업자가 합리적인 대체 설계를 채용하였더라면 피해나 위험을 줄이거나 회피할 수 있었음에도 불구하고 대체 설계를 채용하지 않아 해당 제조물이 안전하지 못하게 된 경우 등을 가리킨다.

● 표시상의 결함

제조업자가 합리적인 설명, 지시, 경고, 기타의 표시를 하였더라면 해당 제조물로 인해 발생될 수 있는 피해나 위험을 줄이거나 회피할 수 있었음에도 이를 하지 않은 경우다.

제조업자와 제조물

● 제조업자

그럼 PL법에서 얘기하는 제조업자란 누구를 가리키는 것일까? '제조업자'라 함은 다음 각목의 자를 말한다.

가. 제조물의 제조·가공 또는 수입을 업으로 하는 자

나. 제조물에 성명·상호·상표 기타 식별 가능한 기호 등을 사용하여 자신을 가 목의 자로 표시한 자 또는 가목의 자로 오인시킬 수 있는 표시를 한 자

● 제조물

제조물책임의 적용대상이 되는 제조물은 '제조(製造) 또는 가공(加工)된 동산(動産)'을 말한다. 따라서 통상적으로 생산 활동을 통해 만들어진 모든 제품은 PL법의 적용을 받는다고 볼 수 있다.

그러나 농수축산물 등의 1차 상품은 기본적으로 PL법의 적용을 받지 않는다. 따라서 단순히 냉동·냉장·건조·절단한 농수축산물 등은 적용대상에서 제외되지만 가공된 통조림이나 부동산의 일부인 조명·배관시설, 승강기·창호 등은 포함된다.

웃지 못 할 경고문!

국내 많은 기업들이 PL 보험에 가입해 있거나 추진 중에 있으며, 만일의 문제에 대비하기 위해 다양한 경고 문안 등을 추가하고 있다.

회전의자를 생산하는 국내의 한 중소기업은 사용설명서에 "의자 위에 올라서면 위험하다"는 경고문을 추가하고 있다. 또 한 음료수 회사는 캔 음료에 "전자레인지를 사용하거나 직접 불에 데우지 말라"는 경고문을 추가했다.

또 전 세계 청소년들에게 많은 인기를 모으고 있는 게임소프트웨어 회사(PC2)는 "CD 구멍에 손가락이나 성기를 넣지 말라."는 웃지 못 할 경고문마저 싣고 있다.

- ▶ 의자 위에 올라서면 위험하다. 〉〉 의자 회사
- ▶ 전자레인지를 사용하거나 직접 불에 데우지 마라. 〉〉 음료수 회사
- ▶ 떨어질 때는 손으로 잡지 마세요. 〉〉 식칼 회사
- ▶ 이 옷을 입고는 날 수 없다. 〉〉 슈퍼맨 의상제조 회사
- ▶ 옷을 입은 채 다림질하지 마시오. 〉〉 다리미 회사

▶ 살아있는 동물을 넣어 돌리지 마시오. 〉〉 전자레인지 회사

▶ 샤워 중이나 잠자는 동안에는 절대로 사용하지 마시오. 〉〉 헤어드라이어 회사

▶ 아래위로 뒤집지 마시오. 〉〉 케이크 회사

맨 마지막의 케이크를 '아래위로 뒤집지 마시오.'는 경고로서의 가치가 과연 있는 것인지 조차 의문이 갈 지경이다. 이 경고문이 케이크 상자 아래에 있다고 하는데 경고문을 소비자가 접하는 순간 이미 케이크는 거꾸로 뒤집어져 엉망이 된 상태이기 때문이다.

하지만 맨 위의 '의자 위에 올라서면 위험하다.'는 경고문은 우리네 형편상 매우 적절한 경고 문안이 아닐까 생각된다.

흔히 목격하는 장면이다. 남편을 출근시키고 아이들을 학교에 보낸 후 아내에게는 또 다른 가사노동이 기다린다.

집안을 쓸고 닦고 정리하다보면, 벽이나 천장에 못질을 해야 할 경우가 생긴다. 저녁 무렵이라면 퇴근한 남편이나 학교에서 돌아온 아이들에게 부탁을 하면 되지만 밤에 못질을 하기란 아파트 특성상 옆집이나 윗집으로부터 항의가 잇따른다. 그러다 보니 대부분 덩그러니 아내만 남은 낮 시간대에 못질을 하게 된다.

대한민국 주부들의 평균 신장은 160cm가 채 안 된다. 그런데 요즘 지어진 아파트라면 천장까지 족히 2미터는 된다. 당연히 손이 닿지 않는다. 그러다보니 식탁의자나 아이 컴퓨터용 의자를 옮겨다 놓고선 그 위에 올라서 못질을 하게 된다. 그러다 예기치 못하게 바퀴가 미끄러지면서 타박상이나 발목 혹은 허리가 삐끗하는 중상을 입는 경우도 있다.

이 경우 주부들이나 남편들 가운데 문제점을 인식(주의표시의 결점)하고서 의자 회사에 대해 PL법을 들먹이며 얼마든지 제소할 수 있다. 국내 현재에서는 여기까지 가는 경우는 그리 없겠지만.

각종 제품에 지나치리만큼 경고문을 넣어야 한다는 점에서 기업 경영자들에게는 제도나 법의 서글픔마저 느낄지 모르겠다. 하지만, 소비자 위상의 향상과 PL법이 가져다주는 유용성을 생각한다면 소비자에게는 더없이 소중한 법률임에 틀림이 없다.

뒤집어 생각하면, 기업이나 그 경영자, 그리고 종업원 모두 소비자임을 잊어서는 안 된다.

PL법의 가장 훌륭한 대책이라면 무엇보다 품질 개선을 통해 안전한 제품을 생산할 수 있도록 끊임없는 노력하는 것이다.

기업 경쟁력의 화두!

로봇과 뉴비즈니스

"○○은 향후 50년 동안 대한민국을 먹여 살릴 산업이다."

"우리들에게 자동차 없는 세상을 상상할 수 없듯 ○○ 없는 21세기란 존재치 않는다."

"할인점에서 TV나 냉장고를 구입하듯 조만간 ○○을 구입하게 될 것이다."

"○○ 혁명이 일어나면, 컴퓨터 혁명 따위는 하찮은 것임을 알게 된다. 컴퓨터에 손과 다리가 난 것을 상상해 보면 될 것이다."

○○에 들어갈 두 글자는 무얼까?

급부상하는 키워드!

경영은 누가 뭐래도 생물(生物)이다. 생물이 날씨에 따라 변화를 거듭하듯 경영도 시장 환경에 따라 극심한 변화를 거듭한다.

때문에 기업 경영은 늘 불완전하고 이전에 경험하지 못한 미지의 길을 향해 쉼 없는 발길을 재촉한다. 그러면서 전혀 새롭고 다양한 지식을 흡수해 또 다른 형태 및 체계로 경영은 거듭난다. 또 시장 환경은, 예측불허의 복잡성과 역동성을 띄고 있어 현재 인간의 지적 역량으로는 그 분석과 판단에 한계가 따른다. 그런 가운데 근래 급부상하고 있는 키워드라면 단연 '로봇'이 아닐까 한다.

미래에 펼쳐질 어떤 기술이나 제품, 현상 등에 대해 우리 인간의 예측(豫測)이 빠를까? 아니면 실제 구현(具現)이 빠를까? 답해보라.

1970년대 당시 정부는 80년대면 마이카(my car) 시대가 도래 할 것이라고 소리 높였다. 실제로는 그 10년 뒤에나 가능했다. 이 경우 정부의 예측보다 실제 구현은 늦은 것이다. 즉, 예측이 10년이나 빨랐다는 얘기다.

통상적으로 인간의 예측과는 달리 실질적인 기술 진보(구현)는 많은 영역에서 느리게 진행된다. 분명 20세기까지는 그랬었다고 할 수 있다. 허나 조만간 인간의 예측보다 기술

진보가 빠르거나 느리다거나 하는 얘기나 질문 따위는 무의미해진다. 이런 이유에서다.
'애시 당초 미래에 대한 예측이 불가능하다.'

● 혼다의 로봇 아시모(ASIMO)

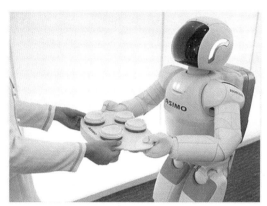

출처) 혼다(Honda).

지금껏 인간이 바꿀 수 있는 유일한 것이 있다면 그건 '미래(future)'라고들 했다. 하지만 이젠 그 미래를 예측하기가 더욱 난해해지고 있다. 전개될 기술적 진보(진화)에 대해 우리 인간의 머리로 상상할 수 있는 부분은 급속히 줄어들고 있다.

이는 원래의 사용 목적을 넘어 산업을 변화시키고 시장을 전복시키며 단숨에 인간의 삶 자체를 재편할 만큼 강력한 힘을 지닌, 제품 및 기술을 가리키는 '킬러 애플리케이션 (killer application)'의 등장 때문이다. 고요한 연못에 누군가 돌멩이를 던졌다. 순간 연못에는 큰 파문이 인다. 그 돌멩이가 바로 킬러 애플리케이션에 해당한다. 향후 킬러 애플리케이션과 같은 부분이 속속 등장하면서 시장경제를 좌지우지하게 되고, 이로 인해 개인과 조직의 운명도 카오스(chaos)의 세계마냥 요동치게 될 것이다.

이런 가운데 근 미래 우리들의 일상에 가장 큰, 아니 엄청난 영향을 미칠 킬러 애플리케이션엔 어떤 게 있을까? 이 하나만은 예측이 가능하다. 앞서 제시한 문제 ○○에 들어갈 정답이기도 하다.

다름 아닌 '로봇(robot)'이다.

예측컨대, 1990년대 중반 이후 10년 동안을 인터넷이 주도하는 제1차 정보기술(IT) 혁

멍이었다면, 조만간 펼쳐질 유비쿼터스(ubiquitous) 시대는 로봇을 축(hub)으로 하는 제2
차 정보기술 혁명이 시작될 것이다.

지난 20세기를 이끌어 온 산업의 주역은 다름 아닌 '자동차'란 말에 이의를 달자 없다.
그러나 21세기 초중반에는 로봇이 그 주역으로 등장할 것이다. 더불어 로봇산업의 근간을
지탱하게 될 RT(Robot Technology)는 여러 분야에서 활약 가능한 기술이며, 관련 국가
에도 엄청난 경제적 이익을 가져다주게 될 분야다.

대한민국이 세계 유일의 강대국 미국과 세계 최고의 기술대국 일본 그리고 무한한 인적
자원국에 동북공정이다 뭐다하며 백두산을 공사판으로 군사훈련장으로 만들고 있는 중국
과의 넛크래커(nutcracker) 구도에서 생존하고 번영하는 길은 RT와 그 관련 산업의 적극
적인 연구개발과 활용뿐이다.

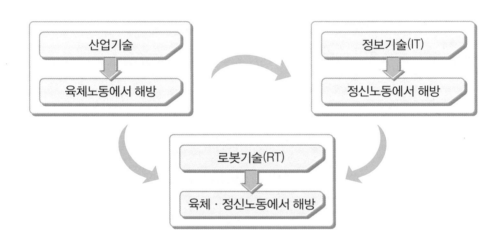

'RT'란, 로봇을 개발·제작하기 위한 기술은 물론 관련 기술이 다른 부문에 접목돼 인간
생활에 유용하게 활용될 기술의 총칭이다. 그리고 '로봇산업'이란, RT로부터 새롭게 파생
되거나 부가(관련)되는 모든 비즈니스를 가리킨다고 보면 무리가 없다.

근래 우리나라 합계 출산율은 거의 세계 최저수준이었다. 이러한 변수는 급속한 고령화
사회와 함께 로봇의 등장을 한층 부추기게 될 전망이다.

나아가 사회 복지와 재해 대책 등 현실적인 문제가 정치와 행정 이슈의 전면에 부각되
면서 정부나 관련 지자체 행정은 새로운 전기를 맞고 있다. 이로 인해 로봇의 필요성과

가능성에 시선은 자연스레 모아질 것이다.

그러면서 주목을 받고 있는 것이 두 가지다. 하나는 로봇의 활용성을 대폭적으로 높여 줄 'RFID 태그'이고, 다른 하나는 로봇의 기능성을 크게 확대시켜줄 '나노기술(NT)'이다.

RFID 태그

과거의 로봇의 개념은, 로봇 단체(單體)에 모든 걸 심거나 장착해 기능성과 활용성을 최대한 높여가겠다는 발상이었다. 그러다보니 현재 세계에서 가장 앞선 로봇이라 평가받는 혼다(Honda)의 아시모(ASIMO)를 한 달간 임차하려면, 그 비용은 무려 2,000만원을 지불해야 한다. 그 기능이나 활용성 등은 단순한 움직임이나 안내 정도에 거치는 대단히 제한적 용도로 밖에 활용할 수 없음에도 과도한 비용이 요구된다. 한 마디로 '코스트 퍼포먼스(cost performance)'가 좋지 못하다.

그러나 앞으로의 로봇 개념은, 가급적 외부의 도움을 통해 단체를 가볍게 하면서도 그 기능성과 활용성은 더욱 높여간다는 것이다.

현재 정부가 100만 원대의 이른바 '국민로봇'을 보급해 세계 시장을 선도한다는 목표로 추진 중인 URC(Ubiquitous Robotic Companion) 로봇 개념이 대표적이다.

이러한 사상을 뒷받침하고 실천할 주요 기술(시스템) 가운데 하나가 바로 'RFID 태그'이다. 독자에 따라서는 상당히 익숙한 개념일 수 있으나, 반면에 전혀 새로운 개념으로 받아들이는 독자도 있을 것 같아 잠시 설명을 부가한다.

먼저, RFID란 'Radio Frequency IDentification'의 약어로 전파를 사용해 비접촉(非接觸)으로 데이터 캐리어(data career)를 인식하는 자동인식기술을 가리킨다. 그리고 RFID 태그(tag)란, 초소형 IC(집적 회로)에 개개의 ID(시리얼 번호)를 식별하고 데이터의 인식과 기록을 무선주파수를 이용, 비접촉 방식으로 실행하는 태그를 일컫는다.

RFID 태그는 기존 바코드의 수 백 배에 달하는 정보량을 기록할 수 있으며, 떨어진 거리(무선)에서는 물론 여러 장의 태그를 동시에 인식할 수도 있어 유비쿼터스 네트워크 사회의 기반 툴(tool)이자, 그 가능성 때문에 '마법의 돌'로까지 평가 받고 있다.

때문에 RFID 태그는 유비쿼터스 환경에서 가장 필수적이고 가시적인 결과를 얻을 수 있는 새로운 IT 분야라 해도 과언은 아니다. 물류분야에서의 하물 트랙킹(tracking) 및 분류 자동화, 약품분야의 유통기한 정보, 식품분야의 원재료 정보 등 활용 영역은 실로 무한하다.

● RFID 태그와 뮤칩(μ-chip)

RFID 태그   μ-chip

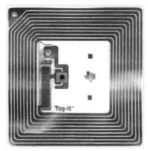 

출처) http://www.hardware.no/artikkel/7583, HITACHI.

RFID 태그의 네트워크화가 진행되면 종전의 정보 네트워크는 크게 변모하게 된다. 지금까지의 정보 네트워크에서는 컴퓨터가 사람과 네트워크의 매개체가 되어 왔다. 여기에 RFID 태그가 부가되면 전체 네트워크는 더욱 복잡화 될 수 있다. 다시 말해, '사람 대 사람(people to people)'의 네트워크가 '사물 대 사물(thing to thing)'의 네트워크로까지 확대되면서 네트워크의 양은 수배 이상 증가할 수 있다. 그로 인해 비즈니스 경쟁력이나 방향성, 전략 등은 크게 달라질 것이다.

게다가 RFID 태그에 모든 사물과 정보를 확인하고 주변 상황정보를 감지하는 센싱(sensing) 기술이 추가되면 그 활용성이 더욱 확대되면서 인터넷 이후 미래 IT 시장을 선도할 기술로 자리매김하게 될지도 모른다.

결국, RFID 태그는 '유비쿼터스 센서 네트워크(USN)'의 핵심 기술로 생활과 산업 등 모든 분야에 걸쳐 '보이지 않는 혁명(invisible revolution)'을 불러올 것으로 기대를 모으고 있다.

이러한 RFID/USN은 로봇의 기능성과 활용성을 한층 높여 주어 그 중추 역할을 하게 될 가능성이 높다. 즉, RFID/USN을 통해 주요 프로세싱 기능을 외부에 분담함으로써 로봇 단체(單體)의 여러 제약조건을 해소할 수 있기 때문이다.

나노기술(NT)

"삼성전자가 세계 최초로 30나노 64기가비트(Gb)낸드플래시 메모리를 개발했다."

꿈의 기술이라 불리는 '나노(1나노는 1억분의 1미터)'가 대체 뭐 길래 국내 매스컴 전체가 호들갑(?)을 떠는 걸까?

참고로 '30나노'의 수준은, 사람 머리카락 굵기의 4,000분의 1에 해당하는 굵기며, 또한 64기가비트 용량은 세계 인구 65억명의 10배에 해당하는 640억개 메모리 저장장소가 손톱만한 크기에 집적돼 한치 오차없이 작동되고 있음을 뜻한다. 반도체 기술의 한계라고 불리던 미크론(100만분의 1m) 시대를 훌쩍 뛰어넘는 획기적인 사건이다.

나노기술(nano technology)이란, 나노미터(nm)의 스케일로 원자 및 분자를 조작하거나 제어하거나, 물질의 구조와 배열을 제어함으로써 나노 크기 특유의 물질 특성 등을 이용해 새로운 기능과 특성을 규명케 하는 과학기술의 총칭이다.

즉, 나노미터 범위 크기인 원자 및 분자 레벨에서 물질의 현상을 규명해 새로운 특성을 갖는 소재 및 소자 시스템을 창출하는 것이다.

원래 나노란, 난쟁이란 의미의 그리스어에서 유래되었다. 1나노미터는 머리카락 두께(0.1mm)의 약 10만 분의 1에 상당한다. '지구 : 동전 = 동전 : 나노'로 표현할 정도다. 이는 나노 세계가 얼마나 작은지 단적으로 설명하는 공식이기도 하다. 지구를 압축시켜 지름을 동전만한 크기로 만들었다면, 그 동전을 다시 동일한 정도의 힘으로 압축시켜야 원자 3~4개를 합쳐놓은 크기인 1나노미터가 된다.

단 하나의 원자에 하나의 정보를 기록 할 수 있게 되면, 각설탕 1개 정도의 크기에 단행본으로 계산해 1경(京, 1조의 1만 배)권 분량의 정보를 기록할 수 있는 소재다. 게다가 미국 의회도서관의 모든 정보를 담을 수 있는 기술이기도 하다.

이 얼마나 놀라운 얘기인가?

이러한 초소형화 개념을 처음 세상에 내놓은 사람은 지난 1965년 노벨 물리학상 수상자인 미국의 '파인만(Richard P. Feynman)'이었다.

1959년 미국 물리학회 모임 강연에서 원자 하나하나의 수준에서 물질, 소자, 기계를 배열하는 것이 언젠가는 가능하다는 것을 시사했다.

과학계서는 이를 아인슈타인(Albert Einstein) 이후 최고의 물리학자가 한 역사적인 예언이라고도 부른다. 1981년 IBM의 연구자에 의해 STM(Scanning Tunneling Microscope)이라 불리는 '주사형(走査型)터널현미경'이 개발되었다. 이 STM과 더불어 주목을 받은 것이 원자 레벨의 가공 기술이다.

이것은 STM의 탐침(探針, Probe)을 마치 조각칼과 같이 사용하며 탐침 끝의 전압으로 물질표면의 원자를 끌어당기거나 떼어놓거나 할 수 있다.

실제 1990년에는 35개의 원자 한 개씩을 움직여 'IBM'이라는 글씨를 배열함으로써 파인만의 통찰력을 입증하였다(사진 참조). 이것은 약 300km 상공의 우주 궤도에서 로봇의 팔로 지표에 있는 깨알 한 알 한 알을 조작하는 것과 맞먹을 정도로 고정밀 기술이라고 한다. 실로 인간의 상상을 뛰어넘는 엄청난 기술이다.

● 원자의 가공 사례

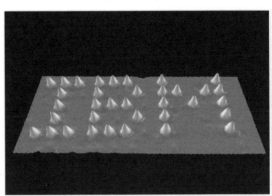

출처) http://www.almaden.ibm.com/

한 마디로, 나노기술은 세상을 완전히 바뀌어 놓을 수 있는 융합적이며 종합적인 선도 기술이라 할 수 있다.

통신 시스템, 자동차, 가전제품, 환경, 생명과학, 재료공학, 방위산업, 의학 등 산업 전반에 걸쳐 막대한 파급효과를 기대할 수 있다는 것을 의미하며, 앞으로 나노기술 없이는 컴퓨터 혁명이나 바이오 혁명은 물론이다. 더 중요한 것은 RT 혁명 역시 기대할 수 없다는 사실이다.

예를 들어, 어떤 지방도시에 몰아친 집중 호우는 그 지역에 심한 피해를 입혔다. 구호용 헬리콥터를 이용해 해당 도시에 머리카락 굵기보다 더 작은 분자조립 로봇 수백억 개가 수송된다.

이 로봇들은 마치 벽돌을 쌓듯 원자와 분자를 조립한다. 일시에 주택과 부엌, 화장실 등 생활에 필요한 모든 시설과 장치를 갖춘 최첨단 텐트 주택을 만들어 재해 주민들이 불편 없이 사용할 수 있도록 한다. 생명을 유지하는데 필요한 빵 등 음식도 곧바로 만들어 준다.

위와 같은 상상들은 너무 터무니없는 얘기로 들릴 수 있으나, 나노기술의 중요성과 미래사회에 미칠 영향 등을 예측한 '드레슬러(Eric Drexler)'의 저서 "나노 테크노피아(Unbounding the Future)"에 등장하는 내용 일부다.

이러한 나노기술이 로봇기술과 본격적으로 접목된다면 그 폭발력은 우리들의 상상력을 훨씬 초월하는 일들이 눈앞에 펼쳐질지도 모른다. 먼 미래의 일이라고 치부하기엔 작금의 기술 진화가 너무도 빠르다.

새로운 비즈니스

일찍이 로봇의 미래를 가장 설득력 있게 전망한 이는 카네기 멜론 대학 로봇공학연구소의 '모라벡(Hans P. Moravec)'이다. 그에 따르면, 21세기에는 10년마다 세대가 바뀔 정도로 로봇 지능이 향상된다고 한다.

2010년까지의 로봇은 동물로 표현해 도마뱀 수준의 지능을 가진 1세대, 2020년까지는 1세대보다 성능이 30배나 뛰어나며 생쥐 수준의 지능을 가진 2세대, 2030년까지는 원숭이 정도의 지능을 가진 3세대, 2040년까지는 인간처럼 스스로 생각할 줄 아는 4세대 로봇이 개발된다는 것이다.

이로 인해 로봇은 분명 새로운 그러면서도 엄청나고 기괴한 비즈니스를 창출하게 될 것이다. 이 책을 읽는 독자들은 이점에 주목할 가치가 있다.

근래 인기를 모으고 있는 청소나 엔터테인먼트 기능을 제외한다면 일상에 로봇이 도입되기까지는 조금 더 시간이 더 필요할 것이다. 게다가 완벽한 기능과 기술로 인정받기까지는 그 몇 배의 시간이 소요될 지도 모른다. 하지만 그 시기는 언젠가 다가올 것이고, 그 무렵 우리의 생활 패턴이나 모습은 어떻게 바뀌게 될까?

로봇이 산업으로서 발전되고 정착되었을 경우, 여기에는 필시 다양한 부가 비즈니스가 수반된다. 이를테면 이런 것 들이다.

로봇 그 자체와 관련된 것이라면, 로봇의 매매나 유통, 보증, 관리, 보수, 개조, 도난방지, 보험, 폐기, 리사이클 등이 그것이다.

인간이 담당할 영역이라면, 로봇 박사(robot doctor), 로봇 제조사(robot cultivator), 로봇 유전자 설계사(robot gene designer), 로봇 사육사·조련사(robot trainer), 로봇 의사·해부사(robot practitioner) 등을 예상할 수 있겠다.

더불어 로봇의 주 활동 무대라면, 지금껏 생산 현장에 '산업용 로봇(industrial robot)'이 도입되면서 생산 자동화를 주도해 왔다. 그러나 앞으로 로봇은 '우주 개발 로봇', '전쟁 로봇', '소방 로봇', '발굴·탐사 로봇', '구조 로봇', '폭발물 제거 로봇', '원자로용 로봇', '농공어업용 로봇', '의료용 마이크로 로봇', '청소로봇', '엔터테인먼트 로봇', '경비 로봇', '간호 로봇', '서비스 로봇' 등과 같이 그 용도가 세분화될 것이다.

근 미래에 펼쳐질 로봇과 인간과의 공생사회는 아름답고 화려한 장미 빛 미래만을 예고하지 않는다. 미래 사회에서는 로봇(고성능)을 소유하고 있는 사람과 그렇지 못한 사람과의 사이에 어떠한 형태로던 격차가 발생될 가능성이 있다.

지난 IT혁명이 시작되면서 겪어왔던 디지털 디바이드(digital divide)처럼 '로봇 디바이드(robot divide)'가 부상할 가능성도 배제할 수 없다. 소수 특권계층을 중심으로 자신이나 가족의 신체에 인공장기를 이식(수시로 교환), 머리(뇌)에는 초미세 인공지능(A.I.) 컴퓨터를 삽입함으로써 '사이보그(cyborg)'가 되어 자신의 권력과 부를 영원히 향유하려 할 위험성이 그것이다.

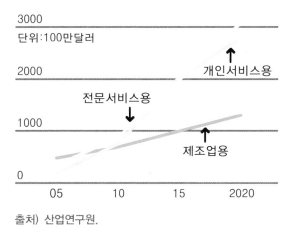

● 로봇산업의 세계 시장 규모 전망

3000
단위:100만달러

2000   ↑
                                          개인서비스용

         전문서비스용
1000   ↓
                                    ↑
                              제조업용

0
    05   10   15   2020

출처) 산업연구원.

　위 로봇산업 규모의 전망에서도 알 수 있듯, 이제 로봇은 우리의 미래요, 삶 그 자체가 될 가능성이 점점 높아지고 있다. 공상과학 소설이나 영화에 등장하는 황당한 얘기로 받아들이기엔 이미 너무 가까이 다가와 있다.

06

A

F

ccounting & inance

회계재무

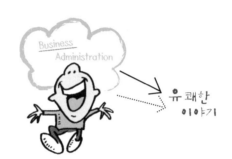

" 돈의 흐름을 읽는 법!

재무제표의 개념 "

기업은 이익을 파생시킴으로써 사회적 책임과 영속성을 다할 수 있다. 그런 측면에서 원가의식을 떠난 기업 경영의 시시비비는 무의미하다.

이런 이유로 기업 내부에 회계·재무 부문을 별도로 두고선 해당 전문가로 하여금 주도면밀하게 자금 관리를 하고 있다.

재무제표의 구성

대한민국 국민이라면 누구나 자신이 벌어들인 수입에 대해 확정 신고를 하고서 세금을 내야 한다. 납세(納稅)의 의무 때문이다. 기업도 마찬가지인데 1년간의 이익을 세무서에 신고해야 한다.

다만, 기업은 납세만이 아니라 투자자(주주 등)와 채권자(거래처 등) 등 이해관계자의 이익을 보호하기 위해 그 경영내용을 널리 공개할 의무를 지닌다. 이를 위한 일련의 절차가 바로 결산(決算)이다.

이 결산은 대부분의 기업에서 1년에 한번 '결산서'를 작성하고, 각종 신문과 공고 등을 통해 공표하고 있다. 이러한 결산(決算)은 인간으로 치자면 정기적으로 실시하는 건강진단과 같고, 우리 가정(家庭)에 비유하면 우리 주부들이 늘상 가슴 졸이며 작성하는 가계부와 같은 것이다. 다만, 훨씬 복잡하고 다양하게 작성된 가계부다.

이러한 결산서를 전문적인 용어로 '재무제표(財務諸表, financial statement, F/S)'라 부른다. 이 재무제표에는 양적분석을 위해 필요한 각종 수치들이 나와 있다.

재무제표의 각종 자료를 이용하면 기업이 현재 재산과 빚을 얼마나 보유하고 있는지, 특정 기간 동안 얼마나 벌어 얼마를 소비했는지, 그 동안 얼마나 벌어 그 가운데 얼마를 저축해 두었는지, 돈의 흐름을 한 눈에 확인할 수 있다.

더불어 재무제표는 기업 경영자에게는 현재의 성과와 앞으로의 계획 및 종업원의 신상 및 상벌 평가에 유용한 자료로 활용할 수 있으며, 주주에게는 기업이 제대로 굴러가고 있는지를 확인하는 지표가 된다.

또한 은행과 같은 금융기관의 입장에서는 과연 이 회사가 빌려 준 돈을 제대로 갚을 수 있는 능력이 있는지를 판단하는 기준이 되기도 하고, 거래기업에게는 앞으로 거래를 이어가도 괜찮을지를 확인하도록 하며, 국가나 지방자치단체에게는 올바른 납세가 이루어지도록 투명한 유리지갑(glass wallet)과 같은 정보를 제공한다.

이러한 재무제표의 유용성은 기업 활동을 매일 관찰할 수 없는 외부 회계정보 이용자들의 의사결정에 유익한 정보를 제공하는 데 있다고 보면 된다.

재무제표에는 대표적으로 '대차대조표', '손익계산서', '이익잉여금처분계산서', '현금흐름표'가 있다. 그와 더불어 재무제표가 때로는 정보 이용자의 필요성을 충족시켜 주지 못하는 경우도 있다.

따라서 이러한 경우에는 정해진 양식에 구애받지 않고 추가적인 내용을 보충할 수 있도록 '주기(註記, foot note)'와 '부속명세서(附屬明細書, supporting and supplementary schedule)'를 마련하고 있다.

위의 설명 외에 좀 더 자세히 알고 싶다면, 시중 서점에 가서 관련서를 한 번 찾아보는 것도 좋겠다. 근래엔 비(非) 회계 전공자들도 쉽게 이해하고 습득할 수 있는 서적들이 많이 나와 있다.

● 재무제표의 활용과 그 범위

대차대조표

기업의 특정 시점(통상적으로 결산일)에 있어서의 재무상태를 표시한 회계보고서로 그 시점에서의 모든 자산을 차변(借邊)에, 그리고 모든 부채 및 자본을 대변(貸邊)에 기재한다는 의미에서 대차대조표(貸借對照表, balance sheet, B/S)라는 말이 생겨났다.

그리고 대차대조표는 기업 자금을 운영과 원천의 양면에서 파악한 계산서이므로 자산 합계액과 부채 및 자본 합계액은 당연히 일치하게끔 되어있어 밸런스 시트라 불린다.

대차대조표의 회계 정보는 해당 기업의 유동성과 재무 탄력성 등을 분석할 수 있는 매우 유용한 보고서다.

$$자산 = 부채 + 자본$$

'자산(資産)'이란, 개인 또는 법인이 소유하고 있는 유무형(有無形) 재산의 총칭으로서 회계상 대차대조표의 차변(借邊)에 기재된다. 또 자산은 그 재산이 1년 이내에 현금으로 바뀔 수 있을지 여부로 유동자산과 고정자산으로 구분하고, 고정자산에는 토지, 건물, 기계 등의 유형(有形) 고정자산, 특허와 영업권 등의 무형(無形) 고정자산이 있다.

'부채(負債)'란, 기업이 장래 지불하지 않으면 안 될 채무를 말하며, 지불기한이 1년 이내의 채무를 유동부채, 1년을 넘는 것을 고정부채로 구분한다.

'자본(資本)'이란 변제할 필요가 없는 자금으로 주주의 출자금, 미처분이익, 잉여금 등으로 자산과 부채의 차액이다.

대차대조표 (요약계정식)

협성주식회사 · 200X년 12월 31일 현재 · (단위 : 천원)

과목	금액	과목	금액
자산		**부채**	
Ⅰ. 유동자산	×××	Ⅰ. 유동부채	×××
1. 현금		1. 매입채무	
2. 매출채권		2. 단기차입금	
3. 재고자산			
		Ⅱ. 고정부채	×××
Ⅱ. 고정자산	×××	1. 사채	
(1) 투자자산		2. 장기차입금	
1. 투자유가증권		부채 총계	×××
2. 장기대여금		**자본**	
		Ⅰ. 자본금	×××
(2) 유형자산			
1. 토지		Ⅱ. 자본잉여금	×××
2. 건물			
		Ⅲ. 이익잉여금	×××
(3) 무형자산			
1. 영업권		Ⅳ. 자본조정	×××
2. 산업재산권		자본 총계	×××
자산 총계	×××	부채와 자본 총계	×××

● 자기자본 구성비율(自己資本 構成比率)

자기자본 구성비율(%) = (자기자본 ÷ 총자본) × 100

자기자본 구성비율은, 총자산 가운데 자기자본이 차지하는 비중을 나타내는 지표로 기업 재무구조의 건전성을 나타내는 가장 대표적 지표이다.

자기자본은 직접적인 금융비용을 부담하지 않으면서 기업이 장기적으로 운용할 수 있는 안정된 자본이다. 따라서 이 비율이 높으면 높을수록 기업의 재무구조는 건전하다고 할 수 있겠다.

다만, 몇 % 정도가 적합한지는 업종에 따라 조금씩 다르나, 대체적으로 50% 이상이면 건전하다고 볼 수 있다.

● 유동비율(流動比率)

유동비율(%) = (유동자산 ÷ 유동부채) × 100

유동비율이란, 단기 채무에 충당할 수 있는 유동성 자산이 얼마나 되는가를 나타내는 비율로 자금 융통이나 지불 능력을 판단하는 잣대다.

또한 기업의 단기 지급능력을 판단하는 대표적인 지표이며, 150% 이상이면 일단 자금 융통에 지장은 없다고 판단해도 좋다.

● 당좌비율(當座比率)

당좌비율(%) = (당좌자산 ÷ 유동부채) × 100

앞서 거론한 유동비율은 우량기업을 나쁘게 평가할 위험성이 있다. 그래서 이를 보조할 비율로 등장한 것이 당좌비율인데, 지불 능력의 측정에 이용된다. 일반적으로 100% 이상이 바람직하다고 여겨지고 있으나, 업종에 따라 상황은 조금씩 차이가 있다.

● 고정비율(固定比率)

고정비율(%) = (고정 자산 ÷ 자기자본) × 100

고정비율은 자기자본에 대한 고정자산의 비율을 통해 구해지는 것으로, 고정자산에 대한 투자는 그 회수(운용기간)가 장기간에 걸쳐 이루어지므로 자기자본의 범위 내에서 하는 것이 원칙이다.

따라서 고정비율은 100% 이하를 양호한 상태로 보고 있는데 이는 고정적인 자산을 자기 자본으로 충당하는 것이 바람직하다는 의미다.

손익계산서

손익계산서 (요약식)

협성주식회사 　　　　200X년 1월 1일부터
200X년 12월 31일까지　　　　(단위 : 천원)

과목	금액
Ⅰ. 매출액	X X X
Ⅱ. 매출원가	X X X
Ⅲ. 매출총이익	X X X
Ⅳ. 판매비와 관리비	X X X
1. 급여	
2. 임차료	
3. 감가상각비	
4. 광고선전비	
Ⅴ. 영업이익	X X X
Ⅵ. 영업외수익	X X X
1. 이자수익	
2. 배당금수익	
3. 단기매매증권평가손실	
Ⅶ. 영업외비용	X X X
1. 이자비용	
2. 단기매매증권평가손실	
Ⅷ. 경상이익	X X X
Ⅸ. 특별이익	X X X
Ⅹ. 특별손실	X X X
Ⅺ. 법인세비용차감전순이익	X X X
Ⅻ. 법인세비용	X X X
ⅩⅢ. 당기순이익	X X X

대차대조표가 기업의 재산을 나타내는 반면에 손익계산서(損益計算書, income statement, I/S)는 1년 동안 돈의 흐름을 통해 기업의 영업성적을 나타낸다.

즉, 일정 기간 동안 영업활동을 통해 기업에 대해 재산증가를 가져온 요인(수익)과 재산감소를 가져온 요인(비용)을 표시함으로써 해당 기업의 경영성과를 나타내는 보고서다.

손익계산서에서는 수익과 비용의 항목을 대응·비교시켜 손익을 나타내므로, 그 기능은 손익을 명확히 보여줄 뿐만 아니라 손익 발생 과정을 분석적으로 추적할 수 있도록 해 영업 수행과정까지 알려준다.

따라서 기업의 목적 달성 정도를 측정하는 기준이며, 경영 정책의 수립과 방향 설정에 있어 가장 중요한 자료가 바로 손익계산서이다.

이익잉여금처분계산서(利益剩餘金處分計算書)

이익잉여금처분계산서(statement of appropriation of retained earnings)는 해당 기업의 이월이익잉여금의 수정사항과 당기이익잉여금의 처분사항을 명확히 보고하기 위해 이월이익잉여금의 변동사항을 표시한 재무제표이다.

쉽게 표현하자면, 경영 활동 결과 남은 이익을 배당(配當)할 계획인지, 아니면 기업 내부에 적립(積立)할 것인지를 나타내는 지표라고 보면 정확하다.

현금흐름표

일정 기간 동안 기업활동과 관련된 현금의 유입과 유출 흐름을 원천별로 표시한 기업의 회계보고서가 바로 현금흐름표(statement of cashflows)이다. 기업의 현금 변동 사항을 명확하게 보고함으로써 현금 유입과 유출에 관한 정보를 제공할 목적으로 작성된다.

● 재무제표의 성격

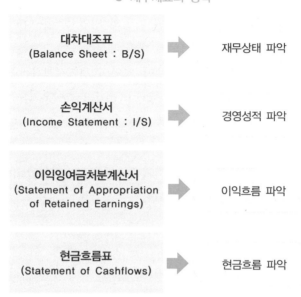

대차대조표 (Balance Sheet : B/S)	➡	재무상태 파악
손익계산서 (Income Statement : I/S)	➡	경영성적 파악
이익잉여금처분계산서 (Statement of Appropriation of Retained Earnings)	➡	이익흐름 파악
현금흐름표 (Statement of Cashflows)	➡	현금흐름 파악

　　기업의 재무제표까지 공부하고 나니 실제로 삼성전자나 현대자동차, 포스코 등의 경영지표들이 보고 싶어 좀이 쑤신다. 그렇다면 지금 당장이라도 그 궁금증을 해소할 수 있다. 인터넷 강국 대한민국 국민답게 금융감독원이 제공하는 '전자공시시스템'을 방문하면 된다. 그 주소는 http://dart.fss.or.kr/ 이다. 손쉽게 기업들의 경영지표를 열람할 수 있다.

"
얼마를 벌어야 이익을 낼까?

손익분기점의 개념
"

손익분기점 분석은 여러 가지 유용성을 가진다.

시장에 최초로 출시된 신제품이 어느 정도 팔려야 이익이 나기 시작하는지에 관한 최소한의 판매량을 예측한다든가 혹은 사업초기 기업 차원에서 얼마만큼의 이익을 내기 위해서는 어느 정도의 시간이 필요한지 등을 예측하는데 활용하다.

손익분기점

'손익분기점(損益分岐點, brake even point)'이란, 한 마디로 이익도 손실도 발생하지 않는 분기점을 가리킨다.

손익분기점 분석은 변동비(變動費), 고정비(固定費)의 정보를 이용하여 어느 정도 판매량이라면 기업의 손익이 균형을 이루는가 하는 점을 계산하기 위한 분석 도구이다.

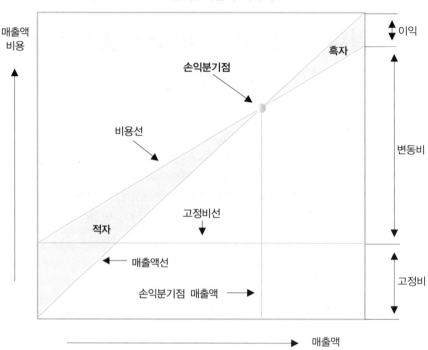

● 손익분기점의 이미지

손익분기점은 매우 단순한 논리로 성립된다.

말하자면, 수입과 비용과의 관계를 표시한 것이다. 핵심은 비용 또는 코스트를 매출과 비례해 반응하는 변동비와 반응하지 않는 고정비와의 관련을 어떻게 연결 지어야 할지를 파악하는 것이다.

$$손익분기점 = \frac{고정비}{1 - \dfrac{변동비}{매출액}}$$

흥미로운 사실은 사업 초기단계에서부터 손익분기점에 도달하기까지는 매우 힘들고 고통스럽지만, 일단 손익분기점에 도달하게 되면 그 이후부터는 이익이 훨씬 순조롭게 성장해 간다는 특징이 있다.

기업 경영자들이 매스컴과의 인터뷰 등에서 "이제야 겨우 사업이 궤도에 올라섰습니다."라고 하는 말을 들어본 적이 있을 것이다. 이것은 자신의 기업이 마침내 손익분기점에 도달했음을 알리는 일종의 신호탄이다.

고정비 vs 변동비!

기업 경영의 가장 기초적인 공식이라 할 수 있는 '매출액 = 이익 + 경비'의 관점을 조금 더 확대시키면 다음과 같은 공식이 된다.

매출액 = 이익 + 고정비 + 변동비

이와 같은 관점이 손익분기점 계산의 기본이라 할 수 있다. 즉, 여러 종류의 경비를 매월 일정액이 필요한 '고정비'와 매출액의 증감에 비례해 요구되는 '변동비'로 구분해서 생각하는 것이다.

그럼 변동비(變動費)와 고정비(固定費)란 무엇일까?

● 변동비(variable costs)

매출액이나 생산량이 늘어나게 되면 증가하고, 반대로 줄어들게 되면 감소하는 비용을 가리켜 변동비라 부른다. 여기에는 원재료비, 외주비, 구매 원가, 지불 운임, 포장비, 임금 등이 있다.

- ▶ **매출액 상승 → 변동비 상승**
- ▶ **매출액 하락 → 변동비 하락**
- ▶ **매출액 상승이든 하락이든 상관없이 변동비 비율은 일정**

이것을 그림으로 표현하게 되면, 총비용(total cost)은 오른쪽으로 갈수록 상승하는 직선 또는 곡선이 된다. 단위 당 비용(cost)은 통상적으로 수평 내지는 오른쪽으로 완만하게 내려간다.

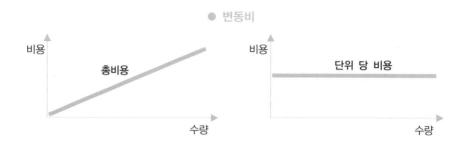

● 변동비

● 고정비(fixed costs)

고정비란, 일단 한 번 투자하면 그 이후의 매출액이나 생산량 변동과 관계없이 필요로 하게 되는 비용을 가리킨다.

흔히 회사 설립 후 시간의 경과에 따라 비용이 증가하는 경향이 있다. 여기에는 종업원들의 인건비를 중심으로 임차료, 광고·선전비, 보험료, 접대·교제비, 교통비 등이 포함된다.

총비용으로 보게 되면 수평의 직선으로 이어지게 되고, 단위 당 비용으로 보게 되면 오른쪽으로 기울어진 직선이 된다. 이러한 관점에서 생산량을 증대시키면 시킬수록 단위 당 비용이 내려간다고 하는 규모의 경제성을 향유할 수 있다.

> ▶ 매출액 상승 또는 하락에 상관없이 고정비는 거의 일정
> ▶ 매출액 상승 ➜ 고정비 비율 하락
> ▶ 매출액 하락 ➜ 고정비 비율 상승

또한 비용이 단계적으로 상승하는 '준고정비(semi-fixed costs)'라는 것도 있다. 특정 범위의 조업도 내에서는 일정한 원가가 발생하지만, 이 범위를 벗어날 때 일정액만큼 증가 또는 감소하는 원가를 말한다. 공장의 감독자 급료 등이 여기에 해당한다.

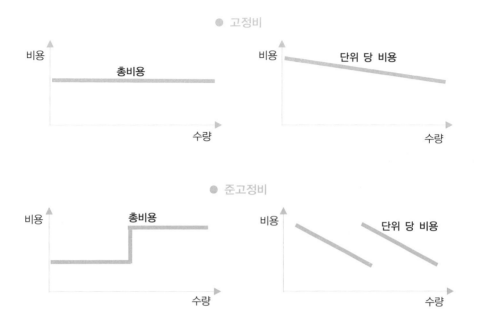

"

제품 및 고객의 체계적 관리법!

ABC 분석

"

모든 고객(제품)을 동일한 잣대로 평가하고 관리해야 할까?
고객(제품)을 체계적으로 구분 지어 관리할 수는 없을까?
이걸 가능케 한 것이 바로 'ABC 분석'이다.

ABC 분석

고객은 유심히 살펴, 집중 관리해야 할 대상이다. 그렇다고 해 강압적이거나 막연한 상태의 관리대상은 결코 아니다. 대단히 체계적이며 논리적으로 관리해 나가야 할 대상이다. 그렇지 않으면 쉽게 흐트러지고 이탈한다.

'ABC 분석(ABC analysis)'이란, 통계적 방법을 통해 고객 관리대상을 A, B, C그룹으로 나누고, 먼저 A그룹을 최우선적 관리대상으로 선정해 관리노력을 집중함으로써 관리효과를 높이려는 분석방법이다.

이는 극히 소수의 요인에 의해 대세가 결정된다는 파레토의 법칙에서 도출된 분석방법이기 때문에 '파레토 분석'이라고도 한다.

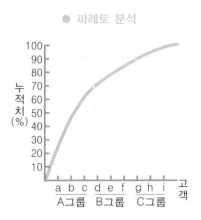

● 파레토 분석

출처) Doosan Encyber.

고객(거래처) 관리를 예로 들어, ABC 분석 과정을 자세히 살펴보자.

▶ 매출액이 많은 순서로 정리한다.
▶ 총 매출액을 100%로 해 고객별 백분비를 산출한다.
▶ 그 누적 구성비율을 상위 고객부터 순서대로 누적해 간다.
▶ 그래프의 세로에 매출액 점유비율의 누적치를, 가로축에 고객을 기입하고 고객
  별 누적 구성비를 표시해 간다.
▶ 세로축의 70%와 90%의 누적치 해당점에서 가로선을 긋고, 그래프 선과의 교
  차점에서 수직선을 긋는다.

이때 누적 구성비율 70%까지를 A그룹, 90%까지를 B그룹, 그 이상을 C그룹으로 분류하고, 먼저 A그룹을 고객관리의 최우선 목표로 대책을 강구한 다음, B, C 그룹으로 점차 옮겨간다.
각 그룹별에 관한 대응책은 다음과 같다.

▶ A그룹은 고객 당 매출액이 높아 중점고객으로 앞으로도 꾸준히 육성해 나간다.
▶ B그룹은 향후 A그룹으로의 전환 가능성을 타진해가며 어프로치 한다.
▶ C그룹은 유망 고객을 제외하고는 어프로치를 유보하거나 거래 중지를 고려한다.

육성 전략

25평의 마법이 연출하는 무대 편의점에서 삼각 김밥과 더불어 꾸준한 인기를 끌고 있는 효자제품이라면 단연 '컵 라면'이다. 현재 편의점에는 다양한 종류의 컵 라면이 판매되고 있다.

가령, K편의점이 1주일 동안 판매한 컵 라면 매출액은 100만원이었다고 하자. 그렇다면 우선 모든 제품(라면)의 판매 상황을 순서대로 정해 상위 70만원까지의 매출을 구성하는 제품군을 A그룹, 90만원까지의 매출을 구성하는 제품군을 B그룹, 그 이하(10만원)의 제품군을 C그룹으로 관리한다.

> ▶ **약 20% → A그룹**
>> 〉〉 A그룹 : 매출 누적 구성비율이 70%까지의 제품

> ▶ **약 80% → B, C그룹**
>> 〉〉 B그룹 : 매출 누적 구성비율이 90%까지의 제품
>> 〉〉 C그룹 : A, B그룹보다 하위의 제품, 즉 10%의 매출 구성비율

이런 식으로 분류해 보면, A그룹에 들어가는 제품군은 모든 제품의 약 20%에 해당하고, 나머지 약 80%의 제품군이 B, C그룹을 구성하게 된다는 결과가 정형화되어 있다. 이를 토대로 'A그룹 = 핵심 전략제품', 'B그룹 = 일반 제품', 'C그룹 = 비인기 제품'이라 판단해도 무방하다.

그리고 K편의점은 A그룹의 재고 상황에 관해 우선적으로 따져봐 전략 제품이 매진되는 것과 같은 일은 없어야 한다. 다시 말해, 고객에게 판매 타이밍을 놓치지 않아야 한다는 말이다. 그 한편으로는 C그룹에 속하는 제품군은 신제품 발매와 동시에 진열대로부터 끌어내려 정리도록 한다.

국내 편의점 LG25의 경우 매출의 75%에 드는 제품을 A군, 25% 이내의 제품을 B군, 5%에도 못 미치는 제품을 C군으로 나눠 각 그룹에 맞는 제품관리를 하고 있다.

맥주의 경우, 18품목의 캔맥주 가운데 카스, 하이트, 라거 등 A군 3개 제품의 판매량이

전체의 73%를 차지하는 반면, 나머지는 10%대에 머물고 있다.

탄산음료도 마찬가지다. 코카콜라, 칠성사이다를 비롯한 5개의 A군 제품이 전체 판매량의 57%를 차지하는 반면, 11개의 C군 상품은 9%에 불과하다.(한경비즈니스[2004.8.2])

다음으로 고객 관리를 위해 ABC 분석을 적용, 운용하는 경우를 상정해보자.

A그룹 고객만을 주요 타깃으로 하고 나머지 B, C그룹은 아예 제외시키는 전략은 결코 바람직하지 않다. 차라리 고객을 그룹화하고 그 특징을 명확히 규정해 하위 그룹 고객을 A그룹으로 끌어올릴 수 있는 방법을 찾는 것이 중요하다. 이것이 진정한 마케팅이다.

가령 어떤 고객이 A그룹으로까지 성장하게 되면 단골 고객으로 정착돼 향후 높은 비용을 투자하지 않더라도 안정된 매출을 가져다줄 수 있기 때문이다.

또 시간의 경과와 더불어 A그룹으로부터 하위 그룹으로 탈락하는 고객도 나타난다. 이 경우 위기 상황이라 두려워 할 필요는 없다. 이것은 이른바 고객 수명이 다했다고 보면 되는 것이다.

이런 고객에겐 아무리 종전과 같은 서비스 제공을 하더라도 그 효과는 나타나지 않는다. 즉, 다시 고객으로 끌어들이기 어렵다. 여기에 해당되는 사람이 많아지게 되면, 기업은 이 시기가 바로 새로운 비즈니스를 시작해야 한다는 신호탄으로 받아들이면 된다.

한계점

만능처럼 여겨지는 ABC 분석에도 한계점은 물론 있다. ABC 분석을 토대로, 핵심 전략 제품만을 취급하게 되면 관련 기업에게는 대단히 효율적이며 현명한 경영 수법인 것처럼 보이지만, 실제 비즈니스 현장에서는 반드시 이렇게 전개되지는 않는다.

이를 테면, '핵심 전략제품'의 시장 수요는 항상 변화하고 있고, '비인기 제품 → 일반 제품', '일반 제품 → 핵심 전략제품'으로 이동하는 등 변화무쌍 그 자체다. 때문에 이들 제품을 초기 단계에 발굴해 관리할 수 있는 능력이 날로 중요시 되고 있다.

도움이 되는 쪽은 어디?

세계화의 딜레마

은행은 군대보다도 더 무서운 무기다.
은행은 순수하게 우리 국민이 소유해야 한다.

– 미 앤드루 잭슨 대통령

누가 도움이 될까?

삼성전자와 포스코, 국민은행 주식(株式)을 외국인이 더 많이 가지고 있다고 하던데! 주식회사의 주인은 주주(株主)가 아닌가? 그럼 이들은 '외국인 기업'일까?

하버드 대학의 '라이히(Robert B. Reich)' 교수가 '우리는 누구인가?'(Who is Us?)라는 타이틀로 "Hardvard Business Review"(1990.1)에 발표한 논문 속에서, 1980년대 추락한 미국의 경쟁력 회복을 위한 방안으로 다음과 같은 두 가지 형태의 기업을 들어 설명하고 있다.

● A사의 특징

뉴욕시의 북쪽에 본사를 두고 있다.

최고 경영자(CEO)는 미국 시민이다. 이사는 전원 미국 국민이며, 주식의 대다수는 미국의 투자가가 보유하고 있다. 그러나 A사 종업원의 대부분은 미국인이 아니다. A사는 R&D(연구 및 개발)와 신제품 설계활동의 많은 부분 및 복잡한 제품의 대부분을 미국의 국경 밖, 즉 아시아, 라틴아메리카, 유럽 등지에서 행하고 있다. 미국에서 판매되고 있는 A사 제품은 국외 연구소와 공장에서 제조되고 있다. 결국, 미국 시장에서 판매되고 있는 A사 제품은 미국이 아닌 외국에서 제조되어, 미국에 수입·판매되고 있는 셈이다.

● B사의 특징

본사는 미국 국외의 공업국에 위치해 있다.
B사의 최고 경영자와 이사의 대부분은 외국인이며, 주식의 대부분을 외국인이 보유하고
있다. 그러나 B사 종업원의 대부분은 미국인이다. 그리고 B사는 R&D 활동과 신제품 설계
활동의 많은 부분을 미국 국내에서 행하고 있으며, 게다가 제조활동의 대부분이 미국 국내
에서 이루어지고 있다.

위에서 언급한 A사와 B사 가운데 진정으로 국익(國益)에 도움을 가져다주는 기업은 어
느 쪽일까? 현재의 우리나라 상황에 견주어 생각해 보자.

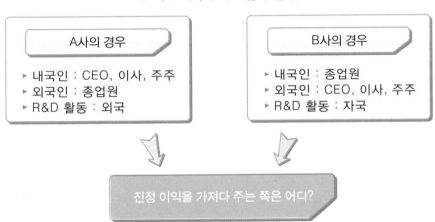

● 어느 회사가 더 도움이 될까?

A사의 경우
▸ 내국인 : CEO, 이사, 주주
▸ 외국인 : 종업원
▸ R&D 활동 : 외국

B사의 경우
▸ 내국인 : 종업원
▸ 외국인 : CEO, 이사, 주주
▸ R&D 활동 : 자국

진정 이익을 가져다 주는 쪽은 어디?

라이히의 결론

1980년대 급부상한 일본에 밀려 실추된 미국 경제의 경쟁력 회복을 위해 라이히가 제시
한 결론은 다음과 같다.
글로벌 규모로 투자가 이루어지고 있는 경제라면 "외국인 소유이기는 하지만 연구개발
과 제조를 미국에서 행하고 있으며, 미국인 노동자에게 생산을 의존하는 B사"가 미국의

경제적 장래를 위해서는 "미국인 소유이기는 하나 외국인 노동자를 고용하는 A사"보다 훨씬 중요하다는 결론을 내리고 있다.

　나아가 자본, 기술, 원료, 정보 등은 전부 대체가 가능하지만, 유일하게 대체가 불가능한 것은 '노동력'이라고 라이히는 지적하고 있다.

　　　즉, 미국 경제 재생의 열쇠는 미국인의 '노동능력의 향상'이고, 그에 따라 미국인
　　　노동자에게 투자를 하는 기업이라면 그 국적은 묻지 않는다는 것이다.
　　　(Corporate ownership is less important today; control is less important;
　　　work force skills are critical; and foreign-owned corporations help U.S.
　　　workers add value.)

　현재, 세계 최고의 경제대국으로 다시 복귀한 미국이 지금도 'B사'가 자국 국익에 도움이 된다고 판단할지는 의문이다. 어쩌면 라이히 교수도 이번엔 'A사'에 손을 들어줄지도 모르겠다.

　위의 논리에 대한 당신의 생각은 어떤가? 자세히 설명해보라. 구렁이 담 넘어 가듯 그냥 넘겨서는 안 될 중대한 문제임은 분명하다.

THINKING

참 고 문 헌

- 김광희(2007)『부자들의 경영학 카페』국일증권경제연구소.
- 김광희(2006)『유쾌한 팝콘 경쟁학』국일증권경제연구소.
- 김광희(2005)『상권과 입지 그리고 장사목』미래와경영.
- 김광희(2005)『누워서 읽는 경영학 원론』내하출판사.
- 김광희(2004)『상식이란 말에 침을 뱉어라(마케팅 입문서)』넥서스BIZ.
- 김광희(2004)『이수일은 심순애를 어떻게 꼬셨나!(경영학 입문서)』넥서스BOOKS.
- 김광희(2003)『네 안에 있는 파랑새를 키워라!』미래와경영.
- 김광희(2003)『경영학을 씹어야 인생이 달콤하다』미래와경영.
- 김광희(2002)『로봇 비즈니스』미래와경영.
- 김광희(2002)『장사하실려구요』미래와경영.
- 김광희(2001)『정보가전과 무선인터넷』가림M&B.
- 김광희(2001)『성공하는 장사목 실패하는 장사목』미래와경영.
- 김광희(2001)『21세기 IT가 세계를 지배한다』가림M&B.
- 김광희(2001)『e-비즈니스 개론』학문사.
- 김광희(2000)『인터넷 비즈니스의 이론과 실제』학문사.
- 김광희(2000)『IT혁명과 e-Biz.com』미래와경영.
- 김광희(1999)『장사목을 찾는 121가지 입지여행』미래와경영.
- 김광희(1999)『창업 마케팅』미래와경영.
- 김광희(1998)『韓・日 自動車部品産業』UUP.
- 김위찬・르네 마보안(2005)『블루 오션 전략』교보문고.
- 김홍탁(2003)『광고, 리비도를 만나다』동아일보사.
- 고동희 외 6인(2002)『경영학원론』명경사.
- 나폴레온 힐(2002)『생각하라 그러면 부자가 되리라』국일미디어.
- 대한상공회의소(2006.3.9)『장수 기업에서 배우는 지속성장 전략』

- 마이클 레빈(2006) 『깨진 유리창 법칙』 흐름출판.
- 말콤 글래드웰(2004) 『티핑 포인트(Tipping point)』 21세기북스.
- 로버트 E. 퀸(1998) 『DEEP CHANGE or SLOW DEATH』 늘봄.
- 로조 르윈·버루트 레진(2002) 『인컴플렉소노믹스』 황금가지.
- 로저 본 외흐(2004) 『헤라클레이토스의 망치(Expect the Unexpected)』 21세기북스.
- 빌 비숍(2000) 『관계우선의 법칙』 경영정신.
- 박충환 외 2인(2002) 『마케팅관리』 박영사.
- 서용구 지음(2003) 『시장을 창조하는 마케팅 시장에 끌려가는 마케팅』 시대의창.
- 스튜어트 크레이너(2001) 『75가지 위대한 결정』 더난출판.
- 스티브 힐튼·자일스 기번스(2003) 『멋진 비즈니스』 아카넷.
- 웨인 코데이로(2003) 『태도를 바꾸면 성공이 보인다』 예수전도단.
- 알 리스·로라 리스(2005) 『브랜드 창조의 법칙』 넥서스BIZ.
- 에릭 드레슬러(1995) 『나노 테크노피아』 세종서적.
- 엘빈 토플러(2002) 『권력이동』 한국경제신문사.
- 이건희(1997) 『생각 좀 하며 세상을 보자』 동아일보사.
- 이설산(2005) 『마지막 입은 옷엔 주머니가 없네』 갑을패.
- 정기웅 외 4인(2004) 『경영분석과 시장환경분석』 명경사.
- 자멜 발로·다이애너 몰(2002) 『숨겨진 힘 - 감성』 김영사.
- 제임스 캔턴(2001) 『테크노퓨처』 거름.
- 존 맥스웰(2003) 『리더십의 법칙』 비전과리더십.
- 최낙환 역(2002) 『판단과 의사결정의 심리』 대경.
- 토마스 J.스탠리(2002) 『부자의 지갑을 열어라』 미래의창.
- 토머스 J. 스탠리(2000) 『백만장자 마인드1, 2』 북하우스.
- 황규대 외 7인(1999) 『조직행위론』 박영사.

- 허브 코헨(2003) 『이것이 협상이다』 청년정신.
- 동아일보, 조선일보, 중앙일보, 한겨레신문, 한국경제, 매일경제, 디지털타임스.
- Benjamin M. Friedman(2005), *"The Moral Consequences of Economic Growth"*, Knopf.
- Brian Sher(2001), *"What Rich People Know & Desperately Want to Keep Secret"* Prima Publishing.
- Everett M. Rogers(1982), *"Diffusion Of Innovations: Third Edition"*, The Free Press.
- Frank G. Bingham, Jr., Roger Gomes, Patricia A. Knowles(2005), *"Business Marketing"*, Irwin McGraw-Hill.
- Gareth R. Jones, Jennifer M. George, Charles W. L. Hill(1998), *"Contemporary Management"*, Irwin McGraw-Hill.
- James A.F. Stoner, R.Edward Freeman, Daniel R. Gilbert(1995), *"Management"*, Prentice Hall.
- Jeffry A. Timmons(1999), *"New Venture Creation: Entrepreneurship for the 21st Century"*, McGRAW-HILL.
- Jerald Greenberg, Robert A. Baron(1997), *"Behavior in organizations"*, Prentice Hall.
- Keki R. Bhote(1996), *"Beyond Customer Satisfaction to Customer Loyalty"*, Amacom.
- Kenneth C. Laudon, Jane P. Laudon(2004), *"Management Information Systems"*, Prentic Hall.
- Michael E. Porter(1979), 'How Competitive Forces Shape Strategy', *"Harvard Business Review"*, 57, No.2, March-April.
- Philip Kotler, Thomas Haves, Paul N. Blppm(2002), *"Marketing Professional Services"*, Prentice Hall Press.

- Richard L.Daft, Dorothy Marcic(1998), "*Understanding Management*", The Dryder Press.
- Rosemarie Nagel(1995), "*Unraveling in guessing games: an Experimental study*" American Economic Review 85(5).
- Stephen P.Robbins, Mary Coulter(1996), "*Management*", Prentice Hall.
- Business Week.
- News Week.
- 遠藤功(2005)『企業經營入門』日本經濟新聞社.
- 大石達也, 廣綱晶子(2004)『經營戰略とケース分析』秀和システム.
- 菅谷新吾(2004)『あの人の下で働きたいと言わせるリーダーシップ心理學』明月香出版社.
- 水越豊(2003) 『BCG戰略コンセプト』ダイヤモンド社.
- 三浦俊彦(2002)『パラドクス』二見書房.
- 三浦俊彦(2003)『論理サバイバル』二見書房.
- 神原清則(2002)『經營學入門(上)(下)』日本經濟新聞社.
- 阪口大和(2002)『痛快! サバイバル經營學』集英社インターナショナル.
- 靑木三十一(2002)『經營のしくみ』日本實業出版社.
- Masatsugu Fujii & Richard Sheehan(2002)『英語で學ぶMBAベーシックス』NHK出版.
- 日經ビジネス編(2002)『トヨタはどこまで強いのか』日經BP社.
- 大瀧精一(1997)『經營戰略』有斐閣アルマ.
- 日本經濟新聞社編(1992)『ベーシック 經營入門』日本經濟新聞社.
- ロバート・ギボンズ『經濟學のためのゲーム理論入門』創文社.
- Nikkei Business.
- 日本經濟新聞.

찾 아 보 기

3

● 필 자 소 개 ●

김 광 희(金光熙, Kim, Kwang Hee)

>> 경영학 박사
  협성대학교 경영정보학과 교수
  일본 도쿄 亞細亞大學大學院(Asia Univ.) 졸업
    (일본 문부성 국비 유학생)
  전 인터넷 정보제공기업 '뷰티앙' 대표
  sekkus@hanmail.net
  http://blog.naver.com/professorkim

>> 주요 저서
  부자들의 경영학 카페(2007)
  유쾌한 팝콘 경쟁학(2006)
  상권과 입지 그리고 장사목(2005)
  이수일은 심순애를 어떻게 꼬셨나(2004)
  경영학을 씹어야 인생이 달콤하다(2003)
  로봇 비즈니스(2002)
  21세기 IT가 세계를 지배한다(2001)
  IT혁명과 e-Biz.com 전략(2000)
  창업 마케팅(1999)
  韓日 自動車部品産業(1998) 등 20여권.

>> 외부 출강력
  경영자독서모임(MBS), 고등기술연구원, 국립
  중앙도서관, 기아자동차연구소, BC카드, 녹십자,
  삼성그룹, 기독교방송(CBS), 위아, 외식업협회,
  제너시스, KTB네트워크, 지역상공회, 현대건설,
  한국표준협회, 한국페링제약, 각 대학(원) 등.

>> 연구 및 관심 분야
  경영학(전략, 마케팅) 전반, IT,
  로봇산업, 창업, 생존학 등.

경영학

발행일 | 2008년 3월 1일

저　자 | 김광희
발행인 | 모흥숙
편　집 | 김효정

발행처 | 내하출판사
등　록 | 제6-330호
주　소 | 서울 용산구 후암동 123-1
　　　　　 TEL : (02)775-3241~5
　　　　　 FAX : (02)775-3246

ISBN | 978-89-5717-178-3
정　가 | 19,000원

E-mail 　　 | naeha@unitel.co.kr
Homepage 　| www.naeha.co.kr